# DANÇANDO
# COM O INIMIGO

*Rosie no porto de Scheveningen*

Paul Glaser

# DANÇANDO COM O INIMIGO

O segredo de minha família durante o Holocausto

Tradução de Ana Deiró

Título original
DANCING WITH THE ENEMY
My Family's Holocaust Secret

Copyright © 2010 by Paul Glaser
Todos os direitos reservados.

Originalmente publicado na Holanda como *Tante Roosje*
pela Uitgeverij Verbum, Laren, em 2010.
Copyright © 2010 by Uitgeverij Verbum e Paul Glaser.

Direitos para a língua portuguesa reservados
com exclusividade para o Brasil à
EDITORA ROCCO LTDA.
Av. Presidente Wilson, 231 – 8º andar
20030-021 – Rio de Janeiro – RJ
Tel.: (21) 3525-2000 – Fax: (21) 3525-2001
rocco@rocco.com.br
www.rocco.com.br

*Printed in Brazil*/Impresso no Brasil

revisão técnica
BRUNO GARCIA

preparação de originais
SÔNIA PEÇANHA

CIP-Brasil. Catalogação na fonte.
Sindicato Nacional dos Editores de Livros, RJ.

G457d   Glaser, Paul, 1947-
            Dançando com o inimigo: o segredo de minha família durante
         o Holocausto/Paul Glaser; tradução de Ana Deiró. – Rio de Janeiro:
         Rocco, 2014.

            Tradução de: Dancing with the enemy
            ISBN 978-85-325-2900-8

            1. Glaser, Rosa Regina, 1915-2000. 2. Mulheres judias – Países
         Baixos – Biografia. 3. Judeus – Países Baixos – Biografia. 4. Dançarinas
         – Holanda – Biografia. 5. Holocausto, Mulheres (1939-1945) – Países
         Baixos – Biografia. 6. Holanda – Biografia. I. Título.

                                                CDD–940.53
         14-09250                                CDU–94(100)'1939/1945'

*Rosa Regina Glaser
aos 17 anos de idade, 1931*

Uma vez que é revelado o nome dele,
a calamidade tem início.

– SAGA DE LOHENGRIN

Baseado em um mito antiquíssimo, *Parzival*, poema do século XIII, de Wolfram von Eschenbach, louva os feitos heroicos do Cavaleiro do Cisne, Lohengrin, que seguiu o rio Reno até Kleef, uma pequena cidade na fronteira alemã-holandesa, perto de Nijmegen, onde ele defendeu a honra de Elsa, uma mulher da nobreza. Eles se casaram e foram felizes juntos, mas Lohengrin proibiu Elsa de fazer perguntas sobre suas origens e seu verdadeiro nome. Anos mais tarde, incapaz de conter a curiosidade, Elsa fez a pergunta proibida e desta maneira condenou a si mesma ao infortúnio.

# Sumário

Prefácio | 9

Paul: A mala | 11

Rosie: As asas partidas do amor | 14

Rosie: Dançando com Leo e Kees | 30

Paul: Um sinal oculto | 43

Rosie: A nova ordem | 46

Paul: A descoberta | 67

Rosie: Capturada! | 70

Paul: Um novo primo | 103

Rosie: Traída e enganada | 109

Rosie: O novo campo | 136

Paul: Cartas | 154

Rosie: Dançando em Auschwitz | 162

Paul: Começando a nos conhecer | 180

Rosie: O caminho para a libertação | 183

Paul: Despojos da família | 198

Rosie: A dança da libertação | 204

Paul: Encontro | 224

Rosie: Um futuro com lembranças | 228

Paul: Rosas | 246

Depois da guerra | 251

Posfácio | 269

Nota do autor e agradecimentos | 277

Outras canções e poemas dos campos | 281

# Prefácio

Esta é a história verdadeira de minha tia Rosie.
Narrei sua experiência com base em seu diário, fotografias, cartas do tempo da guerra e anotações, entrevistas pessoais e pesquisa de arquivos.

Logo após a guerra, Rosie apresentou queixa às autoridades contra aqueles que a traíram e a entregaram à polícia. Os relatórios dos policiais e numerosos depoimentos de testemunhas também acabaram integrando o arquivo dela.

Como representante mais velho da geração do pós-guerra de minha família, transformei a história de minha tia num livro. Ele mostra o que a força de caráter e o otimismo podem significar nas horas mais difíceis. Passem adiante a mensagem.

# PAUL

## A mala

Em 2002, assisti a uma conferência para diretores de hospital em Cracóvia. Pelo menos daquela vez, o evento estava marcado para o período em que os alunos de Ria, minha esposa, estavam de férias, e ela pôde me acompanhar na viagem. Nunca tínhamos estado em Cracóvia antes, de modo que acertamos para ficar por lá depois da conferência por mais três dias com alguns outros diretores. Eu estava entusiasmado com isso. No primeiro dia, passearíamos pelas ruas antigas da cidade. O dia seguinte estava reservado para explorar as minas de sal das cercanias. No terceiro dia, planejávamos visitar Auschwitz, o maior campo de concentração da Segunda Guerra Mundial, e o campo adjacente, em Birkenau.

À medida que o último dia se aproximava, eu não podia deixar de me perguntar que interesse eu tinha em visitar o campo. Na noite da véspera da viagem planejada, eu disse à minha esposa que não estava com a mínima vontade de fazer a excursão. Nunca visitara um campo de concentração e nada a respeito daquele estimulava minha curiosidade. Os documentários a que assistira na época da escola tinham sido suficientes. Será que eu estava tentando racionalizar um impulso mais profundo? Eu disse ao grupo que poderiam ir sem mim.

No desjejum na manhã seguinte, alguns colegas tentaram me persuadir a fazer a viagem. Como eu poderia não estar interessado?, argumentaram eles. E ficava logo ali, tão pertinho. Por solidariedade, deixei que me convencessem. Naquela manhã, embarquei no ônibus com emoções contraditórias.

Depois de uma hora de viagem, chegamos a um vasto terreno plano. O lugar parecia imenso. Construções de madeira se estendiam até onde o olhar podia ver. Nosso guia era um rapaz de cabelo louro curto que nos recebeu com um largo sorriso. Depois de se apresentar, ele nos conduziu através do portão do campo que ostentava no alto, acima de nossas cabeças, as palavras *Arbeit Macht Frei* [O trabalho liberta]. Incontáveis pessoas tinham sido assassinadas ali, informou-nos o guia, a maioria judeus. Homens, mulheres, crianças, até bebês. Senti-me um turista da catástrofe. O que estava fazendo ali? Por que não tinha feito pé firme naquela manhã e ficara na cidade?

Com o mesmo vigoroso entusiasmo, o guia nos conduziu por uma fileira de prédios de pedra, detendo-se diante de um paredão onde as pessoas eram executadas diariamente. Então entramos no prédio contíguo, onde o dr. Carl Clauberg conduzia suas experiências médicas. O prédio também fora usado para acomodar prisioneiros, e o guia nos conduziu a seus alojamentos mal-iluminados, onde objetos pessoais confiscados estavam empilhados atrás de vidraças.

Uma das vitrinas continha uma enorme quantidade de óculos; outra, pilhas de cabelo humano, parte ainda trançada. Enquanto meus colegas se demoravam ali, minha esposa e eu prosseguimos para a sala seguinte, repleta de malas. Os prisioneiros eram obrigados a identificar sua bagagem de modo a se certificar de que ela não se perderia, ou pelo menos era o que lhes diziam. Assim, cada peça de bagagem ostentava o nome e o país de origem de seu dono.

Minha atenção foi rapidamente atraída para uma grande mala marrom situada bem na frente. O espanto me paralisou. A mala tinha vindo da Holanda e nela estava escrito o nome "Glaser" em letras bem grandes, um sobrenome relativamente incomum em meu país. Minha mulher também o leu e segurou minha mão. No vidro da vitrina, vi nossas imagens superpostas sobre a cena, uma mala indo para lugar nenhum com meu sobrenome escrito nela. O silêncio nos engoliu.

Pouco depois, as vozes se tornaram mais altas, assinalando a aproximação do grupo.

– Não estou com disposição para isto, vamos sair daqui – disse para minha esposa, e rapidamente deixamos o aposento, em direção à saída. O ar fresco me fez bem. Depois de algum tempo, todo mundo veio se juntar a nós ali fora.

– Você viu? A mala marrom com seu sobrenome nela? – perguntou alguém.

Eu temia aquela pergunta e secretamente guardava a esperança de que ninguém tivesse reparado na mala nem lido o nome. Senti-me constrangido e confuso. Antes que eu tentasse responder, outra pessoa acrescentou:

– Teve alguém de sua família aqui durante a guerra?

– Meu sobrenome? Sim, também vi – respondi com relutância. – Não faço ideia de a quem aquela mala pode ter pertencido.

Mais perguntas se seguiram, mas consegui me livrar delas. Para meu alívio, o guia interrompeu-nos e continuamos o *tour*. Meus pensamentos, no entanto, continuaram centrados na mala.

No jantar naquela noite, o grupo conversou animadamente. Em circunstâncias normais, eu teria participado da conversa sem pensar duas vezes, mas naquela noite me mantive mais calado do que de hábito e subi para meu quarto cedo.

Deitado na cama, não conseguia apagar a imagem daquela mala de minha mente. Por que eu havia sido tão evasivo com meus amigos? Por que mentira quando sabia exatamente o que responder? Finalmente, tomei uma decisão. Na manhã seguinte, ainda estava convencido disso: chegara a hora de tornar público o segredo da família.

# ROSIE

## As asas partidas do amor

*Rosie e Boy numa região rural*

Era o princípio de setembro de 1933, e Boy e eu passeávamos numa bela tarde de domingo pelo centro de Nijmegen. De vez em quando, eu espiava, pelo canto dos olhos, nosso reflexo nas vitrinas das lojas. As pessoas poderiam achar que éramos um casal de namorados. Não seria nenhuma grande surpresa. Boy tinha 21 anos, e eu faria 19 na semana seguinte. Um anseio por amor me dominou por instantes. Boy era meu companheiro. Dançávamos juntos, jogávamos tênis, saíamos para nadar. Mas, exceto por algumas trocas de carícias ocasionais quando estávamos no campo, éramos apenas bons amigos.

A buzina de um carro me trouxe de volta à realidade.

– Rosie, aquele carro está buzinando para você – disse Boy, parando por um momento.

– Está mesmo? Motoristas apaixonados não me interessam nem um pouco.

– Ele parecia conhecer você. Quem era?

– Não tenho ideia – respondi com indiferença. – Vamos indo.

Estávamos fazendo hora antes de seguirmos para o Vereeniging mais tarde naquela noite, onde tínhamos combinado de encontrar amigos para sairmos para dançar. Eu ia ao Vereeniging pelo menos duas vezes por semana. Era um local famoso em Nijmegen – um magnífico prédio cheio de salas, corredores e bares. O grande saguão podia acomodar 1.600 pessoas, e no inverno era usado para concertos, óperas, operetas, peças de teatro de revista e apresentações teatrais. O *foyer* era simplesmente esplêndido: uma pista de dança de mogno, com confortáveis peças de mobília cor de borgonha, e o teto espelhado giratório. Havia um café com música suave e uma excelente orquestra dançante no verão. Números de cabaré internacionais eram apresentados a cada duas semanas.

Quando criança, ouvia com frequência meus pais falarem sobre o Vereeniging e, enquanto atravessava a Keizer Karelplein, contemplava o prédio com anseio desejoso. Parecia tão magnífico, um lugar de adultos. Você tinha de ter no mínimo 16 anos para entrar, e precisava ser sócio para frequentá-lo.

Por um daqueles acasos do destino, eu acabara ficando com o cartão de sócio de meu pai. Depois que a mãe dele morreu, papai decidiu observar um período de luto de um ano, e minha mãe, fruto de uma criação muito rígida, achou que seria inconcebível ir lá sozinha. Eu não queria ferir os sentimentos de meu pai, de modo que tentei não demonstrar minha alegria, mas aquele foi um presentão.

Toda quinta-feira, me encontrava com minha mãe para um maravilhoso concerto no grande saguão do Vereeniging. Eu adorava esses espetáculos, especialmente os solistas de piano. Eles me davam a oportunidade de me familiarizar com toda sorte de composições clássicas, bem como com os tipos de pessoas na plateia. Para uma garota como eu, aquela era uma emocionante amostra da vida adulta, e eu queria mais.

Sempre havia muito o que observar: senhoras que passavam o concerto inteiro comendo balas, deixando todo mundo louco com o farfalhar constante de papel celofane. Senhores idosos armados de binóculos de ópera, descaradamente examinando a plateia, em vez de o palco. Pessoas em belos trajes de noite, sem qualquer interesse por música clássica, que caíam num sono profundo minutos depois de o concerto ter começado. Também havia os fanáticos amantes da música que seguiam a partitura nota por nota, ávidos para detectar um erro do maestro.

E então havia os intervalos, quando as pessoas seguiam pelos corredores revestidos de espelhos, avaliando suas imagens refletidas, enquanto se dirigiam para o *foyer*, onde o café era servido.

Eu adorava cada momento, a tal ponto que minha mãe com frequência perguntava:

– Rosie, você está procurando por alguém?

– Não, mamãe – respondia. – Estou apenas apreciando a plateia. É como estar no zoológico. Olhe só aqui em volta: vejo macacos, burros, raposas, corujas, porcos, elefantes, papagaios e falcões.

Ter o meu primeiro gostinho da vida adulta não era a única coisa que tornava o Vereeniging especial. Ele também me trazia de volta para meu primeiro amor, a dança, que eu havia começado a amar quando criança, quando minha família morava na Alemanha.

*Kleef, 1930*

Pouco depois da Primeira Guerra Mundial, meu pai tinha ido trabalhar na Margarine A.G., em Kleef, na Alemanha, a primeira subsidiária estrangeira da família Van de Bergh. Três mil pessoas eram empregadas para produzir a margarina Faixa Azul. Meu pai rapidamente fez carreira na companhia e foi promovido a gerente.

Quando a vida em Kleef começou a se estabilizar de novo – depois de uma guerra que tinha acabado em tamanho desastre para a Alemanha –, moramos por algum tempo em um hotel elegante com o nome de Bollinger, que também hospedava vários oficiais belgas, responsáveis por manter a cidade ocupada.

Uma garotinha de 5 anos, eu tinha liberdade para andar pelo hotel inteiro, e todo mundo era gentil comigo. Certo dia, ouvi música e vozes vindo do grande salão:

– E um, e dois, e três, e quatro, pés juntos... e três, e quatro...

Atrás das portas de vidro, pés em movimento deslizavam, sob a meia-luz. Usando sapatos de verniz e luvas de pelica brancas, jovens alunos de rostos enrubescidos rodeavam Liselotte Benfer, uma mulher de cabelos vermelhos, pequenina e frágil, envolta por um vestido de noite de tule preto. Ela dava aulas de dança para os jovens de Kleef. Depois da guerra, depois de tantos anos de privações, eles estavam ávidos por aprender.

– Os cavalheiros agora levarão as damas de volta a seus lugares – instruiu ela, e uma longa procissão de casais, de braços dados, se encaminhou para o lado das damas, onde cada cavalheiro fez uma ligeira reverência, recebida com uma mesura.

– Intervalo de cinco minutos – decretou ela.

Com a boca entreaberta, olhei avidamente pela vidraça. "É isto", pensei. "Eu quero aprender a dançar."

Certo dia, eu estava sentada com minha mãe no salão do café da manhã, quando a mesma mulher, jovem e bonita, se sentou defronte a nossa mesa suntuosamente servida, com uma xícara de café puro e uma fatia de pão de centeio. Não foi inveja que repetidamente trouxe o olhar dela em nossa direção; foi a fome. Minha mãe compreendeu. Ela vira a professora alemã de dança circulando pelo hotel e tinha ouvido alguns comentários maliciosos a respeito dela. Mas aquilo não era da sua conta. Mamãe serviu um prato a mais das travessas em nossa mesa – torradas com queijo cremoso, peixe fresco – e então o ofereci a Liselotte Benfer com uma mesura alemã.

– Isto é para mim? – perguntou ela. – Quanta gentileza! Mas primeiro deixe-me agradecer à sua mãe.

Uma conversa animada se seguiu, dando-me a oportunidade de examinar meu ídolo mais de perto: os pés bonitos e pequeninos, as meias finas de seda, o vestido de linho bem cortado, os dedos delicados e magros, o anel de camafeu, o cabelo vermelho preso com um único grampo. Ela não precisava de roupas elegantes. Era incrivelmente bonita.

A melhor parte do encontro: fui convidada a participar da próxima aula de dança. Quando *Fräulein* Benfer apareceu no grande salão naquela noite, comigo ao seu lado, os alunos olharam surpresos.

– Esta é Rosie, e ela é nossa nova dançarina – explicou.

A despeito de minha idade, rapidamente aprendi os primeiros passos e dancei como se minha vida dependesse daquilo. A dança me absorvia completamente. Depois de algum tempo, quando os oficiais no hotel perguntavam o que eu queria ser quando crescesse, respondia:

– *Fräulein* Benfer.

Enquanto Boy e eu continuávamos nossa caminhada, um rapaz sentado no peitoril de uma alta janela de guilhotina acenou e nos convidou a entrar.

– Vamos? – perguntou Boy. – Ele é meu amigo. Um sujeito muito decente, você vai ver.

Dentro do grande apartamento mobiliado, Boy me apresentou a Wim Vermeulen.

– O que vocês gostariam de beber? – perguntou Wim. Minutos depois, levantamos nossos copos em um brinde a novos amigos e à saúde.

Wim era, ao mesmo tempo, encantador, um contador de histórias divertido e um bom ouvinte. Sobre a escrivaninha, vi várias fotos da mesma garota, que presumi ser sua namorada. Enquanto olhava fixamente para as fotografias, senti meu rosto queimar, não pela visão das fotos, mas porque tinha certeza de que Wim estava olhando fixamente para mim. Tinha sido apanhada em flagrante. A conversa continuou:

– O que vocês vão fazer esta noite? – perguntou ele.

– Vamos para o Vereeniging – respondeu Boy.

– Venha conosco – disse eu sem pensar.

– Posso? – perguntou Wim com um sorriso. – Não quero atrapalhar.

– Você não vai atrapalhar nem um pouco – repliquei. – Realmente gostaríamos que você fosse conosco.

Havia algo de atraente em Wim, não apenas sua beleza física, mas também suas boas maneiras, seu comportamento cortês, sua atitude, o cabelo liso penteado para trás. Ele era mais alto que eu e um pouco mais velho, magro e ágil. Eu estava curiosa.

Naquela noite, Boy e eu estávamos sentados a uma mesa no Vereeniging, esperando por Wim, quando o avistei à porta com uma garota, provavelmente a mesma das fotos na escrivaninha em sua casa. Mas, quando eles se aproximaram, eu a reconheci.

– Eu a vi ao lado do balcão do guarda-volumes – disse Wim enquanto chegava à nossa mesa – e, como ela estava sozinha, perguntei se gostaria de se juntar a nós.

*Rosie no clube de tênis*

– Não precisa fazer apresentações – anunciei, aliviada. – Nós nos conhecemos há séculos. – E dei uma piscadela para Lydia, minha parceira de tênis. Boy também conhecia Lydia e caímos na gargalhada. Eles se sentaram.

Enquanto tomávamos drinques, Wim nos falou sobre sua vida como piloto de aviação civil. Fiquei impressionada com o entusiasmo dele.

– Venho de uma família de quatro irmãos – explicou. – Meu pai morreu há muito tempo e agora estou morando aqui em Nijmegen num apartamento de dois cômodos. Foi lá que nos conhecemos esta tarde. Gosto daqui, especialmente quando tenho boa companhia, como agora – disse ele com um sorriso. – Tenho que fazer viagens regulares para o aeroporto de Eindhoven por causa de meu trabalho. Fica um pouco longe, mas tenho carro. Leva cerca de duas horas de porta a porta. Não preciso ir até lá todos os dias. Às vezes, tenho uma semana de folga e fico aqui em Nijmegen. Em outras ocasiões, fico fora de casa, viajando pelo mundo todo. Já voei até para as Índias Orientais Holandesas[1] como copiloto algumas vezes. A viagem leva cerca de duas semanas, com muitas escalas para reabastecer o combustível e fazer a manutenção do avião, e descanso, é claro.

Rosie e Wim, 1935

É um trabalho estimulante. – Ele olhou para mim com mais um sorriso.

Wim e eu passamos um longo tempo na pista de dança naquela noite. Não falamos muito, apenas contemplamos os olhos um do outro. Foi tão bom. No final da noite, marcamos um encontro para ir passear de bicicleta.

Não demorou muito para que estivéssemos buscando a companhia um do outro em todos os momentos possíveis. Com Wim, eu me sentia calma e segura. Não precisava me desviar de meus hábitos e comportamento habitual quando estava com ele, e ele era sempre o mesmo, sem nenhum fingimento. Depois de algum tempo, comecei a me dar conta de que ele estava louco por mim. E eu sentia por ele algo mais profundo que as paixonites que havia vivenciado com namorados anteriores.

---

[1] Hoje, Indonésia. [N. do R. T.]

Desde muito jovem, sempre me sentia ansiosa quando estava na companhia de meninos. Meus pais nunca tinham me falado sobre o sexo oposto, nem a respeito de amor, e eu não tinha uma irmã ou irmão mais velho a quem pudesse procurar em busca de conselho ou para fazer confidências. Tive de descobrir tudo sozinha. A maior parte de meu conhecimento veio de livros, mas minha curiosidade andava lado a lado com um medo enorme. Quem me dera ter alguém com quem pudesse falar a respeito deste medo.

Conheci Lydia no clube de tênis quando tinha 14 anos. Naquela época, ela era uma garota robusta, sempre vestida com roupas caras, com as unhas bem lixadas e pintadas com esmalte, com um toque de pó de arroz, ruge e batom. Lydia era seis anos mais velha que eu e infinitamente mais experiente.

– É puro êxtase ter um homem de verdade – disse-me ela certo dia. – No princípio, foi um pouco assustador, mas agora, de vez em quando, faço com o nosso garçom, em casa, atrás da pista de boliche. Se minha mãe soubesse disso, eu levaria uma surra, e ele seria despedido. Mas somos sempre cuidadosos. E sempre paramos antes da hora H. Caso contrário, bebês, sabe?

– Sim, é claro – respondi corando. – Mas você o ama de verdade, não é? É claro que vocês estão planejando se casar.

– Casar? – exclamou Lydia com estridência. – De jeito nenhum. Ele já é casado, mas a mulher dele está doente. De qualquer maneira, eu não o amo. Ele é apenas um garçom. Mereço mais que isso, você não acha?

– Mas... mas... – gaguejei – por que fazer uma coisa dessa?

Lydia deu de ombros.

– Não tenho a menor ideia, para falar honestamente. É só que ele sabe beijar tão bem, faz com que eu me esqueça de tudo o mais.

Enquanto minha mãe ainda estava convencida de que eu não sabia a diferença anatômica entre meninos e meninas, era este o tipo de companhia que eu tinha. Mas, aos 14 anos de idade, eu não tinha um namorado para me beijar ou para sussurrar palavras de ternura em meu ouvido. Finalmente, com Wim, eu tive.

Distraída por meus sentimentos, parei de dar atenção aos meus pais. De qualquer maneira, estávamos nos encaminhando para um grave desentendimento. As críticas incessantes que eles faziam às minhas amigas eram terríveis de suportar: algumas eram consideradas socialmente inferiores a mim, outras davam liberdade demais aos rapazes, outras ainda tinham o pai errado, sempre havia alguma coisa. Eu também estava começando a perder o interesse pelo trabalho que fazia para os negócios de meu pai. Quando nos mudamos de volta da Alemanha, prestei um exame de admissão para a escola secundária, mas não fui aprovada. Meu holandês era fraco demais. Sendo assim, me concentrei em estudar a língua, e então meu pai me mandou para uma escola comercial, para me preparar para trabalhar em seus negócios. Havia anos que eu vinha fazendo o mesmo trabalho, mas ultimamente andava descuidada e meu pai tinha bons motivos para estar zangado.

*Os pais de Rosie,
Falk e Josephine Glaser, 1909*

*Rosie e seu
irmão John, 1931*

Além disso, havia minhas tias, que me faziam subir pelas paredes. Minha família não estava muito interessada em sua herança judaica. Meus pais tinham sido assimilados na sociedade holandesa e não praticavam mais a religião. Eu, com certeza, não praticava. Mas minhas tias viviam me dizendo que eu deveria tentar sair com rapazes judeus e, quando eu não lhes dava atenção, insistiam ainda mais.

Uma briga especialmente acalorada com meu pai foi a gota d'água. Depois daquilo, corri para meu quarto, atirei algumas roupas numa mala e gritei:

– Desisto, vou sair desta casa agora, neste instante. – Bati a porta da frente e saí andando. Quanto mais longe ficava de casa, mais calma me sentia. Meu pai estava com a razão. Eu tivera dificuldade de me concentrar na emissão das faturas e já fazia algum tempo que aquilo virara uma bagunça. Enquanto me encaminhava para o centro da cidade, comecei a me dar conta de que havia outro motivo para eu sair de casa, e talvez este fosse o verdadeiro motivo: Wim. Naquela noite, dormi na casa dele.

No dia seguinte, saí de Nijmegen e fui para Eindhoven, aluguei um quarto e comecei a procurar emprego. Uma semana depois, consegui junto a um fabricante de roupas. Eu tinha de cuidar da correspondência e lidar com os representantes.

Por fim, Wim e eu decidimos morar juntos em Eindhoven, uma vez que era mais perto do trabalho dele. Encontramos um apartamento na

*Rosie, Wim e Franz, um amigo, 1934*

Stratum Street, no centro da cidade, perto da praça principal. Nem a família dele nem a minha aprovavam a situação porque nós não éramos casados, e fizeram questão de que soubéssemos disso, mas não lhes demos nenhuma atenção. Apenas passamos a vê-los com menos frequência. Afinal, era a nossa vida, não a deles.

O tempo passou e de vez em quando eu ouvia um relatório vindo do *front* doméstico. A grande notícia foi que os negócios de papai tinham ido à bancarrota por causa da crise econômica, obrigando meus pais a se mudarem de Nijmegen para Den Bosch, onde ele encontrou trabalho como agente e despachante da indústria têxtil Venmans. Na qualidade de lar, Nijmegen tinha desaparecido para sempre.

Rosie e Wim em casa num domingo de manhã, 1936

Mas a vida estava boa para Wim e para mim. Não podíamos querer mais. Nosso apartamento estava confortavelmente mobiliado, e nas noites de verão gostávamos de nos sentar em nossa grande varanda, que dava para um bonito parque na margem do rio Dommel. Eu tinha começado a tocar piano de novo, para grande prazer de Wim, e meu amor pela dança também voltara a florescer. Nós nos matriculamos na escola de dança

*Wim e Franz em Dusseldorf, 1934*

e íamos a todos os bailes da cidade. Danças modernas, com frequência trazidas da América, acrescentavam um tempero adicional ao ritmo de nossa vida. Fizemos novos amigos e viajávamos regularmente para a Alemanha, embora não houvesse nada de estrangeiro naquele país para nenhum de nós dois. Parte da família dele vinha da Alemanha, e eu passara parte de minha infância lá.

O que me impressionava quando visitávamos a Alemanha era que a atmosfera havia mudado. Quando nossa família vivia em Kleef, o desemprego grassava e o país estava em depressão. Mas agora que os nacional-socialistas estavam no poder havia dois anos, com Hitler no comando, as pessoas pareciam entusiasmadas. O desemprego estava diminuindo, a prosperidade crescia e os alemães viviam um renovado sentimento de orgulho. Todos os prédios do governo eram ornamentados com bandeiras nazistas e galhardetes ostentando suásticas e fotos de Hitler.

Os judeus-alemães se mostravam menos entusiásticos. Os novos governantes tinham-nos reduzido a cidadãos de segunda classe. Mas aquilo não me afetava, de modo que não pensei muito no assunto.

Rosie e Wim em Blankenberg, Bélgica, 1936

Além de nossas viagens à Alemanha, visitamos a Feira Mundial em Bruxelas, passávamos fins de semana na elegante Paris e caminhávamos pelas praias da moda em Knokke e Blankenberg. Jogávamos no cassino em Scheveningen, na costa holandesa. Apreciávamos os *pubs* e os musicais em Londres.

Como copiloto, Wim às vezes ficava fora de casa por um mês inteiro. As despedidas não eram fáceis, mas os reencontros eram maravilhosos, e então ele tinha duas semanas de folga. Era um pouco como a vida de um homem do mar, só que ele não passava períodos tão longos fora de casa.

*Rosie no aeroporto, esperando por Wim, 1936*

Nas manhãs depois que Wim voltava, costumávamos tomar café na cama e ele me contava histórias sobre o Egito, o Paquistão ou as Índias Orientais Holandesas, tipo como o trem de aterrissagem tinha ficado atolado na lama na pista de Allahabad. Numa ocasião, ele se mostrou um tanto entusiasmado demais com relação a uma passageira e lancei-lhe um olhar questionador.

– Você não está com ciúmes, está? – perguntou Wim, sorrindo.

— Nem um pouco — respondi. — Só queria ver qual seria a sua reação. Não sou ciumenta.

— É sim.

— Não sou. — E, antes que percebêssemos, estávamos no meio de uma briga de travesseiros na cama, seguida por gargalhadas e posições de imobilização de judô. O café da manhã acabou indo parar no chão. Invariavelmente, acabávamos nos braços um do outro. Os dias, tardes e noites passavam voando e, embora estivéssemos vivendo juntos havia quase dois anos, tudo ainda nos parecia novo. Prometíamos nos amar para sempre e fazíamos planos para o futuro. Estávamos em 1936.

A manhã em que o destino desferiu um golpe inesperado começou como outra qualquer. As pessoas passaram de bicicleta indo para o trabalho, o jornal foi enfiado na caixa de correspondência, as migalhas foram varridas do chão. Mas Wim não voltou de seu voo da Ásia. Aqueles voos podiam levar semanas e, às vezes, eram impedidos e retardados pelas condições do tempo ou por necessidade de reparos, de modo que de início não fiquei preocupada quando o voo não chegou na data prevista. Aquilo já tinha acontecido com muita frequência. Dois dias depois, quando fui perguntar no aeroporto, eles me informaram que o avião dele havia se acidentado nos arredores de Allahabad. Trinta e sete ocupantes haviam morrido no acidente. Wim tinha sido um deles.

De início, não acreditei na notícia. Aquilo não podia estar acontecendo. Ele estaria ali mais tarde, entraria pela porta, garanti a mim mesma. Mas lentamente comecei a me dar conta de que nunca mais iria vê-lo, não veria nem o seu corpo. A consciência latejante em minha cabeça de que ele havia partido, partido para sempre, me deixou vazia.

A cada manhã, quando acordava, meus primeiros pensamentos estavam claros, e um segundo depois eu me dava conta de que Wim nunca mais voltaria. O sentimento se agarrava a mim como uma sombra e eu não conseguia me libertar dele. Ele se recusava a ir embora.

Na cama, à noite, tentava imaginar como teriam sido seus momentos finais, voando em meio a uma tempestade, pelo que me disseram, com um motor rateando e falhando. A aeronave começa a se inclinar, eles recupe-

*Rosie e Wim na varanda de um café, 1933*

ram o controle, então o motor pega fogo. Eles precisam aterrissar imediatamente, mas a visibilidade é zero e não conseguem ver que o vento os está impelindo em direção à encosta de uma montanha. No último instante, eles veem uma encosta íngreme adiante, gritam, se chocam, e está acabado. Em outras ocasiões, imaginava Wim sobrevivendo ao acidente, mas gravemente ferido e incapaz de se mover: queria salvá-lo, mas ele estava fora de meu alcance. As mesmas imagens me voltavam repetidas vezes, até que eu adormecia, exausta.

# ROSIE

## Dançando com Leo e Kees

Lá fora, no mundo, a vida continuava como sempre. Eu me sentia vazia. Não dançava mais, muito menos saía para jantar ou ir ao cinema. Ainda não tinha voltado para ver meus pais, que agora moravam em Den Bosch. Nunca tinha me sentido tão infeliz.

Depois de muito tempo, finalmente despertei de meu estupor. Não estava com disposição para socializar, mas pela primeira vez em séculos saí para dançar. O ritmo e os passos de dança ajudaram a absorver parte de minha tristeza.

Certa noite, numa viagem de trem para Amsterdã, me encontrei por acaso com Leo Crielaars, um professor de dança com quem havia trabalhado por um breve período, quando um de seus instrutores tinha ficado doente. Ele era um sujeito gentil e agradável e ficou visivelmente satisfeito por me ver.

– Como você está? – perguntou enquanto entrava em meu compartimento.

Eu tinha uma expressão sombria no rosto e, embora não gostasse de falar muito sobre o assunto, contei-lhe sobre minha perda. Leo se revelou genuinamente solidário. Então o silêncio se instalou entre nós. O trem seguiu ruidosamente seu caminho, sacolejando monotonamente de um lado para outro. Será que ele estava pensando sobre minha perda? Delicadamente conduziu a conversa para suas escolas de dança em Eindhoven e em Den Bosch. Leo percebeu que eu estava ouvindo com atenção e me contou toda sorte de histórias maravilhosas, se mostrando mais entusiasmado a cada minuto.

– Você tem um trabalho fantástico – comentei. – Realmente gostei muito de substituir seu colega no ano passado.

– Já vi você dançar – respondeu ele. – Tem um estilo adorável, fluido, um bom senso de ritmo. Você também é uma boa professora. Sabe como despertar o entusiasmo entre os alunos, mesmo os tímidos.

Sorri em resposta.

Ele olhou para mim e prosseguiu:

– Por que você não vem trabalhar para mim? Tenho certeza de que ensinar pessoas a dançar é mais divertido do que trabalhar para um fabricante de roupas, e você vai ganhar mais dinheiro.

A ideia de fazer da dança minha carreira era atraente, mas não demonstrei isso. Deixei que o trem avançasse em silêncio por um momento e então respondi:

– Deixe-me pensar no assunto. – Mas ele estava com uma expressão tão gentil no rosto que, quando o vi franzir ligeiramente o cenho, cedi: – Eu adoraria experimentar por uma noite, para ver se ainda gosto tanto quanto gostava há um ano.

Combinamos um encontro, e foi assim que acabei voltando à escola de dança de Leo. Por fim, ele acabou me oferecendo um emprego permanente. Além de dar aulas de dança, eu também cuidaria da administração e da correspondência. Trabalhar para meu pai e para o fabricante de roupas tinha me dado algumas experiências úteis. Além disso, eu iria trabalhar em Den Bosch, onde minha família morava. Estava na hora de me mudar, alugar um quarto e entregar meu aviso prévio.

Enquanto dançava na escola de Leo, participando de competições de dança nacionais e internacionais, comecei a achar que meu sobrenome não combinava, que era inclusive um pouco comum demais. Troquei então o "s" por um "c" acrescentei um acento ao "e" no final, e a partir daquele momento meu nome passou a ser Glacér. Era muito mais elegante e internacional. O ritmo de meus dias também mudou. A jornada de trabalho se estendia do meio-dia até tarde da noite, e na maioria das vezes ficávamos algumas horas a mais para apreciar um pouco a vida, sabendo que não teríamos de começar a trabalhar antes do meio-dia do dia seguinte. E assim a noite se tornou dia.

Logo se tornou claro que Leo me via como mais do que uma simples colaboradora. E eu gostava dele. Era gentil, estava sempre muito elegante e me ajudou a esquecer minha grande perda. Quando me puxava para junto de si ao dançarmos, aquilo me parecia agradável e familiar, e eu permitia que acontecesse. Regularmente ficávamos na escola depois das aulas para conversar, tomar um drinque, falar a respeito do dia, organizar eventos. Enquanto isso, comparecíamos a encontros internacionais em Bruxelas, Londres e Berlim para aprender novos passos de dança e trazê-los para a Holanda. Tornei-me membro da União dos Professores de Dança e Cultura Física em Bruxelas, do Sindicato Nacional em Paris e, é claro, do Sindicato Holandês de Dança. Ao longo do caminho, conhecemos muitas pessoas interessantes e elegantes. A vida recuperou parte da cor que havia perdido.

*Rosie e Leo, 1936*

Depois de algum tempo, Leo e eu começamos a parecer um casal para o mundo exterior. Aquilo aconteceu tão gradualmente que quase nem percebi. Dançávamos juntos na escola, viajávamos juntos para o exterior e à noite, depois das aulas, eu dormia na casa dele. Estava me sentindo cada vez melhor, e, quando Leo me pediu para ir morar com ele e nos casarmos, eu apenas disse sim, assim, com toda a simplicidade. Não foi nenhuma grande decisão.

Quando ficamos noivos, não contamos a ninguém. Embora meus pais morassem nas vizinhanças, eu praticamente não tinha contato com eles. Não estavam nada satisfeitos com o fato de sua única filha ter fugido de casa, abandonando os negócios do pai. E como as outras pessoas ao nosso redor, também não aprovaram quando eu fui morar com Wim, pelo menos minha mãe não aprovara. Revendo a situação, percebo que minha partida súbita deve tê-los entristecido profundamente, mas naquela idade não tive consciência disso. Do mesmo modo que eu, Leo tinha pouco contato com a família, exceto por seu irmão. Quando nos casamos em Den Bosch, tivemos apenas alguns amigos como testemunhas. Nem mesmo meus pais nem meu irmão compareceram. Comemoramos com drinques e petiscos. Estávamos em 1937 e eu tinha 23 anos de idade. As aulas de dança prosseguiram naquela noite como de hábito, só que agora eu dançava como a sra. Crielaars.

*Rosie e Kees*

Uma vez que o quarto de Leo era pequeno demais para nós dois, fomos morar temporariamente com o irmão e a cunhada dele, Marinus e Betsy, em Waalwijk, onde tínhamos um andar inteiro só para nós. Pagávamos um aluguel, e eles nos receberam muitíssimo bem.

Aos domingos, íamos à missa na igreja católica local. A atmosfera era bastante positiva. O catolicismo parecia ser uma fé amistosa e alegre, caracterizada por um sentido de perdão e de amor pelo próximo, e quando as coisas davam errado havia a confissão para botá-los de volta nos trilhos. A despeito do início promissor, contudo, a atmosfera em casa rapidamente azedou.

Parecia que o irmão de Leo era um admirador entusiasmado do vento nacional-socialista que estava soprando por toda a Alemanha e ganhando seguidores na Holanda. Marinus falava a respeito disso com frequência com Leo, assistia a reuniões do NSB (National Socialistische Beweging, o equivalente holandês do Partido Nazista), lia *Storm*, o jornal semanal deles, e era membro do Serviço de Assistência Holandês e da Frente Holandesa Trabalhista, afiliados aos nazistas. Leo claramente admirava o irmão mais velho, e Betsy sempre concordava com o marido. Para eles, as intermináveis concessões feitas pelo atual governo não tinham conduzido a nada além de verborragia democrática. Estávamos vivendo um período de crise econômica, pobreza e desemprego disseminado. A vida para muitos era dura e difícil. Eles achavam que o nacional-socialismo tinha uma nova perspectiva a oferecer.

Eu não era da mesma opinião. Vivia na Alemanha quando o ministro do Exterior, Walther Rathenau, tinha sido assassinado e o movimento nazista havia começado a ganhar força. Conhecia bem a determinação positiva do partido, mas também tinha conhecimento de suas ideias racistas. Quando comecei a manifestar minha opinião, rapidamente surgiram tensões em casa. Marinus não gostava quando eu participava dos debates, e Leo não sabia bem o que fazer ou o que dizer. O irmão dele estava habituado a sua esposa obediente, concordando com tudo que ele dizia. A situação foi de mal a pior. Leo era meu marido, mas também gostava do irmão. Ele não romperia relações com Marinus, e eu não queria que ele o fizesse, mas eu tinha de encontrar uma maneira de me livrar daquela tensão crescente. Pequenas irritações só faziam complicar a situação. Certa vez, fiquei furiosa com Marinus por abrir minha correspondência.

– Faço a mesma coisa com a correspondência da minha mulher – retrucou ele com aspereza. – Sou o patrão aqui nesta casa.

Quando o vi pegando minha correspondência no dia seguinte, arranquei-a dele.

– Mantenha suas mãos longe de minhas cartas! – gritei.

Ele imediatamente avançou para cima de mim para tentar tomá-las de volta. Marinus era pesado e forte, mas consegui lhe arranhar o rosto e dar-lhe um chute no saco. Depois disso, ele me soltou, apanhou uma faca de pão na cozinha e saiu atrás de mim.

– Vou pegar você! – gritou. – E vou lhe ensinar quem manda nesta casa!

Não esperei pela faca. Saí correndo da casa e segui para a escola de dança em Den Bosch, onde eu pretendia passar a noite. Leo foi me buscar, e combinamos começar a procurar um local para morar, alguma coisa que ficasse mais perto da escola.

Mas, já que Marinus continuava a me infernizar a vida, as coisas só pioraram. Quando calmamente perguntei a ele, certo dia, por que me odiava tanto, ele respondeu:

– Você pode ir à igreja cem vezes, mas você é uma judia e sempre será. Sou um nacional-socialista, e você verá: todos os judeus estão destinados a ir para o inferno e vamos ajudá-los a chegar lá. Você só precisa esperar, minha hora chegará. Então acabaremos com toda esta corrupção.

Leo não interferia durante estas brigas. E quando eu dizia a ele que queria ir embora dali, me convencia a ficar. Era difícil fazer uma concessão depois da outra, e desencorajador ver que meu marido não tomava meu partido, como deveria.

Enquanto estas brigas continuavam, Leo e eu decidimos reformar a escola de dança. Nesse entretempo, alugamos um grande salão em um hotel-restaurante próximo, onde continuamos a dar aulas. Chamava-se Lohengrin, um nome que me levava de volta à minha infância na Alemanha. A saga de Lohengrin, que havia inspirado a ópera de Wagner, tem como cenário Kleef, onde cresci.

*Lohengrin*

Certa quarta-feira à tarde, enquanto me preparava para a aula daquela noite, um rapaz entrou no salão e imediatamente atraiu meu olhar. Ele se apresentou como Kees van Meteren, o filho do dono do Lohengrin. A morte recente do pai o havia trazido de volta do exterior. Embora tivesse apenas 20 anos, e eu 24, ele parecia muito maduro para a idade. Kees trabalhara em hotéis renomados em Frankfurt durante quase um ano e meio, e depois passara um ano na Hungria.

Logo descobri que ele se sentia muito à vontade no mundo de hóspedes importantes, jantares dançantes e noites de gala. Tinha charme e glamour, se movia com naturalidade nesse meio, e sempre encontrava um modo de tirar algum lucro.

Certa noite, enquanto eu me recompunha no camarim, trocando o vestido de baile por um traje mais simples, Kees entrou sem nenhum aviso, aproximou-se de mim e beijou-me no pescoço. Surpreendida com a ousadia dele, me virei e nos beijamos nos lábios. Pedi-lhe que saísse rapidamente, porque Leo poderia aparecer a qualquer momento. Nós nos beijamos de novo, e ele foi embora. Poucos minutos depois, Leo abriu a porta de supetão, assustando-me.

Kees van Meteren, 1940

– Você já vem, querida? – perguntou ele. – O carro está pronto.

A caminho de casa, meus pensamentos voltaram para o beijo no camarim. Teria sido apenas um capricho de uma noite de verão ou seria algo mais? Seria porque a atmosfera em casa com Leo e Marinus havia se tornado tão desagradável que eu estava suscetível às atenções gentis de um rapaz que eu calhava de achar mais atraente que meu marido? Fosse lá o que fosse que o despertara, meu desejo por Kees persistiu por muito tempo depois daquele beijo. Embora nos víssemos regularmente depois das aulas de dança, estávamos sempre na companhia de outros. Mas, como eu era responsável pelas questões administrativas da escola, de vez em quando dava um jeito de vê-lo sozinho. Ele me cortejava descaradamente durante aquelas horas, e um par de vezes acabamos num dos quartos do hotel. Quanto mais nos conhecíamos, mais nos apaixonávamos. Sempre conseguíamos arranjar um motivo para nos encontrar. Tínhamos de ser cuidadosos, é claro, caso contrário as outras pessoas perceberiam. Por sorte, Leo costumava ir para a cama depois das aulas, de modo que às vezes eu dizia a ele que ia sair para tomar um drinque com uma amiga, e então me encontrava com Kees, antes de voltar furtivamente para casa. Uma vez que não tínhamos de nos levantar antes das 11 no dia seguinte, Leo não percebeu inicialmente. Mas, depois de algum tempo, ele reparou que Kees sorria muito para mim no trabalho e começou a desconfiar de que ele gostava de mim. O ciúme dominou-o, e Leo passou a me vigiar mais de perto. Eu percebia isto em tudo que ele fazia. Leo se tornou mais severo e mais mandão, a estratégia errada no que me dizia respeito, e o clima entre nós só piorou. Eu não era do tipo submissa, tudo se resumia nisso, e com certeza não era uma dona de casa dependente, como tantas de minhas contemporâneas.

Que diferença era estar com Kees. Leo quase sempre estava cansado, irritadiço e mandão. Nunca parava aquela ladainha sobre o nacional-socialismo. Já Kees era não apenas atencioso, mas também muito melhor na cama. Nunca havia um momento de tédio quando estávamos juntos. Embora eu com frequência não desse muito crédito para suas histórias sobre as pessoas famosas que ele havia conhecido, sempre havia alguma coisa de mágico nelas. E ele era sempre tão gentil comigo, o que era uma mudança bem-vinda em relação ao comportamento desagradável de Leo.

Seis meses depois, Leo anunciou a boa notícia. As pessoas que alugavam o andar em cima da escola de dança em Den Bosch tinham decidido ir embora. Eu já fugira da casa do irmão dele nada menos que três vezes nos últimos meses, e aquela novidade me trouxe um grande alívio. Em menos de duas semanas, nos mudamos de Waalwijk para o apartamento vazio em cima da escola, e finalmente comecei a relaxar. Até Leo ficou satisfeito, não apenas porque nossas discussões acabaram, mas também por causa da pequena distância entre o trabalho e a casa. Ele sentia saudades do irmão, é claro, mas eu estava muito mais alegre e mais calma. Embora ele ainda estivesse inseguro com relação a mim, uma atmosfera agradável começou a se criar entre nós. Nossa vida amorosa também mudou para melhor. Com a reforma da escola de dança terminada, não havia mais necessidade de usar o Lohengrin e passei a ver Kees cada vez menos. Decidi que estava na hora de acabar com nossa ligação.

Depois de dois anos de trabalho duro, a escola começou a florescer e crescer. Nossas fotos apareciam regularmente no jornal. Leo reduziu um pouco o ritmo de suas atividades, passou a fumar grandes charutos e a se comportar como um homem abastado.

Pouco antes da *Bossche Revue* anual, tivemos de nos transferir para uma sala de ensaios no Lohengrin, e Kees apareceu, flertando abertamente comigo na frente das garotas. Embora meu marido sempre fosse me buscar depois do ensaio, Kees se recusava a me deixar em paz. Ele me enviava flores, cartas, e até me deu um anel de diamante.

Quando Leo soube disso, o antigo ciúme reacendeu. Começamos a discutir cada vez mais, não apenas por causa de Kees, mas também por conta da divisão de trabalho na escola de dança e, é claro, por causa da nova ordem que se aproximava.

Nada mudou. Kees me seguia por toda parte, e a situação em casa foi ficando mais difícil. Era óbvio para Leo que meu coração e minha mente não lhe pertenciam mais. Eu passava cada vez mais tempo com Kees, e Leo percebeu que estava me perdendo. Ele tentou me reconquistar, mas senti sua hesitação. Era evidente que as convicções de Marinus, seu irmão, tinham se tornado suas próprias convicções, e aquilo complicava as coisas para ele. Leo não perseverava em seus esforços para reconquistar minha afeição, e o irmão dele me amaldiçoava constantemente.

– Porque você faz parte da questão judia! – berrava ele. E se eu respondesse, insistindo que eu não era uma questão, e sim uma pessoa, que eu era Rosie, era como acenar com um pano vermelho para um touro. Creio que ele me odiava, era apenas isso, exatamente como certos animais atacam a garganta uns dos outros por puro instinto.

*Anúncio de jornal para uma "Noite de Swing"*

Leo se juntava a seu irmão a cada oportunidade que tinha. Eles ouviam os discursos de Hitler no rádio. Conversavam a respeito de como ele era inteligente, falavam de seus planos para o futuro. O velho mundo com seus costumes corruptos seria derrubado. O mundo do desemprego e da pobreza desapareceria. Uma nova ordem seria estabelecida, livre da democracia covarde, livre de judeus corruptos que conspiravam contra os cidadãos e trabalhadores honestos e aplicados. Carros para todo mundo. Volkswagens! Quem não queria um Volkswagen?

O entusiasmo do povo alemão pelo nacional-socialismo não me surpreendeu. Quando eu morava em Kleef, tinha visto pessoalmente o que a derrota humilhante da Primeira Guerra Mundial havia feito com a população, para não mencionar os efeitos da enorme dívida de guerra imposta pelos franceses, britânicos e americanos. Nós, holandeses, podíamos não ter tido de suportar a mesma triste pobreza que os alemães, mas compartilhávamos o mesmo anseio por uma liderança forte e uma economia melhor. Mais e mais pessoas estavam se filiando ao NSB ultimamente, e mais de 8% da população votou neste partido na eleição. E então havia o Frente Negra (*Zwart Front*), um outro partido com tendências nazistas. Eles também tinham andado angariando votos, especialmente onde morávamos.

Neste clima, Marinus não parava de aconselhar Leo a me deixar. Uma mulher judia simplesmente não era certo, dizia ele. Eu percebia que Leo ainda gostava de mim, mas também buscava conforto regular com Kees, e Leo não sabia o que fazer. Quanto mais ele tentava se apegar a mim, mais eu me afastava. Durante uma de nossas discussões, ele perguntou:

– Você leu o *Mein Kampf*? Os judeus serão aniquilados. Talvez você venha a ter sorte por estar casada comigo, e eles apenas a deportarão para a Palestina, mas o resto não terá nenhuma chance. – O que eu poderia ter dito em resposta a tais comentários? Muito pouco. E assim nossa vida continuou.

Estava claro que Leo não tinha mais controle sobre mim nem sobre sua raiva, e num certo momento ele também perdeu o controle sobre suas mãos, me esbofeteando durante uma de nossas discussões. Depois de fugir correndo da casa e andar a esmo pelo centro da cidade dominada pelo desespero, fui bater na porta da casa de meus pais. A despeito do fato de eu não tê-los visto nem falado com eles em meses, eles me receberam bem e me ofereceram um lugar para ficar.

Quando liguei para Kees e contei-lhe o que havia acontecido, ele me aconselhou a dar entrada no pedido de divórcio, o que fiz. Mas Leo recusou.

– Se alguém vai entrar com um pedido de divórcio por aqui sou eu – disse ele.

Leo rapidamente consultou um advogado. O fato triste era que todas as crianças da família de seu advogado tinham aulas de dança comigo.

Mas o cliente sempre tem razão. Continuei a dar aulas particulares enquanto o advogado iniciava o processo.

Que experiência horrorosa. Eu morava com meus pais, entretanto todas as manhãs ia trabalhar para meu ex-marido, e todo mundo ainda me chamava de sra. Crielaars. Não poderia ter sido mais desagradável.

Em abril, houve um grande baile no Casino, para quase duas mil pessoas, organizado por nossa escola de dança. Leo e eu apresentamos os passos mais modernos. Os aplausos foram entusiasmados. Recebi três buquês de flores, um de Kees, com trinta rosas. Depois, ele ficou sentado no bar, me esperando, e fui lhe agradecer. Foi um erro, eu sei, mas me sentia atraída por Kees como se por um ímã. Não conseguia me controlar. Quando Leo me viu, ele explodiu. Nossos dois mil convidados ficaram pasmos. Quando cheguei em casa naquela noite, decidi nunca mais voltar a trabalhar com Leo.

*Rosie e Leo apresentando o* Lambeth Walk

Depois que me demiti, comecei a escrever os menus para o Lohengrin, desenhando o Cavaleiro do Cisne no canto superior esquerdo como uma espécie de logomarca. Se eu quisesse sair, viajava com Kees para outra cidade. Ele com frequência tinha dinheiro e gostava de gastá-lo. Enquanto isso, Leo e eu nos divorciamos. Na noite em que o divórcio foi oficializado, Kees me surpreendeu com uma garrafa de champanhe e um bonito broche de prata para comemorar minha nova vida. O gesto pareceu-me atencioso e delicado. Mas, embora eu estivesse determinada a voltar para minhas aulas de dança, Kees não gostava da ideia. Ele preferia que eu estivesse com ele e que não passasse minhas noites em outro lugar.

Então descobri que, além de mim, Kees também estava namorando uma garota belga. Fiquei furiosa, mais uma vez dominada pelo sentimento de estar sozinha no mundo.

# PAUL

## Um sinal oculto

Em 1974, Ria, minha esposa, e eu estávamos esperando nosso primeiro filho. Contamos a novidade à nossa família e amigos, mobiliamos um quarto de bebê, pensamos em nomes e debatemos se deveríamos batizar a criança. Tanto Ria quanto eu fomos batizados e criados em famílias católicas, ela como filha de fazendeiro nos pôlderes[2] próximos de Haia, eu nos sopés do monte São Pedro, perto de Maastricht. Ambos tínhamos boas lembranças de uma juventude agradável e despreocupada. Ria faz parte de uma família de dez filhos e se formara como professora de jardim de infância no colégio de freiras em Haia. Passei minha juventude explorando as cavernas no monte São Pedro com amigos, frequentando a escola perto da praça Vrijthof e nadando no rio Maas todos os dias durante o verão.

A vida em um ambiente majoritariamente protestante tendia a reforçar a identidade católica da família de Ria, mas Maastricht era diferente. Tudo em Maastricht era católico. Fazia parte da vida.

Todo domingo, depois da missa, a Banda de Metais Saint Luke marchava pelas ruas, seguida por uma procissão que incluía o padre, sob um baldaquino, um grupo de coroinhas, membros do conselho da igreja e outros cidadãos proeminentes. Muitas pessoas exibiam imagens de Santa Maria na janela ou tinham sua imagem na fachada de casa. Todo mundo conhecia o Poço de São Servatius, nos arredores de Maastricht, que se dizia ter aparecido miraculosamente no século IV, quando são Servatius

---

2 *Polder* é um termo holandês referente às terras conquistadas a uma altitude igual ou inferior ao nível do mar. Essas áreas, protegidas por diques e drenadas com a ajuda de uma rede de canais, servem tanto para habitação quanto para produção agrícola. A técnica, utilizada pela primeira vez no século XII na região dos Países Baixos, contava com a ajuda de moinhos e permitiu a utilização de uma grande quantidade de terra abaixo do nível do mar. [N. do R. T.]

chegara a pé vindo da Ásia. Também havia boatos insistentes a respeito de estátuas de ouro dos apóstolos que estariam escondidas nos arredores. Se um capelão era visto a caminho da visita a um doente carregando uma pequena caixa com a hóstia consagrada, os ciclistas desmontavam, se ajoelhavam na rua e se persignavam. Quando a comunidade da região fundou o Clube de Handebol, ninguém questionou o acréscimo das palavras "Católico Apostólico Romano" ao nome. O padre da paróquia concordava em abençoar nossa bola. Ele abençoava não apenas bolas, mas também pessoas, casas, até carros. Uma vez por ano, cidadãos reuniam seus veículos na praça na frente da igreja, e o padre da paróquia molhava um pincel de cabo de cobre numa bacia dourada com água benta e salpicava-a para todos os lados, abençoando em latim os carros, para protegê-los de acidentes. Tudo era tão impregnado de catolicismo que até os não católicos eram um pouco católicos.

Uma vez que o catolicismo era uma parte tão forte da identidade de minha família – não apenas de minha família imediata, mas também da minha avó e meu avô, tios, tias, sobrinhas e sobrinhos –, Ria e eu decidimos batizar nosso filho ou filha, a primeira criança da geração seguinte. Nesse meio-tempo, examinamos os nomes de membros da família, na esperança de encontrar um que pudéssemos usar. Quando chegamos a meu pai, John, Ria perguntou sobre a inicial S entre o nome e o sobrenome.

– É de Samuel – respondi.

– É um nome bonito. Parece judeu – respondeu ela. Mas não pensamos muito naquilo. Tínhamos amigos cristãos que deram aos filhos nomes judaicos, como Judite, Sara, Jó, apenas porque gostavam dos nomes.

Sete anos depois do nascimento de nossa primeira filha, Myra Barbara, aconteceu algo que nos fez reconsiderar a origem do segundo nome de meu pai. Eu estava celebrando meu 35º aniversário com meus pais e amigos, e, a certo ponto, a conversa se voltou para o conflito israelense-palestino. Um de meus amigos, que era membro do Comitê Palestino da Holanda e havia visitado o antigo líder palestino, Yasser Arafat, no exílio, dominou a conversa, condenando a postura política de Israel, falando sobre atividades criminosas de judeus e comparando o sionismo a racismo. Meu pai, que geralmente gostava de participar das conversas com meus amigos, ouviu em silêncio, até que seu nariz começou a sangrar. Subitamente ele agarrou um lenço e foi para o andar de cima, se deitar. Ele só voltou depois que meus amigos foram embora.

No dia seguinte, Ria e eu conversamos sobre a festa.

– Que desagradável aquele sangramento pelo nariz de seu pai – comentou ela. – Reparei que começou quando estávamos falando sobre sionismo e racismo. Você acha que a conversa pode ter tido alguma coisa a ver com aquilo? Seu nome do meio é Samuel. Talvez ele tenha origens judaicas.

– É possível – respondi –, mas não é provável. Sempre foi ele quem insistiu para irmos à igreja. Todo mundo na família é católico e o nome de batismo dele é John, não Samuel. De qualquer maneira, também tive problemas com sangramentos nasais espontâneos. E para completar, creio que ele teria me contado.

Apesar disso, exploramos um pouco mais aquela possibilidade. Os pais de meu pai estavam mortos havia muito tempo e, até onde podíamos dizer, eles não tinham sobrenomes particularmente judaicos. O nome de solteira de sua mãe era Philips.

– Os donos das fábricas Philips não são protestantes? – perguntei. – Meu pai tem uma irmã, Rosie, na Suécia, mas não sei de quase nada a respeito dela. Lembro-me de que veio nos visitar quando eu era criança, mas, além disso, não mantivemos contato com ela.

Meus pais tinham me ensinado que era importante estar sintonizado com as circunstâncias e as pessoas ao seu redor e desempenhar um papel ativo em seu ambiente. Foi assim que fui educado. Mas, a despeito de minha curiosidade natural, a ideia de explorar mais a minha identidade – e com isso explorar o passado de minha família – simplesmente não me ocorreu. Eu não sentia que estivesse me faltando nada.

# ROSIE

## A nova ordem

*Rosie na frente da prefeitura em Vught,
em 10 de maio de 1940,
o dia em que a Alemanha invadiu a Holanda*

No dia 10 de maio de 1940, três semanas depois de eu ter parado de lecionar, os alemães invadiram o país e a rainha Wilhelmina fugiu para a Inglaterra. Aquele foi um ato criminoso e covarde, se querem saber minha opinião, um insulto para o resto da população que ficou. E não fez nenhum sentido. Ela era casada com um alemão com inclinações nacional-socialistas. Por que fugiu? Será que o dinheiro era mais importante para ela do que seu povo?

A chegada dos alemães significou a chegada da nova ordem, a respeito da qual Marinus e Leo tinham falado com tanta frequência. Fiquei preocupada, não conseguia tirar as discussões deles sobre a questão judaica de minha cabeça. Aquelas eram ideias alemãs. Os alemães agora estavam no controle, e muitos holandeses tinham ideias semelhantes. Eu não temia por mim mesma, mas seria um período especialmente difícil para meus pais.

Enquanto isso, Kees mostrou-se muito entusiasmado ao me contar que tinha sido convocado, e me pediu que cuidasse de um número considerável de pertences valiosos para ele. Mas alguns dias depois, com igual entusiasmo, disse que havia sido dispensado, que eles precisavam dele no Lohengrin, que seria a *Wehrmachtheim* – o lar fora de casa do Exército – da cidade. Kees, que falava fluentemente o alemão, mostrou-se excepcionalmente amistoso para com os alemães desde o início. Ele atribuiu isto ao tempo em que havia trabalhado em Frankfurt, onde se alistara na *Ausländische Hitlerjungend* – Juventude Hitlerista Estrangeira. No primeiro dia da ocupação, ele já havia se assegurado de que cardápios em alemão tivessem sido postos nas mesas para os novos clientes. Naquela ocasião, John, meu irmão mais jovem, não morava mais em casa. Como rapaz de 19 anos, havia sido convocado para prestar o serviço militar e fora mobilizado antes que a guerra eclodisse. Quando os alemães invadiram o país, ele estava lá para defendê-lo em alguma trincheira apressadamente escavada em Haia, primeiro no complexo de Binnenhof – onde ficava a sede do Parlamento holandês – e depois na entrada do Gabinete de Imprensa do Governo. Logo ele estaria cara a cara com os invasores alemães. Eu esperava que nada acontecesse com ele. Talvez ele tivesse sorte. Eu ouvira boatos de que os alemães estavam sento retidos em combates renhidos nas proximidades de Grebbeberg, na região central da Holanda, e que ainda não tinham conseguido chegar a Haia. Mais tarde, meu irmão me contou que no início Haia estivera bastante calma, mas que era um milagre ele ainda estar vivo. Quando montava guarda no primeiro dia perto do Gabinete de Imprensa, alguém começara a disparar contra ele do prédio defronte. Não havia ninguém a vista, e os alemães ainda não tinham tomado a cidade. Só podia ter sido um holandês. Provavelmente era um partidário do NSB. Meu irmão teve sorte. A bala arrancou-lhe os óculos do rosto. Um centímetro a mais e o tiro teria sido fatal. Ele foi obrigado a buscar cobertura em um umbral de porta e só conseguiu escapar depois que caiu a noite. Aquilo me fez pensar que tipo de país era o nosso, em que o próprio povo atirava contra você quando você o estava defendendo da invasão alemã. Não havia tempo para responder àquela pergunta, mas, mesmo assim, ela me chocou.

Depois de cinco dias de combates, que culminaram com o bombardeio de Roterdã, a Holanda capitulou e os alemães entraram em Haia. Meu irmão foi feito prisioneiro e enviado a Roterdã para limpar os escombros. Do campo provisório que tinha sido montado em uma praça pública para prisioneiros de guerra, ele pôde ver a cidade bombardeada fumegar e, em alguns lugares, ainda arder em chamas. Certa noite, ele deixou os amigos para ir ao banheiro e fumar um cigarro. Estava escuro quando voltou e não conseguiu encontrar seu grupo. Quando avistou alguns homens debaixo de cobertores, pensou que tinha encontrado o lugar certo e se acomodou ao lado deles. Seu vizinho estava frio, e mesmo em meio à escuridão absoluta ele se deu conta de que estava deitado ao lado de um cadáver. A guerra se tornou tangível para ele naquele momento.

Naqueles primeiros dias depois da invasão alemã, ouvi boatos de toda sorte. Não sabia em que acreditar, mas levei muito a sério um boato em particular: o de que prisioneiros de guerra seriam levados para a Alemanha. Eu não tinha certeza se meu irmão sabia disso, de modo que decidi ir procurá-lo apenas para me certificar. As informações eram muito confusas, os serviços públicos estavam num completo caos, mas isso também podia ser uma vantagem, se você queria entrar em contato com alguém.

Na manhã seguinte, segui para Roterdã de bicicleta, com provisão extra: uma câmera e roupas de mulher. O percurso até Roterdã era de aproximadamente 80 quilômetros, e passei por soldados alemães a pé e em carros ao longo do caminho. Nos vilarejos que atravessei pedalando, a vida continuava como se tudo estivesse normal: mães empurravam carrinhos, crianças brincavam nas ruas, uma fila se formava na padaria. A rotina habitual. Mas, à medida que fui me aproximando de Roterdã, as coisas mudaram. O centro da cidade tinha sido arrasado. Rapidamente tirei algumas fotos e saí em busca do meu irmão.

*Fotografias de Roterdã depois do bombardeiro feitas por Rosie*

Depois de fazer algumas perguntas, cheguei ao parque onde ele estava detido. Não havia muita segurança, e as pessoas estavam exatamente como aquelas por quem eu passara no meu caminho até ali: calmas, na expectativa, obedientes. Quando John me viu, não conseguiu acreditar

*Rosie e John na frente da estação
de trem, outubro de 1940*

em seus olhos. Ele ficou radiante. Eu disse a ele para vir comigo. John tentou objetar, mas o interrompi, segurando-o pelo braço. De braços dados, caminhamos para o portão. Quando um soldado alemão perguntou aonde estávamos indo, respondi em alemão fluente:

– Para casa. As crianças estão esperando. – E seguimos nosso caminho.

O soldado não nos deteve. Com as estradas holandesas agora repletas de soldados alemães, assim que estávamos fora da cidade, dei a meu irmão as roupas de mulher que tinha trazido e voltamos de bicicleta para Den Bosch, disfarçados como duas garotas. Ninguém nos deteve e a viagem correu sem incidentes. Chegamos em casa tarde naquela noite, ambos exaustos.

Kees não era o único que se mostrava gentil e prestativo com os alemães. A maioria da população se comportava da mesma maneira. Todo mundo queria apenas continuar com sua vida cotidiana. Os soldados alemães se comportavam bem e muitos jornais escreveram matérias positivas a respeito deles, conclamando os leitores a aceitar as novas autoridades. Na *Libelle*, revista semanal feminina, li um artigo simpático sobre os pobres soldados alemães que estavam longe de casa. Meses e meses longe de seu país, longe das esposas e filhos. Eles estavam servindo sua pátria com dedicação e deveríamos respeitá-los, diziam-nos os editores, apenas duas semanas depois de eles terem invadido a Holanda. A obediência e a resignação caracterizavam o tom reinante entre os holandeses, mas também a admiração e o desejo de fazer parte da nova ordem e do Grande Império Alemão. O recém-nomeado Comissário do Reich era o austríaco Arthur Seyss-Inqart, a quem Hitler aparentemente tinha encarregado de criar laços de amizade com os holandeses. Seyss-Inqart era um homem inteligente, sensível, tocava piano e frequentava a igreja, e era um nacional-socialista moderado. Ele insistia que os holandeses também eram alemães, que os alemães e os holandeses eram parentes. Muitos holandeses concordavam.

Como consequência das novas ordens alemãs, o setor industrial floresceu. O desemprego caiu rapidamente e muitos ficaram contentes com a situação. Tinha havido pouca, se é que alguma, resistência. Von Falkenhausen, o comandante das forças alemãs, escreveu o seguinte para Seyss-Inqart: "A atitude da população foi impecável e surpreendentemente prestativa. Não há nenhum sinal de ódio ou de rejeição interna. A brevidade da guerra parece ter evitado qualquer amargura." Encontrei a mesma atitude por toda parte e não sabia o que pensar. Os relatos de judeus-alemães não tinham sido exatamente bons durante os últimos anos, e muitos deles tinham fugido para a Holanda. Meu primo Joost alertara nossa família sobre os nazistas. Ele nos aconselhou a deixar o país antes da ocupação. Ele próprio havia fugido para as Índias Orientais Holandesas com a família. Mas eu não tinha nada a ver com o judaísmo. Estava ocupada demais com outros assuntos, e os alemães tinham se comportado de maneira respeitosa até aquele momento. No entanto, todos aqueles relatos deixavam-me um tanto inquieta.

Certo dia, Kees entrou no Lohengrin sacudindo alguns documentos carimbados pelos alemães debaixo de meu nariz, dizendo que tinha um negócio interessante para fazer em Colônia e Antuérpia. Ele estava entusiasmado e cheio de energia. Pouco depois, ouvi de uma amiga que ela o vira abraçado com grande intimidade com uma garota alemã no Teatro Luxor. E um garçom do Lohengrin me contou que Kees tinha ido de carro com uma mulher alemã para o Hotel Bosch e Ven em Oisterwijk, onde passaram a noite e gastaram um bocado de dinheiro.

Por alguns dias, fingi ignorância. Ele se mostrava gentil e carinhoso como sempre. Mas finalmente explodi e o confrontei com tudo o que eu sabia. Ele não pôde negar nada. Então afirmou que tinha assumido um papel diplomático importante desde que o Lohengrin se tornara o *Wehrmachtheim*. Oficiais alemães de alta patente usavam o hotel para negociações, de modo que imaginei que poderia ser verdade, mas, àquela altura, eu havia perdido a confiança nele e rompi nossa relação.

Depois de algum tempo, ouvi dizer que uma alemã hospedada no *Wehrmachtheim* era a nova namorada dele. Ouvi dizer que ela era agente da Gestapo e estava trabalhando como tradutora. Eles eram vistos juntos em público regularmente. Avistei-a, certa noite, através da janela do Lohengrin, em companhia de Kees e da família inteira dele. Eu me senti miserável. Depois de me divorciar de Leo, havia buscado apoio com Kees, mas agora ele estava com outra pessoa. Eu não podia mais dar aulas de dança. Não tinha renda. Mais uma vez estava morando com meus pais. Estava com 25 anos e sem um tostão. Tive de rir de mim mesma quando pensei em como tinha saído correndo pela porta afora em Nijmegen. Tinha uma boa renda, um casamento, uma escola de dança, e agora eu não tinha nada. Estava de volta à estaca zero. Será que eu era azarada? Será que eu queria tudo ao mesmo tempo? Ou teria sido estúpida? Eu não sabia a resposta para estas perguntas e, mesmo se soubesse, ela não ajudaria. Eu tinha de fazer alguma coisa. Sentia falta da dança e sentia falta de ter um namorado, então pus mãos à obra.

Determinada a retomar minha carreira como professora de dança, entrei em contato com Leo para ir buscar meus diplomas e certificados. Mas meu ex-marido recusou a devolvê-los e me disse que eu não tinha mais autorização para ensinar dança.

– Francamente, você acha que eu iria cavar minha própria cova permitindo que você crie uma escola para competir com a minha? Farei tudo

*Anúncios de jornal da escola de dança de Rosie*

que for necessário, e quero dizer qualquer coisa mesmo que seja necessária, para arruinar você, se um dia pensar em dar aulas de novo.

Fiquei furiosa. Ele ficar com a minha documentação era praticamente um roubo, mas eu não tinha a quem recorrer. Levaria uma eternidade se fosse aos tribunais. Mas eu estava decidida. Voltaria a lecionar de qualquer maneira.

Naquela época, professores de dança tinham de se registrar na recém-estabelecida Sociedade Holandesa de Professores de Dança, que fazia parte da *Kulturkammer* criada pelos alemães. Judeus não podiam ser membros, mas consegui evitar a proibição com a ajuda de um colega que era muito conhecido no mundo da dança. Depois que fui autorizada a dar aulas, aluguei locais em diferentes cidades e iniciei uma campanha de publicidade. Quando Leo e eu nos separamos, eu trouxera comigo os registros dos alunos. Então, mandei uma carta para cada um, dando-lhes a chance de escolher entre nós dois. Também publiquei anúncios nos jornais da região e preguei cartazes pela cidade toda. Cheguei até a pendurar um cartaz na escola de dança de Leo. Isso me fez muito bem, embora eu tenha sabido depois que ele foi retirado no dia seguinte. Eu mesma criava os cartazes. "Faça estoque de alegria de viver." O texto tinha apelo naqueles tempos cada vez mais angustiantes. Eu sempre variava a mensagem: "Não permita que a escuridão impeça você de mandar seus filhos à aula de dança"; "Rosie Glacér está ansiosa para acrescentar seu nome à lista dos grandes dançarinos de amanhã"; "A escola de dança é onde se encontram boas companhias"; "A escola para a elite"; "Rosie Glacér para conquistar estilo e boa reputação." Além de meus anúncios, também escrevi um livro sobre dança e etiqueta, intitulado *Zoo danst u correct* (É assim que se dança). Eu mesma o publiquei e dei exemplares a todos os meus alunos.

As aulas começaram primeiro em Den Bosch, e logo depois em Tilburg, Helmond e Eindhoven. Minha campanha de publicidade parecia

*Recibo de matrícula na escola de dança de Rosie*

ter funcionado. Naquele primeiro ano, tinha apenas 14 alunos em Den Bosch – Leo criou um bocado de comoção por lá –, mas tinha 500 alunos somando os três outros locais. Fiquei encantada ao ver antigos colegas da fábrica de roupas em Eindhoven. Eles não tinham me esquecido, e aquilo me fez um bem enorme.

As danças que eu ensinava variavam de grupo para grupo, indo desde sapateado americano aos novos ritmos e passos para o balé e dança de salão – inclusive a rumba, o tango e o foxtrote. Às vezes, organizava noites especiais para meus alunos, que incluíam uma banda. Não podia imaginar ter um trabalho melhor e que ainda pagasse tão bem.

Leo tinha tornado claro que eu não era bem-vinda perto dele. "Ninguém invade o meu território", havia repetido. Mas meus alunos estavam satisfeitos e, em fevereiro de 1941, nada menos que quarenta se matricularam para minhas aulas de primavera em Den Bosch.

*Rosie cercada por seus alunos de dança em Eindhoven, 1941*

Com minha vida profissional em ordem, não queria mais ficar sozinha, então me dediquei a procurar um companheiro. Mas por onde deveria começar? Pensei nos homens que já conhecia. Qual deles eu achava atraente? Quais seriam dignos de confiança? Será que tinham um emprego decente? Então me lembrei de um homem gentil e respeitável que eu conhecera em um curso de dança anterior. Ele queria me conhecer melhor, tinha até sugerido um encontro, mas eu o havia rejeitado. O nome dele era Ernst Wettstein. Se me recordava corretamente, ele trabalhava para uma companhia suíça que projetava, exportava e instalava novos teares industriais para a têxtil. Ele estava na Holanda na época, morando em Eindhoven.

Fazer contato com ele foi bastante fácil. Eu sabia onde ele costumava ir para comer e, um dia, tratei de estar lá antes que ele chegasse. Ele me avistou sentada ao lado da janela, com uma xícara de café. Jantamos juntos naquela noite e ele se revelou ainda mais agradável do que eu me lembrava.

*Rosie jogando cartas com Ernst*

Não demorou muito e estávamos saindo regularmente, e pouco tempo depois eu estava passando as noites no apartamento dele em Eindhoven, enfeitando a casa com alguns de meus objetos. Estar com Ernst me fazia um bem infinito, e comecei a me sentir humana de novo. Regularmente, viajávamos nos fins de semana para Scheveningen, Bruxelas e Knokke. Eu me divertia muito, embora aquilo me recordasse Wim e as viagens que tínhamos feito juntos. Pouco a pouco, as tensões do passado e a pressão ao abrir minha própria escola de dança desapareceram. Ernst era um homem muito atencioso, bem mais do que Leo jamais tinha sido, e era muito mais digno de confiança do que Kees. Preciso e confiável, exatamente como um relógio suíço.

A escola de dança me mantinha ocupada. Eu administrava a contabilidade, controlava as matrículas e cuidava da publicidade. Na verdade, eu fazia tudo sozinha. Para me deslocar, comprei um carro pequeno, um Fiat. Além das aulas na escola, também dava aulas particulares e procurava treinar tanto quanto podia. Junto com Tommy Mullink, meu parceiro de dança de Amsterdã, introduzi novas danças de Londres, Bruxelas e Paris. Eu havia feito o mesmo quando estava com Leo e ainda tinha contatos daquela época.

*Rosie na capa de uma revista*

Era uma pena que não pudéssemos mais viajar para Londres. Isso me impediu de ver Alex Moore e Pat Kilpatrick, da School of Dance, perto de Kingston-on-Thames. Alex e sua esposa, Pat, eram um casal inglês excepcionalmente simpático, atração da BBC. Eu aprendera muita coisa com eles sobre a arte de me apresentar em público.

Stills *do jornal cinematográfico* Polygon Newsreels, *temporada de 1940-41*

Felizmente conseguira visitá-los no princípio de 1940. Desde a invasão alemã, tínhamos nos mantido regularmente em contato por correspondência, que por vezes incluía gráficos dos passos e fotos de novas danças.

Stills *de Rosie demonstrando uma nova dança do jornal cinematográfico* Polygon Newsreels, *1940*

Visitas a Bruxelas e a Paris, ainda acessíveis, eram uma fonte contínua de novas ideias. Tommy e eu fizemos apresentações em Amsterdã (no Krasnapolski e no Bellevue), em Haia (no Tabaris) e em Utrecht (no Tivoli). Dançamos o *Filmpas* em 1940, que era a coqueluche do momento, e demonstramos outras danças novas, como a Sherlockinette, a polca "a motor" e a "quadrilha". O pessoal do *Polygon Newsreel* filmara uma de nossas apresentações, e o filme estava sendo exibido em toda a Holanda – inclusive no Cinema Luxor, em Den Bosch. As coisas não poderiam estar correndo melhor. Minha fotografia aparecia por toda parte nas revistas e jornais. Não importava para onde Leo se virasse, ele não podia evitar meu sucesso. Enquanto isso, a escola dele estava se deteriorando terrivelmente. Um respeitável residente de Den Bosch tinha me dito:

– Não se pode mais frequentar a escola de Leo Crielaars. Ele tem uma boa escola, mas as pessoas que vão lá são uma mistura tão desagradável.
– Aquilo soou como música para meus ouvidos.

Então as coisas começaram a mudar. Gradativa, mas inflexivelmente, novas restrições foram impostas aos judeus-holandeses, aqueles designados judeus de acordo com as teorias raciais alemãs. Aquilo foi uma surpresa. Mesmo que você não praticasse sua fé, e seus ancestrais sempre tivessem sido holandeses, você, de repente, não era mais cidadão. Mesmo que você não estivesse registrado numa comunidade judaica, nunca tivesse visto o interior de uma sinagoga e tivesse lutado por seu país servindo ao Exército – como meu irmão John –, você não contava mais como cidadão. Era uma noção completamente estranha para mim, mas, de acordo com as leis alemãs, eu era judia. Péssima sorte! Judeus não tinham permissão para possuir um rádio, não tinham mais acesso à Bolsa de Valores e eram obrigados a mandar os filhos para escolas judaicas. Eu não tinha permissão para comer em restaurantes, visitar hotéis, ir ao cinema, caminhar pela praia ou fazer um passeio pelo parque. Placas com os dizeres "Proibida a entrada de judeus" apareceram por toda parte. Eu também não tinha permissão para viajar.

O que se podia fazer em tais circunstâncias? A vida tinha restrições até então sem precedentes, e as pessoas que não eram afetadas por elas pareciam não se importar. Não havia quase ninguém com quem eu pudesse falar sobre o assunto, ninguém que pudesse fazer alguma coisa a respeito daquilo. O governo tomara meus direitos, mas a maioria das pessoas não parecia incomodada. Para elas, a vida continuava. E se eu não pudesse alugar locais para minha próspera escola de dança? E se eu não pudesse viajar com eles? Impossível!

Decidi não esperar pelo meu próprio funeral e resolvi ignorar todas as novas regras e regulamentos, apesar da ameaça de sérias penalidades. Eu tomava chá em cafés sob enormes placas com os dizeres "Proibida a entrada de judeus". Até pedi a alguém para tirar uma fotografia minha sorrindo de orelha a orelha debaixo da placa. Certa ocasião, encetei uma conversa com um oficial alemão, que foi muito cortês, e depois pedi a ele que tirasse a minha fotografia com o mesmo texto ao fundo. Eu mantinha meu moral elevado, embora gradualmente isto se tornasse mais difícil.

*Rosie na varanda de um café com um oficial alemão*

As coisas corriam bem entre mim e Ernst. Tarde da noite, depois que as aulas estavam encerradas, eu ia dirigindo em meu Fiat para o apartamento dele em Eindhoven. Às vezes, quando chegava lá, ele já estava dormindo, especialmente quando tinha de acordar cedo no dia seguinte, mas geralmente me esperava acordado. Nosso amor só fazia aumentar. Certo domingo, quando voltamos para sua casa depois de uma agradável caminhada de verão, ele me presenteou com um anel de noivado de ouro com duas pequenas safiras. Fiquei perplexa. Estávamos morando juntos já havia algum tempo e me parecia desnecessário ficarmos noivos assim de repente. No entanto, ao mesmo tempo achei fantástico, e, antes de me permitir uma oportunidade para pensar mais a respeito do assunto, eu disse sim. Ele então abriu uma garrafa de champanhe, que fomos bebericando, enquanto o maravilhoso entardecer de verão chegava ao fim.

*Rosie e Ernst andando de bicicleta*
*em Haia, 1941*

*Rosie e Ernst na praia*
*em Haia, 1941*

O trabalho de Ernst na Holanda era apenas temporário, e eu me perguntava o que aconteceria quando terminasse. Adiamos essa discussão até uma noite de setembro, quando ele anunciou que seu empregador suíço já o havia informado de sua próxima missão. Ele deveria estar na Espanha em março, para supervisionar a modernização de algumas fábricas têxteis. Agora que estávamos noivos, Ernst queria que eu fosse com ele para a Suíça e depois para a Espanha. Eu não sabia o que pensar. Sempre soubera que ele desejaria voltar para a Suíça algum dia, mas aquele dia tinha chegado bem antes do que eu havia esperado. E minha escola de dança? Estava indo tão fantasticamente bem. Ernst, no entanto, estava ansioso para que eu fosse para a Suíça e conhecesse a família dele.

– Podemos nos casar, e então você poderá ir comigo para a Espanha.

Quando protestei, Ernst compreendeu.

– Sei que é difícil – disse ele –, mas quero desesperadamente que você venha comigo. Também será mais seguro para você. Você não sabe o que os nazistas estão planejando, e meu país é neutro nesta guerra. – Concordamos que eu refletiria sobre a questão por uma semana, antes de lhe dar uma resposta. Aflita, passei a noite acordada: a Suíça e a Espanha seriam um prazer tão grande; deixar minha escola de dança, meus amigos e meus alunos seria um castigo.

Uma semana depois, anunciei minha decisão durante o jantar. Tinha refletido bem sobre o assunto. Eu queria ir para a Suíça com ele, me casar, conhecer sua família. Mas, para tornar aquilo possível, precisaria permanecer na Holanda por um tempo, para acertar alguns detalhes e encontrar alguém que assumisse a escola de dança.

Ernst sorriu radiante.

– É claro que você precisa resolver estes detalhes.

– Tenho de encerrar a temporada atual – prossegui. – Devo isto aos meus alunos. E então há a questão de meus pais, é claro. Será difícil para eles se eu for para a Suíça. Eles contam comigo para muita coisa. – Meu pai tivera de abandonar o emprego em Venmans por causa dos regulamentos contra judeus, e eles não tinham mais renda. Vivíamos do que eu ganhava dando aulas de dança, e não tinha certeza do que eles fariam se eu partisse. – Tenho que encontrar uma solução – disse.

Fiquei aliviada quando Ernst garantiu que respeitaria meu desejo de ficar por algum tempo, até acertar questões da escola e da vida de meus pais. Naquela noite, dormimos felizes nos braços um do outro, cheios de planos para o futuro.

Um mês depois, Ernst partiu e prometemos nos ver brevemente.

E então algo muito desagradável aconteceu. Recebi uma notificação da *Kulturkammer*, à qual conseguira me afiliar, me informando que eu não tinha mais permissão para dar aulas de dança em público. Aparentemente, alguém os havia informado de minhas origens judaicas, e fui obrigada a fechar minhas escolas de dança em Eindhoven, Den Bosch, Tilburg e Helmond. Despedi-me de meus alunos, e minha renda inteira despencou.

*Uma foto de Rosie em sua varanda, tirada por Ernst*

Quando meus pais sugeriram reformar o sótão vazio da casa deles e instalar um salão de dança ali, fiquei comovida com o gesto e não perdi tempo. Na verdade, eu não tinha outra alternativa. A demanda por minhas aulas não havia cessado.

Assim, comecei uma pequena escola de dança no sótão da casa de meus pais, que tinha espaço suficiente para acomodar quarenta alunos de cada vez. O fato de as pessoas andarem entediadas naqueles tempos sombrios explicava minha popularidade, bem como a reputação que eu havia criado. Além disso, ninguém queria mais ir a lugares como o Iron Man, que vivia cheio de membros do NSB e de nazistas. As garotas holandesas achavam difícil recusar, se fossem tiradas para dançar. Com isso, a juventude de Den Bosch veio para as minhas aulas.

Felizmente, meus pais não pareciam se incomodar com todo aquele alvoroço. Minha mãe e eu agora conversávamos quase todos os dias, meu pai passava a maior parte do dia fora, e meu irmão estava frequentando uma espécie de curso superior de administração. Ele tentara ir para a universidade em Tilburg, mas não fora aceito por ser registrado como judeu. O colégio que ele frequentava não era reconhecido oficialmente. Ele não falava muito sobre o assunto, mas, pelo que pude depreender, era apenas um pequeno grupo de alunos que se encontravam para ter aulas na casa de alguém. Também respeitei os novos regulamentos para aulas, que exigiam segregação entre alunos judeus e não judeus. Eu achava a distinção irrelevante, mas meus alunos preferiam assim. Sendo assim, um dos grupos era constituído inteiramente de alunos judeus. Quase todos os outros eram católicos.

Antes das aulas, jantava com meus pais, o que fazia com que me sentisse de volta ao lar. Era evidente que minha mãe estava adorando aquela situação. Eu via isso em tudo que ela dizia e fazia. Ria por qualquer coisa, vivia me levando lanchinhos e fazia visitas frequentes ao sótão para ver o que estava acontecendo. Quando eu estava dando aulas, ela atendia ao telefone com entusiasmo, e com frequência conversava com os alunos. Uma noite, quase caiu ao tropeçar num casal que trocava carícias num corredor, mas não disse nada, apesar de ser bastante pudica. E aquela não foi a única vez. Ela passava boa parte do tempo nos corredores escuros da casa, olhando pelas janelas para a cidade mergulhada no blecaute, os imenso holofotes vasculhando o céu em busca de aviões inimigos. Os corredores tinham de ficar às escuras por causa do blecaute, mas minha escola de dança no sótão era aconchegante, com luzes e música.

*A escola de dança ilegal de Rosie, 1942*

Ernst e eu nos escrevíamos toda semana. Apesar de minha agenda ocupada, sentia saudades dele. Ernst dizia que sua mãe estava ansiosa para me conhecer, e eu contava a ele como a temporada de dança estava progredindo. Celebrei a Festa de São Nicolau em casa com os alunos. No Natal, dançamos debaixo do visco usando trajes de noite. Os vizinhos tiveram de nos emprestar cadeiras para acomodarmos os convidados de maneira adequada. No final de 1942, convidei o prefeito de Oeteldonk – o nome que era dado a Den Bosch durante o carnaval – e o príncipe do

*Uma festa na casa de um dos alunos de Rosie
em Eindhoven, 1941*

carnaval para visitarem nosso pequeno sótão, e, para minha grande surpresa, eles aceitaram o convite. Deve ter sido o único lugar em Den Bosch a ser visitado por ambos ao mesmo tempo. Os alunos ficaram eufóricos e ainda falavam daquilo semanas depois.

Mas Leo acabou sabendo de tudo. E meu rival era invejoso.

*Carnaval na escola de dança ilegal de Rosie, 1942*

# PAUL

## A descoberta

Certa noite, ao conversar com um colega da Áustria, ele comentou que Glaser era um sobrenome muito comum em Viena antes da guerra. Meu pai nos dissera que nossos ancestrais distantes tinham vindo da região de língua alemã da República Checa, que fazia parte do Império Habsburgo, logo não me surpreendeu que tivessem havido Glasers em Viena.

– É um típico sobrenome judeu – disse meu amigo.

– Mas sou católico! – exclamei. Imediatamente me recordei das palavras de Ria: "Talvez seu pai tenha ancestrais judeus."

Mais tarde, continuei a pensar a respeito daquela conversa. Se meu pai tivesse raízes judaicas, então os pais dele também teriam, mas eles morreram antes que eu nascesse e não cheguei a conhecê-los. Seria possível que eles não tivessem sobrevivido à guerra, exatamente como milhões de outros judeus? Aquela ideia me surpreendeu.

Decidi entrar em contato com meu pai, mas o que lhe perguntaria? Se ele era judeu? Questioná-lo sobre uma omissão tão séria me pareceu uma postura confrontadora demais, direta demais. Talvez fosse melhor perguntar-lhe alguma coisa a respeito de seus pais. Ligaria para ele naquela noite.

Normalmente eu não faria uma pergunta tão importante pelo telefone. Mas, naquela ocasião, me parecia melhor dar a ele a oportunidade de esconder sua expressão. Ou talvez eu estivesse impaciente demais para esperar até poder fazer-lhe uma visita. Não sei.

Quando ele atendeu ao telefone, contei-lhe sobre a conversa que tivera naquele dia com meu colega austríaco. Perguntei se a morte dos pais dele tinha tido alguma coisa a ver com a guerra, e ele me disse que ambos tinham morrido de velhice. As respostas dele foram bastante claras, então mudei de assunto e passei para tópicos menos sérios. No entanto, ainda não estava completamente satisfeito. Alguma coisa na voz dele, tão seca, tão desprovida de emoção, tão distante – me pareceu estranha. Algo não estava certo.

Depois do telefonema, em vez de menos perguntas, me vi atazanado por mais perguntas ainda. Será que meus avós realmente tinham morrido de velhice? Por que a família de meu pai era tão pequena, apenas uma tia distante, apenas Rosie? Será que meus pais conscientemente decidiram não contar nada aos filhos? Ou eu estaria redondamente enganado? Pressionar mais meus pais não era uma opção. Para começar, eu queria respeitar a vontade deles. Mas também, se eles conscientemente tinham decidido esconder o passado dos filhos, não havia sentido em pressioná-los; aquilo não daria em nada.

Mas havia uma outra pessoa que talvez pudesse ajudar: minha avó materna, Jo de Bats. Decidi fazer-lhe uma visita. Eu era seu primeiro neto, e sempre tivemos tido um forte laço de afeto.

Na noite de inverno em que a visitei, nos sentamos em um par de poltronas que já tinham visto dias melhores, diante do aquecedor a carvão. A sala estava na penumbra, as pequenas janelas do aquecedor luziam flamejantes, e o vento assobiava pela chaminé. Bebemos conhaque e conversamos sobre trivialidades. De vez em quando, eu me levantava e punha mais carvão no fogo. Quando a conversa se voltou para meus pais, resolvi me arriscar. Eu disse a ela que sabia da ascendência judaica de meu pai. Ela não negou aquilo. Conversamos sobre a guerra e, sem que ela sequer se desse conta, minha suspeita foi confirmada. Agora eu sabia com certeza. Pode não ter sido a melhor maneira de tratar o assunto, mas de que outro modo eu podia ter arrancado um segredo de família das pessoas que eu amava sem tornar a situação difícil para elas?

Apesar de meu palpite, fiquei abalado e, em um momento de paralisia, me esqueci de continuar a conversa, de perguntar sobre os pais de meu pai, que tipo de pessoas eles tinham sido e, é claro, sobre minha tia Rosie. Lembrava-me de minha avó dizer:

– Ainda posso vê-los agora, pobres criaturas. Eles vieram aqui antes de partir. Foi uma triste reunião.

Fiquei olhando fixamente para as brasas incandescentes no fogão e ouvi o tiquetaquear do relógio. Não consegui me obrigar a perguntar por que tudo tinha sido escondido de mim. Dissera o que havia planejado dizer, então acabei meu conhaque, falei à minha avó que teria de me levantar cedo na manhã seguinte e fui me deitar.

Descobrir a verdade não me encheu exatamente de alegria; pelo contrário, me perturbou. Eu não sabia o que fazer com a verdade. Ainda não tinha certeza do que havia acontecido com a família durante a guerra – não tínhamos conversado a respeito daquilo –, mas saber que eles eram judeus me fez temer o pior. Quase 85% dos judeus-holandeses não sobreviveram. Embora eu pudesse ter perguntado e pedido histórias e detalhes individuais, só aquela estatística – e a revelação de que eu estava de alguma forma ligado a ela – já me deixou oprimido. Se permitisse que a notícia se aprofundasse mais em mim, era capaz de enlouquecer.

Mas as perguntas persistiam. Enquanto ia embora em meu carro na manhã seguinte, fiquei remoendo as palavras de minha avó. Se minha família era judia, isso fazia de mim um judeu? Eu não sabia quase nada sobre o judaísmo. A única associação mental que eu tinha eram os frequentes relatos sobre ataques a locais e instituições judaicas. Os judeus tinham de organizar segurança adicional para si mesmos, e em muitos países viviam sob constante ameaça. Mesmo na Holanda, eu tinha participado de muitos debates em que se falava dos judeus de maneira negativa. Meu amigo, afinal, estava convencido de que o sionismo era racismo. Quando eu era jovem, na Igreja Católica difundia-se a ideia, se bem que à boca pequena, de que os judeus tinham matado Jesus. Mesmo o Vaticano se recusara a reconhecer o Estado de Israel até 1993.

Não seria melhor deixar as coisas como estavam, esquecer minha descoberta? Será que eu deveria contar a meus irmãos e irmãs? Meus pais tinham escondido nossa ascendência judaica por algum motivo.

Finalmente, cheguei à conclusão de que admitir aquela informação apenas causaria confusão. E assim, eliminei-a da minha vida.

# ROSIE

## Capturada!

A estrela de davi foi introduzida na Holanda no dia 2 de maio de 1942. Meu irmão e eu decidimos não participar e nos recusamos a costurar uma estrela em nossas roupas, como todo judeu-holandês era obrigado a fazer. Também removemos a grande letra *J* que tinha sido carimbada em nossos documentos de identidade, que éramos obrigados a mostrar durante as constantes inspeções nas ruas. Eu viajava, comia fora em restaurantes, ia ao cinema e basicamente fazia tudo que queria, embora às vezes usasse óculos ou um chapéu para camuflar meu rosto. Mesmo assim, não havia nada em minha aparência que fizesse com que eu parecesse judia, pelo menos não como as caricaturas de judeus que eram exibidas em cartazes e nos cinemas.

Embora não ostentasse uma estrela amarela, instintivamente optei por usar um casaco esporte amarelo. Acabei vestindo-o com tanta frequência que alguns de meus amigos perguntaram se eu não tinha mais nada para usar.

Tudo estava indo muito bem, até que um dia encontrei uma carta oficial na caixa de correspondência: "Aguardamos a senhora para interrogatório na delegacia de polícia, Departamento de Investigações, às seis desta tarde. W. G. Verstappen."

*Caramba, ai caramba!*, pensei. *Agora estou frita*. Não contei nada à minha mãe, cuidadosamente costurei uma estrela amarela em meu casaco, acrescentei a meus documentos um elegante *J* azul, que havia apagado porque viajava muito para outras cidades, e fui me encontrar com o sr. Verstappen.

O oficial inicialmente foi muito educado, perguntou meu nome por mera formalidade e me convidou a me sentar. Então começou a ler uma carta em que eu era acusada de ter sangue judeu (eu não podia fazer nada contra aquilo), de não usar a estrela, de visitar restaurantes, clubes esportivos, cinemas e assim por diante, de estar na rua depois das oito da noite, de viajar sem autorização... mais ou menos tudo que eu era proibida de fazer.

– A senhora admite as acusações? – perguntou o sr. Verstappen.

– Não – respondi. – Eu uso a estrela, olhe. – E levantei a bolsa para mostrar. – Admito que sempre carrego minha bolsa assim, mas nunca saio sem uma estrela – falei sem pestanejar. Era o momento decisivo, a hora do vai ou racha.

– Certo – disse ele. – Mas tenho aqui um documento incriminador a respeito da senhora. – Levantou uma folha de papel para que eu visse. Era papel timbrado da escola de dança Crielaars. Uma carta datilografada com minha própria máquina de escrever, que Leo havia conservado em sua casa; nela meu ex-marido fazia sérias acusações contra mim.

– Isto é de Crielaars – respondi.

Eu deveria ter suspeitado daquilo. Algumas semanas antes, um policial batera à minha porta, perguntando se eu mantinha uma escola de dança. Neguei a alegação e disse que apenas tinha amigos que de vez em quando vinham à minha casa para dançar. Eu me irritei quando o policial insistiu, ele tentou me intimidar e acabei batendo a porta na cara dele. Agora me perguntava se Leo não estaria também por trás daquele incidente.

O oficial me respondeu com aspereza:

– A senhora não é burra.

A cortesia então o abandonou, e ele começou a me passar um sermão: eu tinha violado a lei. Deveria obedecer à lei e respeitar o nacional-socialismo. Será que eu realmente conhecia meu lugar como judia? Por que estava sendo tão tola? Enquanto ele discursava e bramava, seu rosto ficou muito vermelho. Quando acabou, encarei-o impávida. Ele perguntou o que estava havendo. Eu não disse nada e continuei a encará-lo. Naquele ponto, ele estava visivelmente agitado. Datilografou um formulário de acusação e me fez assiná-lo. Na companhia de outro detetive, levou-me então para o prédio da polícia na rua Orthen. Os policiais ficaram surpresos. Aparentemente não estavam esperando por mim, mas estava claro que eu teria de ficar lá.

Para passar o tempo naquela noite, joguei xadrez com um dos policiais e nos distraímos com um agradável bate-papo. Será que eu queria telefonar para os meus pais? Recusei a oferta. Eles estavam habituados ao fato de eu de vez em quando passar a noite fora e não queria preocupá-los desnecessariamente. Esperaria para ver o que aconteceria no dia seguinte. Naquela noite, dormi numa mesa da cadeia.

No dia seguinte, os guardas planejavam me transferir ao meio-dia para Wolvenhoek, onde a SS mantinha seus escritórios e uma prisão. Assim que ouvi a menção à SS, fiquei assustada. Aquilo era mais sério do que eu havia imaginado, e, afinal, pedi permissão para dar um telefonema rápido para meus pais. Eles recusaram. Determinada, disse a eles que estava menstruada, com um fluxo pesado e precisava muito de uma muda de roupas de baixo. Afinal, um dos policiais telefonou para meus pais, disse a eles que eu estava sob custódia e pediu-lhes que trouxessem artigos de toalete e uma muda de roupas de baixo para eu usar durante os próximos dias. Minha mãe chegou meia hora depois e tive permissão para falar com ela. Não tinha ideia de quanto tempo eles planejavam me manter presa, é claro, de modo que disse a ela para não se preocupar e que eu ficaria bem. Combinamos que ela telefonaria para os alunos da escola de dança e cancelaria as aulas dos próximos dias, e então tivemos de nos separar. Minha mãe se fez de forte, mas vi lágrimas em seus olhos quando nos despedimos. Foi triste ver minha mãe ser obrigada a ir embora só por causa das reclamações de Leo sobre a estrela em meu casaco.

Quando chegou a hora de partir, perguntei se poderia andar, e eles disseram que sim. Com exceção do sr. Verstappen, eu tinha apenas elogios, e muitos elogios, para os agentes da polícia de Den Bosch. Eles tinham sido simpáticos e se comportado profissionalmente.

Quando chegamos a Wolvenhoek, comecei a entrar, mas um dos policiais me deteve e disse que eu tinha de ir para a prisão. Naquele ponto, a SS assumiu o comando, e imediatamente fui trancada numa cela. Na terça-feira, fui levada para interrogatório, e o oficial de polícia da SS se deu conta de que aquela prisão, minha primeira, era resultado de uma rivalidade entre mim e meu ex-marido. Ele foi razoavelmente educado, embora soprasse fumaça de cigarro no meu rosto algumas vezes e enfiasse algumas garrafas de conhaque na sua maleta enquanto falava comigo.

Depois disso, eu fui posta em uma solitária. Fiquei separada dos outros prisioneiros e não me permitiram ter contato com o mundo exterior, e com certeza não com meus pais, amigos e alunos. Aquilo tudo era um monte de besteira. Não estava preocupada por minha causa, e sim por conta das pessoas do lado de fora que estavam preocupadas comigo. Também não tinha permissão para receber as cartas de Ernst e respondê-las. O que ele iria pensar se tudo aquilo não acabasse em alguns dias? Todo aquele absurdo me deixou muito furiosa. O único contato que eu tinha era com os guardas da prisão, quando traziam comida ou vinham esvaziar o balde. De vez em quando, trocávamos algumas palavras. Eu não tinha permissão para falar com eles, mas aquele não era o meu estilo, e os guardas eram bastante amistosos. Afora isso, eu ficava sozinha. Tive bastante tempo para pensar.

Era muito estranho estar numa prisão sem ter sido posta lá por um juiz. Eu estava ali simplesmente por causa de quem eu era, por causa de meus crimes "graves", tais como viajar, ir ao cinema e coisas semelhantes. Mas, ao mesmo tempo, era compreensível. Afinal, existia um problema judeu, pelo menos era nisso que todo mundo acreditava, e problemas exigiam soluções, não exigiam? Sendo assim, os judeus-holandeses estavam sendo empurrados para as margens da sociedade, submetidos a regras mais rígidas e traídos. Meu ex-marido Leo não era o único. Vizinhos, policiais, membros do NSB, até mesmo o prefeito estavam ativamente envolvidos, muitos sem terem recebido pedidos de ajuda dos alemães. Era a maneira deles de contribuir para a solução, tentar conquistar a simpatia dos novos governantes. Prisões estavam se tornando cada vez mais normais. Poucas, se é que quaisquer perguntas eram feitas quando crianças desapareciam de escolas.

Os nazistas estavam no comando da cena na Holanda, enquanto a rainha holandesa e seus ministros – vivendo em luxo relativo em Londres – hipocritamente incitavam à resistência e ao heroísmo em mensagens transmitidas no rádio. Mais e mais holandeses estavam se beneficiando com a nova ordem. O desemprego havia diminuído, o comércio estava melhor que nunca e a indecisão da democracia havia sido substituída por algo mais eficiente. Novas leis sociais foram implementadas. Todo mundo tinha seguro-saúde. As condições de trabalho haviam melhorado nas fábricas. A tão odiada taxa sobre bicicletas fora abolida, um abono-família havia sido criado e os benefícios para os idosos, viúvas e órfãos tinham sido aumentados. Os líderes sindicais estavam ansiosos para visitar a Alemanha com propósitos educativos. Como o problema judaico exigia uma solução, a maioria do povo holandês não achava estranho que medidas tivessem sido tomadas. Alguns estavam até entusiasmados com elas. Estavam orgulhosos com a nova ordem, que tinha trazido prosperidade e desmantelado a competição. Embora estar na prisão sem uma condenação fosse claramente errado, não me parecia tão estranho. Era bastante congruente com o sentimento de muitos cidadãos holandeses.

Eu começava cada manhã com uma hora de exercício físico para me manter flexível. A cela não era grande, mas tinha espaço suficiente para um ou dois passos de balé. Quando as guardas viram o que eu estava fazendo, uma delas me disse que costumava fazer aulas de balé e queria saber mais sobre minha escola de dança. Era o único contato que eu tinha com o mundo exterior. Mais tarde, a mesma guarda me deu um pequeno bloco de anotações e uma caneta quando pedi, para que eu pudesse manter um diário, na verdade um livro sobre minha vida. Nada de interessante acontecia na prisão, mas eu queria escrever sobre minhas experiências e aventuras desde a infância até aquele momento. Tive sorte de ter tempo para escrever. Sem a prisão, nunca teria feito isso. Escrever também me ajudava a escapar de minha cela solitária.

Recordei o tempo em que tinha morado na Alemanha, começando quando era pouco mais que um bebê. Foi logo depois da Primeira Guerra Mundial e o país atravessava um período difícil e miserável. Recordei as escolas que tinha frequentado, minha primeira experiência de discriminação. Eu era apenas uma criança, mas aquilo deixou uma impressão profunda e permanente. E, é claro, recordei minhas primeiras paixonites e amores, especialmente meu primeiro beijo. Peneirando os acontecimentos que tinham sido especialmente formativos, comecei com os primeiros anos de minha vida:

Nasci em 1914, quando as tensões internacionais atingiram o auge. As nuvens negras que pairavam sobre a Europa havia meses finalmente colidiram, e um raio atingiu-lhe o coração, dando início a um incêndio que parecia impossível de ser apagado. A Primeira Guerra Mundial havia começado.

Meu pai, Falk, foi convocado para prestar serviço militar no Exército holandês. Minha mãe, Josephine, ficou desesperada, o que não é de surpreender. Ela estava esperando o primeiro filho para dali a quatro semanas e vivia em Kleef, território alemão. Além do fato de estar no oitavo mês de gravidez, teve de administrar a mudança da família de volta para a Holanda. Aconteceu tudo de repente. Duas semanas depois, em sua nova casa em Nijmegen, Josephine se dedicou cuidadosamente a desembalar os preciosos cristais e porcelanas Meissner, com a ajuda da nova empregada holandesa.

Apesar da neutralidade do país, a guerra trágica que se desenrolava pelo resto da Europa também teve um efeito sério sobre a vida holandesa. Embora algumas coisas estivessem disponíveis, o mercado negro floresceu. Pessoas com dinheiro ou com mercadorias importantes para trocar viviam tão confortavelmente quanto antes, mas os pobres eram obrigados a entrar em filas por horas para comprar um litro de leite, meio quilo de carne ou um saco de carvão. Nesse meio-tempo, os preparativos para a defesa estavam sendo feitos para o caso de o inimigo invadir. Inimigo? Nós não tínhamos um inimigo. A Holanda era um país pequeno e estimado por seus vizinhos. Comércio de importação e exportação com a Alemanha e a Inglaterra apenas reforçara os antiquíssimos laços de amizade entre nós.

Apesar disso, a estação em Nijmegen foi tomada por barricadas de sacos de areia, do mesmo modo que todos os outros edifícios estratégicos. Grande número de soldados passava marchando pelas ruas, preparados e prontos, cantando canções como *"Puppchen, du bist mein Augenstern!"*, *"K-K-K-Katie"* e *"Tipperary"*. Pontes foram equi-

*Rosie aos 2 anos de idade, 1916*

padas com explosivos e trens rodavam sobre os largos cruzamentos de rios quase se arrastando, com as janelas fechadas. Esta foi a atmosfera em que nasci e vivi quando pequena.

Quando Falk vinha para casa, ele me levantava em seus braços, e eu despenteava seus cachos negros. No entanto, por mais alegre que minha vida fosse em casa durante meus primeiros anos, lá fora imperava a escuridão, e as consequências da guerra estavam se tornando mais pronunciadas. Grandes hordas de belgas, famintos e vestidos com trapos, buscavam refúgio na Holanda. Depois do ataque a Antuérpia, muitos passaram pelas cidades holandesas, inclusive Nijmegen. Nesse meio-tempo, comemorei meu quarto aniversário com as crianças da vizinhança, tomando limonada com torta de creme batido.

Em um dia escuro de novembro, inesperadamente a paz chegou. O *Kaiser* fugiu da Alemanha para a Holanda, e a guerra acabou. "*Nie wieder Krieg*" (Basta de Guerra) era o slogan nos jornais e estava nos lábios de todo mundo. Os milhões de pequenas cruzes brancas que salpicavam os cemitérios militares eram testemunhos deste desejo profundo. "Paz na terra para todos."

Natal, Ano-novo, carnaval, Quaresma, Páscoa passaram voando, e a vida na Holanda retornou ao normal lenta, mas firmemente. Ainda havia massas de refugiados. Eles falavam sobre como tinham sido afortunados por terem escapado com vida. A Holanda era popular e ser holandês trazia grandes privilégios. Os alemães algumas vezes desdenhavam os *reiche Holländer* (ricos holandeses). Naquela época, estavam se referindo aos cidadãos holandeses comuns.

*Rosie aos 3 anos de idade, 1917*

A grande fábrica de margarina em Kleef gradualmente retomou suas operações, e muitos holandeses se mudaram para a cidade de fronteira na Alemanha para trabalhar. A Alemanha precisava de mão de obra. Um número grande demais de seus cidadãos tinha sido usado como carne de canhão ou estava mutilado ou aleijado. Pobres alemães! Eles lutaram tão duramente por seus supostos direitos e acabaram perdendo tudo: os melhores homens, o grande Exército, a honra.

Depois da guerra, seguimos meu pai de volta para Kleef, onde ele trabalhava para recuperar a fábrica e pô-la em funcionamento de novo. Fomos morar no Hotel Bollinger, o hotel mais proeminente da cidade-spa, e nos preparamos com entusiasmo para uma longa estada. O hotel também abrigava um número considerável de oficiais belgas, parte do Exército que estava ocupando Kleef.

*O Hotel Bollinger, em Kleef, 1918*

Na esteira da guerra, a velha cidade-spa era uma triste visão. As ruas outrora movimentadas estavam vazias e tristes, e a população outrora exuberante da Baixa Renânia estava silenciosa e introvertida. A cor dominante era o preto, a cor do luto: luto pelos que haviam tombado *Für den Kaiser und das Vaterland* (pelo *Kaiser* e pela pátria). Confinado em um belo castelo na hospitaleira Holanda, o *Kaiser* não estava particularmente interessado na profunda miséria que assolava *das Vaterland*.

Os soldados belgas que ocupavam Kleef eram as únicas pessoas alegres na cidade deprimida. Mas, apesar de os habitantes os tratarem gentilmente em público, seus verdadeiros sentimentos eram exatamente o oposto. Inveja e ódio ardiam no coração dos imperiosos alemães enquanto observavam os belgas usurparem seu governo.

Eu tinha lembranças afetuosas dos oficiais que viviam conosco no hotel, embora eu fosse apenas uma criancinha na época. Quase todos eles tinham bigode e falavam com um estranho sotaque. Eram sempre gentis comigo, me davam balas, acariciavam meu cabelo e, às vezes, me punham no colo. Minha mãe depois me contou que eles me davam demasiada atenção. Ela gostava especialmente de uma história:

Um dia, eu estava sentada na estufa do hotel quando o tenente Ditché, ajudante de ordens do general Motti, entrou, bateu continência para mim e perguntou onde você estava. Sugeri que procurássemos. Quando o tenente Ditché abriu as portas dobráveis de vidro que davam para o enorme salão de jantar e salão, nós dois caímos na gargalhada. O general Motti, com o monóculo balançando acima de suas medalhas e o corpo volumoso apertado em um uniforme cáqui justo demais, estava sentado ao piano de cauda num pequeno palco, com você no colo. Ele disse para você em flamengo:

– Se você fizer de novo, eu lhe dou uma barra de chocolate. – E apontou uma barra tão grande que com certeza teria deixado você enjoada. Você desceu do joelho dele, ágil como um gato, com os cachinhos balançando ao redor do rosto, e tocou *Madelon*, a canção popular favorita dos soldados belgas, com um dedo no piano, seguida pelo hino nacional da Bélgica, *La Brabançonne*. Alguns dos outros oficiais vieram olhar mais de perto e observaram atentamente a garotinha que os fazia se lembrarem de seus lares. Eles também tinham esposas e filhas, longe, em sua pátria belga. Quando você acabou de tocar, um dos oficiais a levantou no alto, acima da cabeça, e deu-lhe um beijo em cada uma de suas bochechas roliças. Naquele momento você me viu e começou a gritar e a se debater para se livrar dos braços dele:

– Mamãe, mamãe – você disse –, ele quer me beijar! Homens desconhecidos não podem me beijar, só o papai. – Ao que o general Motti respondeu:

– Você não vai dizer isso daqui a 15 anos. – A sala inteira explodiu em gargalhadas e você correu para meus braços.

Os primeiros anos de minha infância foram um período maravilhoso, mas, depois disso, tive de tomar aulas de piano e ir para a escola. Não fiquei muito impressionada; não tinha amiguinhas e me sentia sozinha. Também encontrei discriminação pela primeira vez por causa de minha ascendência judaica. Aquilo me marcou profundamente quando criança e continua comigo desde então.

Em 1919, depois de quase um ano, meu pai conseguiu encontrar uma velha *villa* nos arredores da cidade, e deixamos o Hotel Bollinger, os soldados belgas e, para minha grande tristeza, a professora de dança, Liselotte Benfer. Uma nova era se iniciou para mim: uma casa diferente, uma vizinha que se recusava a brincar comigo, uma mãe que parecia não estar interessada em nada além do bebê que estava a caminho e um pai que não tinha tempo para mim. Eu tinha aulas de piano com *Herr* Bister, que anteriormente regera uma renomada orquestra militar de Estrasburgo, desfeita depois da guerra. Ele era extremamente rígido, batia em minhas mãos com uma régua cada vez que eu cometia o menor erro. Com lágrimas nos olhos, eu era deixada sozinha para treinar minhas valsas e sonatas. Dois primos mais velhos, que também moravam em Kleef, estavam sempre perguntando sobre minha mãe e meu pai e se desmanchavam em risadinhas, falando entre si em inglês, que eu não compreendia. Várias tias e meus avós me convidaram para ir morar com eles, mas não gostei da ideia. A maior parte do tempo eu ficava sentada num canto, olhando para o vazio.

Eu não estava feliz. Pensava muito na garota que morava ao lado, que tinha me dito:

– Não tenho mais permissão para brincar com você. Minha mãe diz que você é judia. – As palavras dela me feriram, e eu não conseguia tirá-las da cabeça.

Quando meu irmãozinho John chegou, meus pais ficaram radiantes. Um príncipe coroado, um herdeiro, um menino. Família e amigos foram nos visitar, e houve uma festa – boa companhia, flores, boa comida e bebidas. Eu me senti infeliz e ainda mais excluída.

Algumas semanas depois, minha vida mudou mais uma vez. Chegara ao meu sexto aniversário e tinha de ir para a escola primária. Havia duas escolas em Kleef, uma católica e outra protestante. Ao lado da sinagoga, havia uma sala de aulas onde se esperava que as crianças judias de 6 anos fossem à escola. Havia apenas um professor, Siegfried Löwenstein, que lecionava aritmética, língua, religião e alemão. Eles o chamavam de "Pietsje". Um homem pouco atraente, de cerca de 55 anos, Pietsje era careca, tinha uma barriga grande, o rosto avermelhado, salpicado de minúsculas veias azuis (traindo seu problema de coração), um paletó engordurado, um pincenê de ouro espetado na metade do nariz, vários dentes de ouro escandalosos entre os lábios gorduchos e, eternamente, uma régua na mão. A régua deveria acrescentar o toque final à nossa educação de estilo alemão.

Atrás da escola, havia uma área de recreio com uma excelente vista do Schwanenburcht, ou Castelo do Cisne, famoso na saga de Lohengrin como o castelo onde a princesa Elsa tinha sido libertada pelo Cavaleiro do Cisne, e uma vista panorâmica do Reno serpenteando como uma fita de prata sob o calor do sol de verão. Todas as crianças conheciam a lenda, e eu com frequência pensava a respeito dela.

Lembro-me de certa ocasião ter sido interrompida no meio de um desses devaneios.

– Rosie, Rosie! – os garotos no pátio de recreio gritaram em uníssono. – Venha brincar conosco. – A classe inteira, só de meninos, se reuniu ao meu redor.

– Está bem – respondi –, mas eu sou o *baas*. – Naquele exato momento, Pietsje, mastigando uma maçã verde, surgiu de um canto. Ele me viu dando ordens e ficou bem irritado. Algumas semanas depois, quando minha mãe estava visitando a escola, ele perguntou:

– Pode me dizer, minha senhora, o que a palavra holandesa *baas* significa?

Um dia, na aula de religião, Pietsje estava falando sobre o primeiro casal humano. Quando ele chegou à história de Caim e Abel, levantei o dedo e perguntei:

– Mas Adão e Eva tinham dois filhos, um matou o outro, de modo que só sobrou um. Como ele conseguiu povoar o mundo? Fábulas, senhor, fábulas. – Pietsje ficou emudecido. Ele já nutria uma séria antipatia por mim, e a coisa estava ficando pior. Eu podia ver isso em tudo que ele fazia, até na maneira como me olhava.

Certa manhã, bem cedo, briguei com meu irmãozinho John. Ele tinha quebrado o braço da minha boneca favorita. Fiquei zangada e triste e tinha chorado bastante. Minha mãe tentou me consolar, dizendo:

– Uma menina crescida como você não deveria estar brincando com bonecas. Você tem deveres de casa e amiguinhas.

– Amiguinhas? – repliquei com desdém. – Eu não. – A caminho da escola, recordei as palavras de minha mãe. Quem ia me querer como amiga? Não muito longe da escola, três garotas gritaram, fazendo troça de mim no meio da rua:

– Judia, judia, fede como cocô! – Na mesma hora, respondi:

– Cristo, Cristo, fede como *scheiss*. – Elas começaram a me atirar pedras e rapidamente entrei no prédio da escola.

Naquele dia, Pietsje estava dando aula de aritmética. Como de hábito, eu não havia decorado a tabuada. Meio furiosa com o mundo e meio furiosa com Pietsje, despertei de meu devaneio com um sobressalto. Pietsje me chamara para a frente da turma e, antes que eu tivesse a chance de reagir, ele rosnou:

– Por que não se levanta quando falo com você?

Comecei a ficar zangada.

– Me deixe em paz – retruquei. Alguém mais tinha coragem de enfrentar Pietsje? Os meninos estavam caladinhos.

– O que é isso, sua cabeça-oca, sua holandesa estúpida – sibilou Pietsje em alemão, os olhinhos brilhando atrás das lentes do pincenê. – Venha já até aqui, ou irei buscar você. – Ele avançou em minha direção e me agarrou pela orelha. *Smack, smack, smack*. A régua assoviou no ar e deixou minhas mãos vermelhas. Sem derramar uma lágrima, mas com um nó na garganta, suportei a tortura.

– Obrigada – disse rispidamente quando ele acabou. – Esta é a última vez que me verá aqui. – Sem olhar para ele ou para meus colegas de turma, levantei-me e saí da sala de aula e da escola.

Andando pelas ruas, explorei as vitrines das lojas. Kleef era conhecida por sua veneração a Santa Maria, e eles estavam se preparando para a procissão anual do Sangue Sagrado. Havia imagens da Virgem por toda parte. Lembrei-me da procissão do ano anterior, quando tinha segurado a mão de nossa empregada, enquanto assistia à procissão passar da beira da rua, rodeada por uma multidão de milhares de pessoas. Um estranho sentimento havia me dominado quando o Sagrado Sacramento – como a minha acompanhante o chamava – passou por nós ao som dos sinos. Todo mundo caiu de joelhos, exceto eu.

– Ajoelhar-se é proibido de acordo com as leis judaicas. Ficamos de pé e olhamos nos olhos de Deus. Não temos de nos ajoelhar nem baixar a cabeça. – Meu pai havia me ensinado. – Nós, judeus – dissera ele –, somos o Povo Escolhido.

Enquanto andava pelas ruas lindamente enfeitadas, pensei que *você primeiro tem de ser rejeitada, antes de poder ser escolhida. Judia, judia, fede como cocô... Eu não posso brincar com você porque você é judia... cabeça-oca, holandesa estúpida.* Um insulto depois do outro reverberou em minha cabeça e, quando cheguei em casa, explodi numa torrente de lágrimas nos braços protetores de minha mãe.

Naquela noite, fiquei me virando de um lado para outro na cama, sem conseguir dormir. Eu me sentia oprimida, rejeitada. Uma frase havia se alojado em minha mente e ficava se repetindo: "Você primeiro tem de ser rejeitada, antes de poder ser escolhida." Então cheguei a uma conclusão: eu *vou ser* escolhida. Se ninguém me quer, então não vou querer ninguém, só a mim mesma. E daquele momento em diante jurei que não permitiria que ninguém e nada me perturbassem. Eu seria dura com John e, se fosse preciso, também seria dura com meu pai e minha mãe. Virei-me na cama incontáveis vezes naquela noite e levei séculos até finalmente adormecer.

Uma semana depois, minha mãe me levou para a Escola Evangélica para Meninas, na Haagsche Strasse, um estabelecimento de ensino alemão muito formal, onde logo fiz amizade com uma garota loura magricela, Else Dahmen. Brincávamos juntas durante os breves intervalos entre as aulas e nos dávamos extremamente bem.

Meus pais ficaram aliviados que eu estivesse mais contente com a nova escola. Todo dia eu falava entusiasmadamente sobre minha nova amiga Else. Não falava muito sobre as aulas. Um dia, minha mãe permitiu que eu convidasse Else para brincar. Quando ela apareceu na porta, mamãe pareceu sobressaltada. Mais tarde, depois que Else foi embora com uma mensura de agradecimento, ela me pegou pela mão e fomos para a sala de visitas.

– Diga-me: – perguntou ela – que tipo de criança é aquela menina? – Não compreendi o que ela estava querendo dizer. – Onde ela mora?

– Na Braunengasse – respondi.

– Foi o que imaginei – respondeu minha mãe. – O pai dela trabalha para papai na fábrica. Ele é um simples operário. Não a convide de novo para vir à nossa casa. Ela não é o tipo de pessoa para ser sua amiga. – Alguns dias depois, eles me mudaram de lugar na sala de aula. Eu não podia mais conversar com Else e não tinha mais coragem de olhar para ela.

A aritmética na escola era difícil de compreender. Irmela Schwarz, minha nova colega de carteira, me ajudava de vez em quando, e contei isso a meus pais em casa.

– O que o pai dela faz? – perguntou mamãe.

– Ele é advogado – respondi cautelosamente, os comentários dela a respeito de Else ainda frescos em minha memória.

– Ah, isso é bom – disse minha mãe. – Pode brincar com ela sempre que quiser. – Mas, quando convidei Irmela para vir à minha casa, a filha do advogado me deixou esperando uma tarde inteira. Mais uma ilusão destruída.

Não levei muito tempo para perder o interesse pela escola de novo. Os professores e a diretora eram muito severos. Eu não podia mais me comportar como costumava fazer com Pietsje. Em algum ponto, comecei a ir para o bosque defronte a nossa *villa*, em vez de ir para a escola. Então seguia para a casa de tia Janny, irmã de minha mãe. Da primeira vez, usei a porta da cozinha e disse a Tilla, a governanta, que as turmas mais adiantadas no liceu estavam fazendo exames naquele dia e que a turma dos mais novos tinha sido dispensada. Perguntei se podia brincar com os brinquedos de meus primos, e Tilla não fez qualquer objeção. Repeti isto durante umas duas semanas até que, numa tarde ensolarada de primavera, quando cheguei em casa depois de minha visita à tia Janny, encontrei meu pai, minha mãe e minha professora enfileirados na sala de visitas. Não havia nada a dizer. A professora viera lhes perguntar se eu estava melhor de saúde, e a expressão de surpresa no rosto deles tinha sido resposta suficiente. Nunca na minha vida tinha visto meu pai tão zangado. Levei umas boas palmadas, fiquei sem jantar e sem mesada e fui trancada no sótão. Estava furiosa. Gritei e chutei a porta, virei o sótão de pernas para o ar, chorei e solucei tão alto quanto pude. Na manhã seguinte, eles me encontraram dormindo no chão, exausta, e trocaram um olhar de desespero. Como iriam conseguir educar aquela criança?

Depois de passar tanto tempo sentada em minha cela, senti-me toda enrijecida. Decidi dar uma pausa na escrita e fazer alguns exercícios de balé para mudar o ritmo, pensando sobre a saga de Lohengrin, a respeito de Elsa e de seu Cavaleiro do Cisne. Elsa foi assolada pelo infortúnio depois de ignorar todas as advertências e insistir que o Cavaleiro do Cisne revelasse sua verdadeira identidade. Agora que Leo havia revelado a minha verdadeira identidade à polícia, eu estava enfiada na prisão. A saga de Lohengrin tinha me perseguido e me assombrado durante toda minha vida, e agora havia se tornado uma realidade. Depois de algum tempo, continuei a escrever:

Com a ascensão do nacional-socialismo, o antissemitismo na Alemanha cresceu rapidamente, e em 1925 a situação de meu pai no trabalho se tornou cada vez mais desagradável. Os alemães não conseguiam engolir a ideia de ter um judeu como chefe, especialmente um judeu que tinha mais dinheiro do que eles, mesmo que tivesse adquirido sua riqueza por meio de trabalho dedicado. Sua nova *villa* e o conhecimento de que ele tinha uma reserva de dinheiro crescendo regularmente e bem guardada na Holanda apenas reforçavam a inveja.

Apesar do número incontável de vezes que ele havia salvado a fábrica de grave perigo, inclusive de um incêndio de grandes proporções na refinaria de óleo, além de ter conduzido negociações sensatas e razoáveis para levar os trabalhadores, em greve, de volta para o trabalho, o conselho de diretores tornara-se cada vez mais reservado com relação a ele. Recentemente haviam nomeado um alemão que não sabia literalmente nada a respeito do negócio como seu superior. A situação o aborreceu e o deprimiu a tal ponto que ele acabou pedindo demissão e vendeu a *villa*.

Fomos levados de carro de volta para a Holanda pelo chofer do dono da fábrica, que nos deixou numa casa de 18 quartos em Nijmegen. O caminhão de mudança chegou pouco depois, e os carregadores levaram tudo para dentro. Uma empregada holandesa recém-contratada ajudou a desempacotar as porcelanas. Passei a maior parte do dia de pé diante da janela, olhando para as pessoas lá fora. Quase todo mundo tinha uma bicicleta. Jovens e velhos, ricos e pobres, eles pedalavam para todos os lugares.

A uma distância de apenas 9 metros de nossa porta, havia uma enorme e bonita igreja católica. Mais acima na rua, ficavam os alojamentos da Reserva Colonial, que mensalmente despachava soldados holandeses para as Índias Orientais Holandesas. Certo dia, um comboio passou marchando diante da janela, tendo à frente uma banda de metais. Os galões azuis e as largas boinas azul-marinho lhes davam um ar marcial. Bandos de mensageiros e crianças em engraçadas patinetes holandesas fechavam a retaguarda. Tudo

*Rosie e John em Nijmegen*

era novo para mim. No dia seguinte, explorei as ruas de Nijmegen de mãos dadas com meu irmão.

E foi assim que descrevi minha juventude. Não tinha ideia de quanto tempo eles planejavam me manter em confinamento solitário, e os guardas a quem perguntei não sabiam ou não tinham permissão para dizer. Era um pouco tedioso, mas eu tinha tantas outras coisas para escrever sobre meus primeiros anos que tomei a decisão de continuar. Ilustrei o texto com desenhos e esboços.

Depois de seis semanas, no dia 11 de julho de 1942, e para minha grande surpresa, fui libertada. A SS havia me interrogado várias vezes durante meu período na prisão, mas sem violência. Fui bem tratada e tinha apenas elogios a fazer ao diretor e aos guardas. Como eles me libertaram sem avisar, fui andando para a casa de meus pais com minha maleta de toalete e meu diário debaixo do braço. Enfiei a chave na fechadura, empurrei a porta e gritei:

– Estou em casa! – Meu irmão veio voando para o vestíbulo e atirou os braços ao redor de meu pescoço. Os olhos de minha mãe estavam cheios de lágrimas de alegria. Nós três nos abraçamos, até que meu pai interrompeu:

– Vocês não vêm para a sala?

Nós nos sentamos à mesa com um bule de café e contei a eles minha enfadonha aventura na cela.

– Fui duas vezes à SS perguntar se podia visitar você – disse minha mãe. – Eles não deixaram e, da segunda vez, ameaçaram me prender se eu persistisse. Seu pai e seu irmão não foram comigo porque temiam ser presos. Há tantos boatos terríveis circulando. Não tivemos nenhuma notícia sua e por isso ficamos muito preocupados.

– Graças aos céus eles trataram você bem – acrescentou meu pai. Conversamos a respeito daquilo a noite inteira.

No dia seguinte, alguns amigos e alunos me presentearam com uma deliciosa visita. Fotografaram-me cercada por todas as flores que tinham trazido e enviei a foto como um agradecimento para todo mundo que eu conhecia na cidade. Agora eles sabiam que eu estava de volta. A manobra de Leo tinha sido malsucedida. Meus alunos estavam longe de estar impressionados com o que ele havia feito, muito pelo contrário, e falaram a respeito daquilo com amigos e parentes. Agora a escola dele estava desacreditada. A cidade inteira estava fervilhando com advertências para se evitar a escola de dança Crielaars. Aquilo era música para meus ouvidos.

Depois de alguns dias, eu já havia me acostumado à vida normal e estava ansiosa para voltar ao mundo, depois de passar seis semanas trancada numa solitária, sem ter com quem falar. Escondi meu diário na escrivaninha e reabri a escola de dança. Nada acontecera durante seis semanas e eu precisava repor as aulas perdidas. Meus alunos queriam voltar às atividades. Afinal, eles haviam pago pelas aulas. O período das férias estava prestes a começar, mas poucas pessoas planejavam viajar durante a ocupação, de modo que quase não fazia diferença. Agora que todo mundo sabia o que havia acontecido comigo, mais alunos se matricularam para as aulas, inclusive alguns da escola de dança de Leo. Foi um período movimentado e confuso.

Escrevi para Ernst contando-lhe o que havia acontecido e que eu precisava de mais seis semanas para dar conta de meus compromissos na escola. Ele não ficou nada satisfeito com a ideia e insistiu que eu fosse para a Suíça imediatamente. Mas partir naquele momento significaria abandonar meus alunos e meus pais, que não tinham renda, e aquilo não era o que eu queria.

Pouco depois de minha libertação, recebi uma carta que Kees me enviou do Hotel De Witte Brug, em Amersfoort. Ele me contava o que eu já sabia, que ti-

*Rosie depois de sua temporada na prisão*

nha ficado noivo de uma moça de Haia. O relacionamento havia acabado, e agora ele se dava conta do que eu significara para ele. Kees tinha tomado conhecimento da traição de Leo e disse que faria qualquer coisa que pudesse para me ajudar. Ele também escreveu que a mãe e a irmã dele não moravam mais no Lohengrin, que estava trabalhando como barman chefe no Hotel Het Bosch van Bredius, em Naarden, e que queria desesperadamente me ver. O aniversário dele era no dia 22 de julho, e ele me convidou para uma festa com seus amigos em Haia.

Eu não estava com disposição para ir a festas e não compareci. Dias depois, uma verdadeira torrente de cartas e telegramas chegou. Escrevi de volta, dizendo que ele poderia vir me visitar em minha casa com meus pais, se isso era tão importante para ele; se não fosse, que deveria me deixar em paz. Kees respondeu que não tinha coragem de se apresentar aos meus pais.

Na semana seguinte, eu era esperada em uma reunião de professores de dança em Utrecht. Kees soube e disse que precisava falar comigo com urgência. A curiosidade acabou me vencendo, e combinamos de nos encontrar depois da reunião. Jantamos no restaurante Jaarbeurs. O bom senso dizia não, mas eu ainda o achava atraente. Foi uma burrice, eu sei, mas não consegui me controlar, e depois do jantar tomamos o trem para Hilversum e nos hospedamos no Grand Hotel Gooiland. Kees distribuiu muito dinheiro em gorjetas e me contou sobre o rompimento de seu noivado. Ele me advertiu a respeito de Leo, dizendo que eu deveria ter cuidado e que Leo, com certeza, tentaria mandar me prender de novo.

Naquela altura, eu já sabia que Leo era apenas mais um em um movimento cada vez maior. Por toda parte, você lia e ouvia falar sobre o problema dos judeus, e as restrições se intensificaram. Os judeus-holandeses receberam ordens para entregar todo seu dinheiro e joias ao Lippmann, Rosenthal & Co., em Amsterdã, um banco sob o controle dos alemães. Exigiu-se que chefes de família se registrassem para ir para campos de trabalhos forçados. A cada minuto, tudo se tornava mais assustador, e o que mais me impressionava era o fato de que todo mundo parecia achar aquilo normal ou não estava interessado. A vida cotidiana continuava como de hábito para a maioria das pessoas: escola, trabalho, aniversários, domingos modorrentos, nadar no IJzeren Man, o grande lago que fazia fronteira com Vught. Mas para nós, judeus, a vida se tornava cada vez mais difícil.

De acordo com as novas leis, meu pai tinha de entregar seu dinheiro e joias ao banco nazista, mas ele conseguiu conservar alguma coisa e escondê-la. Ele também teve de se registrar para ir para um campo de trabalhos forçados. Meu pai cumpriu as exigências, presumindo que sua família seria deixada em paz, como as autoridades haviam prometido. Quando partiu para Schaarshoek, um campo de trabalhos forçados controlado pelo Estado em Heino, ele insistiu que não houvesse lágrimas.

Eu não me sentia completamente segura em Den Bosch. Gente demais me conhecia e agora, graças a Leo, as pessoas também sabiam de minha ascendência judaica. Além disso, minha amiga Fran e eu andáramos nos arriscando ao ajudar judeus-holandeses como meu pai, que eram obrigados a se apresentar para os campos de trabalhos forçados. Nós os deixávamos ficar no galpão atrás de nossa casa por um ou dois dias, retirávamos a estrela de davi de suas roupas e, quando era possível, conseguíamos novos documentos por intermédio do irmão de Fran. Então os levávamos para outro endereço, onde eles entravam na clandestinidade e se escondiam. Era um negócio arriscado. As pessoas eram detidas e revistadas o tempo todo, e um de nossos vizinhos era membro do NSB. Tendo em vista a segurança, eu dormia na casa de Fran, e ela dormia na casa de meus pais. Deste modo, se houvesse uma batida no meio da noite, nós duas estaríamos fora de perigo. Fran era católica, e os documentos dela estavam em ordem.

Nós tínhamos conseguido ajudar cerca de 14 pessoas a entrarem na clandestinidade, mas as coisas nem sempre corriam de acordo com os planos. Certo dia, estávamos trazendo dois homens para a estação de trens, e Fran foi na frente para ver se o caminho estava desimpedido. Tínhamos acertado um sinal para o caso de os oficiais estarem detendo as pessoas e checando seus documentos: ela andaria de volta em nossa direção com a bolsa pendurada sobre a barriga, em vez de no ombro. Nesse dia, avistei o sinal de Fran a tempo e disse aos homens que eles deveriam fazer meia-volta e me deixar seguir adiante sozinha. Continuei andando até chegar aos inspetores holandeses e cumprimentei-os com um sorriso. Eles tocaram nos chapéus e eu passei. Mas, para minha surpresa, um dos homens que tinham vindo conosco estava andando cerca de 9 metros atrás de mim. Eles o pararam e, como não pôde mostrar os documentos adequados, acabou preso. Por que ele não fez meia-volta jamais saberei. Será que foi lento demais para reagir? Confiante demais? Será que confiava mais nos inspetores holandeses do que deveria? Posso apenas tecer especulações. Nunca mais voltei a vê-lo depois daquilo.

Pouco tempo depois, Fran me disse que tivera uma briga com seu irmão. Ela havia pensado que ele estivesse na Resistência porque conseguia nos fornecer documentos falsos, mas, quando Fran lhe perguntou a respeito do assunto, ele exigiu que ela parasse imediatamente de contrabandear pessoas para a clandestinidade. Ele estava preocupado com sua irmã caçula, mas ela não se importava.

Enquanto isso, eu estava preocupada com o modo como minha mãe e eu escaparíamos. Uma noite, observei que Corry Donkers, uma de minhas alunas, havia esquecido sua carteira de identidade. Ela parecia ter a minha idade, 27 anos. Peguei a carteira, plenamente consciente de que era roubo, mas não sabia onde mais conseguir um documento de identidade verdadeiro. Não vi outra opção. Os documentos que o irmão de Fran fornecia eram falsos e era arriscado usá-los. Aquilo não era bom o suficiente para mim. Alterei a carteira de identidade roubada, substituí a fotografia dela e, a partir daquele momento, passei a ser oficialmente Cornelia Donkers, pelo menos fora de Den Bosch. Ninguém sabia disso, nem mesmo meus pais. Nesse meio-tempo, Corry se deu conta de que havia perdido a carteira, informou à polícia e recebeu uma segunda via. Para ela, a questão estava resolvida. Uma vez que Cornelia geralmente se referia a si mesma como Corry, decidi chamar a mim mesma de Lya, outro diminutivo, para reduzir as chances de alguém fazer alguma conexão entre nós.

Finalmente, o fim da temporada de dança estava próximo. Em pouco mais de um mês, eu viajaria para a Suíça e então, provavelmente, seguiria para a Espanha. Como daria aquela notícia para minha mãe?

Decidi oferecer uma última festa, um baile de gala para todos os meus alunos. Era uma pena que eu não pudesse alugar um espaço grande o bastante para acomodar todo mundo. Como judia, não tinha mais permissão para isto. Organizei então um dia ao ar livre nas Dunas de Drunen, e nos divertimos muitíssimo com danças, fazendo piquenique, jogos de bola e música. Apesar da atmosfera alegre, eu me sentia triste, a todo momento me lembrando de minha partida iminente. Filmei o dia como recordação.

Na manhã de 26 de agosto de 1942, bem cedo, minha mãe, meu irmão John e eu recebemos intimações que diziam termos de nos apresentar no campo de concentração de Westerbork, de onde seríamos transportados para a Alemanha, para campos de trabalhos forçados. O documento

*Rosie nas dunas com seus alunos de dança*

informava que a polícia levaria passagens de trem para Westerbork na manhã seguinte. Sob a proteção deles, dizia, seríamos levados à estação.

Minha mãe ficou estarrecida. As autoridades tinham prometido que seríamos deixados em paz depois que meu pai havia se apresentado voluntariamente para o campo de trabalhos forçados. Eles nos disseram isso mais de uma vez. No entanto, já fazia muito tempo que eu deixara de confiar nos alemães e nos holandeses, e as palavras deles só significavam uma coisa: estava na hora de dar o fora.

Meu irmão não falou nada e foi o primeiro a agir, desaparecendo enquanto estávamos no andar de cima, arrumando as malas. Ele deixou um bilhete sobre a mesa: "Arda no inferno, *Kraut*!"

"Por que ele nem se despediu de nós?", mamãe se queixou. Imaginei que ele tinha achado difícil, mas eu não estava com tempo para me preocupar com isso.

Eu podia tentar fugir para a Suíça, onde Ernst esperava por mim. Podia viajar sem impedimentos com minha nova identidade, e tinha certeza de que ele viria me encontrar na fronteira suíça. Mas diante daquelas circunstâncias eu não podia abandonar minha mãe. De maneira bastante semelhante a como eu tinha falsificado minha identidade, rapidamente arranjei um jogo de documentos "genuínos" para minha mãe sob o nome de uma certa senhora Van Moorsel, que havia me alugado um quarto antes que eu fosse morar com Leo. Ela era uma pessoa simpática e costumávamos conversar muito. Eu sabia onde ela guardava seus documentos e fui lhe fazer uma visitinha para tomar um café. Ela não estava em casa, mas eu ainda tinha a chave, de modo que entrei e peguei a carteira de identidade dela. Eu sabia que aquilo não era correto, mas não tinha tempo para ficar pensando a respeito. Era uma questão de vida ou morte. Voltei rápido para casa e mudei a foto, me assegurando de que o carimbo ficasse no canto. Enterrei meus álbuns de fotos e filmes no jardim, levei meu gramofone e discos para uma amiga, tranquei a casa e parti para Eindhoven com minha mãe naquela mesma noite. Nosso vizinho, o sr. Pijnenburg, nos viu partir. De uma só tacada, deixei para trás minha casa, meus pertences e minha escola de dança. A escola de dança foi o mais difícil.

Passamos a noite com amigos e viajamos no dia seguinte para Tilburg, onde outros conhecidos nos hospedaram por uma semana. Eu estava decidida a encontrar um lugar onde pudéssemos nos esconder e viver clandestinamente. Dinheiro não era problema – meu pai tinha deixado um cofre contendo aproximadamente 10 mil florins em dinheiro com uma companhia que ele costumava representar, Venmans Bros., um fabricante de roupas em Tilburg, e minha mãe, meu irmão e eu tínhamos acesso a ela –, mas a segurança era nossa principal preocupação.

Eu sabia como era difícil encontrar um bom esconderijo. As pessoas muitas vezes pensavam que estavam seguras e acabavam entregues à polícia por seus vizinhos holandeses. Eles tanto recebiam por isso como também usavam esse estratagema para cair nas boas graças dos alemães. Quebrei a cabeça, até que de repente me lembrei do que Kees me dissera da última vez que havíamos nos encontrado:

– Se algum dia você estiver em dificuldades, estarei sempre pronto a ajudar.

Segui de trem para Naarden, depois tomei um táxi até o endereço onde Kees estava morando. A casa ficava bem nos arredores do centro da cidade e regularmente recebia hóspedes que alugavam quartos. Eu já encontrara algumas vezes com as pessoas com quem ele se hospedava e tinha estado. Henk Coljee era holandês, e sua esposa, Magda, alemã, embora falasse excelentemente o holandês.

Toquei a campainha e a sra. Coljee me recebeu gentilmente. Perguntei por Kees, e ela me disse que Kees estava no hospital em Naarden, por causa de uma pedra no rim. Com uma bicicleta emprestada, fui visitá-lo. No hospital, bati na porta de seu quarto, mas ele não abriu. Abordei uma enfermeira no corredor, que me disse para tentar de novo. Depois que soquei a porta várias vezes, uma moça de cabelos escuros e rosto afogueado a abriu. Permitiram-me entrar e encontrei Kees deitado na cama. A moça foi embora e perguntei-lhe quem ela era. Kees disse que a conhecia do bar no Hotel Bosch van Bredius, que ela era uma cliente. Quando adoecera subitamente, ele lhe pedira emprestados 350 florins, porque tinha de pagar adiantado pelas despesas hospitalares. Kees me perguntou se eu podia lhe emprestar os 350 florins para pagar à moça, porque não lhe agradava dever a pessoas desconhecidas. Falei-lhe dos meus problemas e ele imediatamente se mostrou pronto a ajudar. Kees me aconselhou a ir morar com a família Coljee. Dei-lhe os 350 florins e voltei para a casa da sra. Coljee.

Certa vez, ouvi o ditado de que o melhor era morar na barriga da besta. A casa deles nunca seria revistada: a sra. Coljee era alemã e o sr. Coljee, membro do NSB. Não lhes falei sobre minha ascendência judaica e fingi que meu pai tinha sido feito refém e estava encarcerado no campo de Haren. Minha mãe e eu estávamos fugindo porque eles também queriam nos prender. Seria possível alugar dois quartos? Tudo foi resolvido num piscar de olhos. Segui de volta para Tilburg. Com meu novo documento de identidade e um sorriso no rosto, tudo correu sem percalços, apesar do controle cada vez mais rigoroso.

A namorada de meu irmão, Elisabeth de Bats, também morava em Tilburg com os pais e duas irmãs mais jovens, e presumi que John estivesse na casa deles. John e Elizabeth estavam namorando havia uns dois anos, e ela era uma moça simpática. Encontrei o endereço dela, e John de fato estava lá, escondido no sótão.

Combinamos de nos encontrar mais uma vez. No dia seguinte, levei mamãe comigo. Toda a família De Bats foi a gentileza personificada. Eles nos ofereceram chá, café e biscoitos. Contudo, a atmosfera estava tensa, e todo mundo parecia preocupado. Com exceção do cuco no relógio na parede, não havia muita alegria. Ao redor da mesa, falamos sobre questões práticas: onde encontrar dinheiro e onde nos escondermos. Revelei para onde minha mãe e eu estávamos planejando viajar e perguntei a meu irmão se ele tinha encontrado um lugar para ir. Justo quando ele ia falar, percebi sua namorada chutando-o por baixo da mesa. Ele se calou e depois disse alguma coisa sobre De Peel, uma região rural onde o pai de Elisabeth tinha família. Eles tinham encontrado uma residência em que podiam confiar numa fazenda, e John poderia ficar lá, se pagasse a estada. Era razoavelmente seguro porque os alemães raramente visitavam De Peel. A fazenda ficava numa área afastada e era cercada de pântanos. O lugar ideal para se esconder.

Além das questões práticas, nós também conversamos sobre nossa triste situação. Papai estaria bem? O que poderia acontecer conosco? Quando toda aquela confusão acabaria? Sempre o queridinho da mamãe, John se manteve calado. De repente ele se levantou e se sentou no colo dela. Um soldado que recentemente tinha combatido em defesa da rainha e de seu país sentado no colo da mãe. Ela o acariciou. Ninguém disse nada. Em silêncio, quase petrificados, ficamos sentados ao redor da mesa. O mundo exterior estava muito longe, até que o cuco saiu de dentro do relógio. Como se estivéssemos num filme que tivesse sido momentaneamente interrompido, todo mundo começou a se mexer de novo ao mesmo tempo. Nós nos despedimos, já que seguiríamos caminhos diversos na manhã seguinte. Dormimos aquela noite em um colchão adicional posto no sótão, entre sacas de maçãs e repolhos vermelhos.

Minha mãe e eu partimos na manhã seguinte para Naarden, onde passamos a viver uma vida tranquila nos arredores da cidade. O pai de Elisabeth e seu tio levaram John para uma casa segura. Umas duas semanas depois, minha amiga Fran me contou que a polícia estivera na porta de nossa casa em Den Bosch na manhã em que partimos e que andara nos procurando. A própria Fran precisou ir à delegacia nada menos que três vezes. Eles queriam saber onde estávamos. Fizeram pressão sobre ela e até a mantiveram presa por dois dias, mas Fran não lhes disse nada. Como poderia? Eu não tinha contado a ela meu novo endereço.

*A residência dos Coljee em Naarden*

Eles também nunca descobriram o endereço de John. Um oficial da SS batera à porta de Elisabeth mais de uma vez para fazer perguntas sobre o paradeiro dele, mas ela havia insistido que eles não estavam mais em contato.

– Botei aquele judeuzinho pra correr há muito tempo. Não sou louca.

Enquanto isso, em segredo, Elisabeth ia de bicicleta até a casa segura em De Peel, e eles se mantiveram em contato. As circunstâncias difíceis só fizeram fortalecer seu amor e determinação. John ficara em segurança onde estava e, quando o dinheiro acabasse, poderia continuar lá, se ajudasse na fazenda. Ele já tinha oferecido seus serviços. Não fazer nada o dia inteiro não era do estilo dele. As pessoas eram gentis, e um trabalhador diligente como John era muito bem-vindo. Como ele não era realmente um trabalhador agrícola, eles o chamavam de John Substituto. Ele não se importava, desde que estivesse seguro.

Próximo à fazenda, bem alto, na margem da estrada, havia um moinho visível num raio de quilômetros. Se os alemães ou um membro do NSB fosse avistado, o moleiro içaria as velas numa posição previamente combinada, dando a quem estava se escondendo a chance de se refugiar na floresta. Assim que estivesse tudo livre, o moleiro poria as velas de volta na posição normal, e todo mundo voltaria para o trabalho.

A certa altura, as coisas quase deram errado. John adoeceu com uma infecção de ouvido tão grave que temeram que estivesse com meningite. Ele precisava desesperadamente de tratamento e passar por uma cirurgia. Com a ajuda da Resistência, foi internado no Hospital Saint Joseph, em Eindhoven. John teve de usar documentos falsos, é claro. Só a enfermeira-chefe, uma freira, sabia da história verdadeira, e ela tomou todas as providências. Os médicos e enfermeiras fizeram o que era necessário sem fazer perguntas. Todo mundo estava tenso, porque o governo local e os alemães checavam os hospitais de tempos em tempos, e o traidor ocasional surgia em meio à equipe do hospital. Dois dias antes de ser admitido no Saint Joseph, John teve de cancelar uma consulta no hospital em Den Bosch no último minuto, quando descobriu que o médico havia traído um paciente que vivia na clandestinidade. Ele voltou de bicicleta para De Peel com uma bandagem sobre a orelha. Por precaução, mudou-se temporariamente para uma outra casa segura, porque as pessoas comentavam muito, nunca se podia confirmar. Duas semanas depois, quando as coisas ficaram tranquilas, ele voltou para sua casa anterior.

A vida em Naarden corria bem. Minha mãe geralmente ficava em casa, mas eu com frequência ia à cidade ou a algum outro lugar. Passando-me por Lya Donkers, era fácil. Jogava tênis numa quadra local com uma raquete que pegara na casa de Elisabeth em Tilburg. Também consegui recuperar o dinheiro que meu pai deixara escondido na fábrica de roupas. Tinha certeza de que papai não precisava dele no campo de trabalhos forçados, nem meu irmão, que trabalhava na fazenda em troca de cama e comida. Concluí que minha mãe e eu podíamos usá-lo sem problema. O tempo passava sem perturbações. Não comemorei meu 28º aniversário. O que havia para comemorar, se meu pai e John estavam longe de casa e meus amigos estavam em Den Bosch? De qualquer maneira, meus documentos diziam que eu era Lya Donkers, e o aniversário dela era em outra data. Em vez de festejar, mamãe e eu tomamos um drinque juntas. Eu não sabia como ficariam as coisas entre mim e Ernst. Escrevi-lhe explicando a situação e dizendo que tinha de cuidar de minha mãe. Assim que eu pudesse organizar tudo para ela, viajaria para a Suíça.

Kees teve alta do hospital depois de uma semana. Ele nos disse que tinha sido demitido do emprego no Hotel Het Bosch porque estivera doente. Embora achássemos difícil acreditar nisso, aceitamos a palavra dele. Contou que pagara os 350 florins à garota que eu tinha visto no hospital, mas agora estava devendo dinheiro à sra. Coljee pela hospedagem e não tinha um tostão. Perguntou se eu poderia lhe emprestar outros 350 florins, me disse que faria alguns "negócios" e prometeu me pagar em duas semanas. Então se mandou para a casa de amigos de sua mãe em Soestdijk, a fim de descansar por uma semana.

Dez dias depois, um oficial do serviço de impostos veio bater à porta dos Coljee perguntando por Kees. Apesar dos repetidos avisos, ele ainda não pagara seus impostos. O homem criou o maior caso e ameaçou vender os objetos pessoais de Kees. Rangi os dentes e telefonei para a família em Soestdijk. Eles me disseram que não o tinham visto. Quando mencionei isto para o sr. Coljee, ele me disse que Kees tinha se mudado para o Hotel Jan Tabak, em Bussum, dez dias antes. Não consegui conter minha raiva. Na hora do almoço, fui até o hotel, onde tive uma longa conversa com uma das garçonetes, que me contou que ela também lhe emprestara 100 florins. Na semana anterior, ela tivera uma conta urgente para pagar e, quando pedira a Kees que lhe pagasse de volta, ele dera uma desculpa qualquer. A garota sentou-se ao meu lado e teve uma crise de choro. Kees passava muito de seu tempo no Café Rutten, em Bussum, disse ela, onde os comerciantes do mercado negro se encontravam regularmente para jogar e beber. Algumas noites antes, ele pagara um jantar caríssimo para as quatro enfermeiras que tinham cuidado dele no hospital. Noutra ocasião, tomou um táxi para Amsterdã com uma garota de cabelos pretos e passou a noite lá.

Depois disso, fui até o Hotel Het Bosch van Bredius, onde Kees costumava trabalhar, pedi um café na varanda e puxei conversa com um dos garçons:

– Aquele *bartender* simpático ainda está trabalhando aqui? – perguntei.

– Não, senhora, ele agora está no Hotel Jan Tabak.

– É mesmo, e por que ele saiu daqui?

– Ele teve que sair, senhora, roubou dinheiro do chefe.

Acabei meu café e voltei para junto de minha mãe. Agora estava numa encrenca. Será que deveria aumentar as preocupações de minha mãe e contar a ela sobre Kees? Com certeza não. Fiquei calada.

Uma semana depois, Kees reapareceu, doce e amistoso como sempre. Ele tinha ficado sem dinheiro, disse, e não poderia me pagar. Mas prometeu acertar as coisas dentro de duas semanas. Eu não disse nada a ele e reagi friamente.

Por volta dessa época, recebemos uma carta de meu pai, do campo de trabalhos forçados de Heino. Por motivos de segurança, estava endereçada para a casa dos Coljee, mas em nome de um senhor chamado De Wit. Era sua primeira carta, e ele usava os nomes que eu lhe tinha passado, os nomes que escondiam nossa identidade. Ele escreveu:

Caro Senhor,

Provavelmente, o senhor já sabe que estou aqui. Espero receber provisões contra o recebimento desta carta, por entrega expressa. Também necessito urgentemente de uma grande mochila, se puder conseguir uma para mim. Espero poder ficar aqui por mais algum tempo. Escreva-me quando puder. Como estão passando a sra. Van Moorsel, Lya e Jan? Mantenho minha cabeça erguida, uma vez que estou determinado a voltar.

Saudações atenciosas.

Fui até o campo em Heino usando o nome Lya Donkets. Como ariana, não tive dificuldade de visitar meu "ex-colega de Venmas". Mostrei meus documentos de identidade à sentinela no portão, e ele me permitiu entrar. No escritório, um grupo de guardas estava reunido tomando café. Todos eles eram holandeses e imediatamente puxaram uma cadeira e me ofereceram um café. Conversei com eles e na verdade foi até divertido.

Meu pai estava trabalhando numa fazenda nas vizinhanças, uma das muitas que se afiliaram ao NSB, na esperança de aumentar sua renda usando prisioneiros como mão de obra barata. Enquanto conversava com os guardas, disse a eles que meu colega era na verdade um excelente contador, que esta era a profissão dele. Também falei que a saúde dele não suportaria o trabalho pesado que se esperava que ele fizesse nos campos e que eles fariam melhor se o usassem para trabalho administrativo. Desta maneira, vocês vão aproveitá-lo melhor, disse, na esperança, é claro, de que isto tornasse a vida mais fácil para meu pai. Um oficial da SS ouviu atentamente, balançando a cabeça e murmurando "boa ideia".

Então alguém da polícia militar chegou para me dizer que meu colega estava a caminho. Despedi-me e o segui. Educadamente, ele segurou a porta para mim. Lá fora, vi meu pai e, antes que qualquer pessoa tivesse a chance de falar, eu disse:

– Ah, lá está o meu colega. – Procurei dizer isto bem alto para que meu pai ouvisse. Ele me cumprimentou como Lya Donkers e me estendeu a mão. Assim, continuamos neste jogo, deixando de lado os abraços e beijos habituais. Ele queria demonstrar afeição, mas apertei-lhe a mão e o mantive a distância. Era perigoso demais.

– Que gentileza sua vir. Como estão as coisas no trabalho? – perguntou ele.

– Excelentes. Acabamos de receber uma encomenda enorme da Alemanha. A sra. Van Moorsel e Jan lhe mandam seus cumprimentos.

Depois dessa conversa inicial, eu disse ao policial militar que gostaria de dar uma caminhada pelo campo com meu colega, que eu já tinha passado tempo demais sentada. Ele apontou para um caminho que conduzia aos campos e me disse para notificar à sentinela quando tivéssemos acabado. Então ele girou nos calcanhares e se afastou. Agora estávamos sozinhos e, no meio do percurso até os campos, paramos e nos sentamos. Não nos tocamos, por não sabermos se alguém poderia nos ver no campo aberto, mas estávamos livres para falar. Rapidamente, contei a ele sobre mamãe e John. Meu pai estava visivelmente cansado e, quando lhe perguntei sobre a vida no campo, ele disse:

– O trabalho é duro e os turnos, longos. A comida é suficiente, mas insossa. Não sei quanto tempo isto vai durar. Ouvi dizer que existem planos para nos mandar para a Polônia, e os relatos de lá são muito ruins.

Eu estava triste, mas não demonstrei isso.

– É, realmente não tem jeito – retruquei. – Não confio mais nos alemães nem nos holandeses. Para eles, somos apenas o problema judeu. Há alguma coisa em que possamos ter esperanças?

Meu pai sacudiu a cabeça.

– Não sei o que fazer, e à noite estou tão cansado que não tenho energia sequer para pensar. Fui um idiota por me apresentar como voluntário para o campo de trabalho. As autoridades me garantiram que nada aconteceria com vocês. Promessas vazias.

Eu o interrompi; reclamar não levaria ninguém a lugar nenhum.

– Eles traíram sua confiança antes e vão fazê-lo de novo. Isto significa que só existe uma solução: temos que tirar o senhor daqui, o senhor tem que fugir.

Ele olhou-me surpreso.

– Não posso simplesmente sair andando e ir embora do campo... não saberia como fazer isso.

– Verdade – respondi –, mas este campo não é tão vigiado assim e o senhor trabalha fora, na fazenda de alguém. Tem que haver uma maneira. O senhor tem que fugir. Eu ajudarei o senhor. Vou criar um plano. Prometo.

Meu pai pensou longa e seriamente e finalmente concordou. Não perdemos tempo e começamos a analisar as possibilidades e os riscos em potencial. Tentamos descobrir por que algumas tentativas anteriores de fuga tinham fracassado.

Depois de uma hora, nos despedimos e apertei sua mão. Ele se encaminhou de volta para o alojamento e me apresentei à sentinela. Perguntei qual era o caminho mais curto para voltar para a aldeia, onde aluguei uma bicicleta e explorei a área, algo que era necessário para o caso de meu plano funcionar. Quando pedalei em direção à terra onde meu pai trabalhava, descobri que ficava na orla de uma floresta. Excelente, pensei. Ele poderia facilmente desaparecer em meio às árvores no final do dia e ninguém repararia. Poderia dizer a eles que ia se aliviar. Meu pai comentara que a guarda deles andava armada, mas que não tinha um cão. Assim, quando, afinal, eles se dessem conta de que ele tinha fugido, já estaria escuro, e sem um cachorro não poderiam fazer muita coisa. Eu agora tinha o primeiro passo de meu plano de fuga, mas o que viria a seguir? Um pequeno córrego cortava a floresta do lado norte do campo e então corria debaixo de uma ponte estreita. Se meu pai seguisse pela floresta até a ponte, eu poderia acertar para que um carro o apanhasse. Com um terno limpo, sapatos engraxados e um novo jogo de documentos para ele, poderíamos sair com o carro e ir embora.

Meu plano ainda precisava de ajustes. Toda sorte de coisas podia dar errado, meu maior temor eram os cães farejadores. De acordo com meu pai, eles não mandavam os cães sair depois que escurecia, e sim esperavam até o clarear do dia seguinte. Também era preciso tomar cuidado com os fazendeiros. Tentativas de fuga anteriores não tinham dado certo porque o prisioneiro simplesmente aparecia na propriedade de um fazendeiro e pedia abrigo. O fazendeiro então chamava a polícia militar, que levava o prisioneiro de volta para o campo. Como punição, ele era enviado imediatamente para a Polônia, para servir de exemplo aos que ficavam. Três destas tentativas tinham fracassado. Deste modo, era importante evitar os fazendeiros e enganar os cães farejadores. A melhor maneira de fazer isso era correr pelo córrego. Você ficaria com os pés molhados, mas estaria fora de vista, e os cães não poderiam seguir seu cheiro. Meu pai poderia então se esconder debaixo da pequena ponte. Para afugentar ainda mais os cães, eu conseguiria fezes de lobo, que ele poderia espalhar pelo caminho. Li em algum lugar que isso deixava os cães nervosos e que eles fugiam quando as farejavam. Um de meus alunos trabalhava no zoológico em Tilburg, de modo que seria bastante fácil conseguir. Mas novos documentos de identidade já eram outra questão. Teria de pensar melhor nisso. Na hora combinada, eu chegaria à ponte de carro. Uma vez que obstáculos inesperados eram sempre uma possibilidade, aprimorei ainda mais o meu plano. Iria visitá-lo no domingo, quando não havia trabalho, e, ao sairmos para uma caminhada, eu lhe daria dinheiro, um mapa detalhado, as fezes de lobo e os documentos de identidade. Também traria um suéter a mais para o frio da noite e alguma comida. Naquele domingo, eu passaria a noite em um hotel próximo em Zwolle, e na segunda-feira à noite o tiraria de lá. Tinha de funcionar.

Quando Kees chegou em casa naquela tarde e me viu mergulhada em meus pensamentos, me perguntou o que havia de errado e contei a ele sobre meu plano. Kees imediatamente se ofereceu para ajudar:

– Cuidarei dos documentos de identidade para seu pai. Conheço um condutor de carruagem que está disposto a vender seus documentos por

300 florins. Estou precisando muitíssimo de dinheiro agora, 50 florins pelo meu trabalho seriam muito apreciados.

Mamãe deu a ele 350 florins e Kees voltou naquela noite com os documentos para meu pai. Também se ofereceu para dirigir o carro que planejávamos usar para apanhá-lo, e fiquei satisfeita – chamaria menos atenção se um homem estivesse dirigindo. Kees e eu visitamos o campo no dia 1º de outubro de 1942 e passamos e repassamos o plano de fuga com meu pai até os últimos detalhes.

Então o destino nos deu um golpe desafortunado. O aniversário de meu pai era dia 4 de outubro, e mamãe e eu lhe enviamos um telegrama de parabéns. Para nosso horror, o telegrama foi devolvido sem ser aberto na mesma noite: "Destinatário partiu, destino desconhecido."

Kees se ofereceu para ir avaliar a situação na manhã seguinte. Ele partiu para Heino na segunda-feira, dia 5 de outubro, com mais 200 florins de minha mãe. Também estava com os documentos de identidade de meu pai.

*Falk Glaser, o último à esquerda, no campo de trabalhos forçados em Heino*

# PAUL

## Um novo primo

Quatro anos depois da conversa com minha avó, estacionei o carro em Bruxelas e entrei no prédio principal da Comissão Europeia, o coração da União Europeia. A fundação que eu dirigia havia solicitado uma bolsa, e eu tinha sido convidado a apresentar o projeto. Também marcara uma hora no escritório do comissário responsável, na esperança de conseguir apoio político.

A reunião com o diretor correu bem, e depois fui recebido por uma pessoa do escritório do comissário – um holandês cujo sobrenome também era, para minha surpresa, Glaser, um sobrenome relativamente incomum na Holanda. Ele tinha visto meu nome quando eu marcara o encontro e estava curioso.

– Meu nome é René – disse ele.

– O mesmo de meu irmão – respondi, e assim quebrou-se o gelo.

Em vez de conversarmos sobre o propósito de nossa reunião, ele logo começou a fazer perguntas sobre nosso sobrenome. Exploramos possíveis ligações familiares, mesmo muito remotas, examinando uma lista de sobrinhos, sobrinhas e tias, mas nenhum dos nomes de que conseguimos nos lembrar sugeriu uma ligação. Ele não desistiu.

– Você é de Nijmegen? – perguntou.

– Eu não, mas a família de meu pai morava lá.

– Então temos de ser parentes – disse ele. – É de onde vem minha família.

Conversamos durante uma hora, não chegamos a tocar no propósito de minha visita e combinamos de nos encontrar de novo dentro de um mês. Nesse meio-tempo, ele prometeu que estudaria o projeto em detalhe.

Um mês depois, eu voltei a Bruxelas. René me recebeu calorosamente e não fez rodeios. Ele e o pai tinham examinado a família inteira em busca de uma ligação. Por acaso eu teria uma tia Rosie em Estocolmo?, perguntou. Sim, ela era o elo! Revelou-se que o pai dele e tia Rosie eram primos em primeiro grau.

– Isso significa que meu pai também é primo de seu pai – disse eu.

Meu pai nunca tinha mencionado um primo. Continuamos a falar a respeito da família e, depois que o horário agendado para nossa reunião terminou, saímos para almoçar.

Achei divertida a nossa descoberta. Afinal, éramos parentes, primos de segundo grau. Embora o parentesco fosse relativamente distante, era bom saber que existia. Mas René estava ainda mais entusiasmado. Para ele, era como se tivesse descoberto um irmão havia muito tempo perdido. Quase toda sua família fora massacrada durante a guerra: todas as tias e tios de seu pai (com exceção dos que moravam nas Índias Orientais Holandesas) e a maioria de seus filhos. Os pais de René tinham tido sorte. Durante a guerra, eles estavam lá, nas Índias Orientais Holandesas, onde os judeus não tinham sido perseguidos. Consequentemente, eu era o primeiro parente de sobrenome Glaser que havia conhecido. Ele estava encantado por ter encontrado um novo membro da família.

A disparidade entre nossas reações me deixava sem graça. Ria tinha um grande número de primos, talvez 100, mas só mantínhamos contato com alguns deles, e nenhum contato com os primos em segundo grau. Crescêramos nos anos 1960, quando amigos tinham adquirido precedência sobre a família. Parentes distantes realmente não me interessavam muito. Mas René era um sujeito decente, e eu podia compreender suas emoções calorosas, apesar de não senti-las. Talvez eu viesse a ter os mesmos sentimentos depois de algum tempo, refleti. Depois do almoço, voltei para a Holanda, com a bolsa para o meu projeto aprovada. Combinamos de nos manter em contato.

Meu encontro em Bruxelas continuou a me preocupar, não apenas por causa do primo em segundo grau que eu havia subitamente descoberto e que me considerava um membro próximo da família, mas também por conta de sua origem judaica. Lentamente começou a ficar claro para mim que a família que ele havia perdido também era a minha. Embora aquela pudesse ter sido uma realidade intangível para mim, deve ter sido diferente para meu pai. Afinal, estávamos falando de seus primos, sobrinhos e sobrinhas, tios e tias, pessoas que tinham nome, rosto e personalidade. Ele devia ter conhecido muitos deles, de reuniões de família e de Nijmegen, onde muitos tinham vivido. Meu pai tinha sido um dia campeão de xadrez da província de Brabant, e eu me lembrava de ele me contar que um primo o ensinara a jogar.

Quando me vi sozinho com meu pai algumas semanas depois, contei-lhe que eu sabia do segredo da família. Não houve sinal de surpresa nem de tristeza em seus olhos. Não consegui decifrar a expressão dele, perceber sua emoção. Ele apenas virou o rosto com indiferença e ficou olhando fixo para o espaço.

Mas eu estava decidido a não desistir. Mencionei o nome de algumas de suas sobrinhas, nomes que tinha ouvido pela primeira vez de meu primo em segundo grau, contei-lhe que elas não tinham sobrevivido, que quase a família inteira havia morrido.

– As coisas foram assim naquela época – foi tudo o que ele disse.

A conversa estava encerrada. Ficamos sentados lado a lado em silêncio e não havia nenhum sinal de agitação ou mal-estar, como com frequência acontece quando há silêncios numa conversa, não havia sinais de desejo de vingança ou de raiva, como se poderia esperar em resposta a uma revelação como aquela. Minutos que pareceram horas se passaram em silêncio, e ficamos sentados ali, quase relaxados. Estava muito claro que ele não queria falar sobre o assunto, que queria deixar o passado no passado. Mas, quando fiz um movimento para ir embora, ele me deu um conselho numa voz extremamente séria:

– As pessoas com certeza se mostrarão interessadas em nossos ancestrais judeus e nessa história terrível, mas não fale a respeito. Guarde para você. Se não guardar, mais cedo ou mais tarde elas usarão isso contra você.

Nos anos que se seguiram, por duas vezes tentei falar com meu pai sobre a história de nossa família, mas ele se manteve em silêncio. Seus lábios estavam cerrados para sempre.

Com frequência, eu recordava aquele encontro com meu primo afastado e o silêncio de meu pai. Era difícil enfiar em minha cabeça a ideia de que a maior parte de minha família tinha sido assassinada. E absorver o fato de que isto não tinha acontecido na Idade Média, numa terra distante, mas havia apenas uma geração, e naquelas mesmas cidades. Aquilo escapava a minha compreensão. Meu mundo era feito de bons cidadãos, respeitadores das leis. Um assassinato em minha comunidade teria sido manchete dos jornais. Se alguém houvesse matado meu avô ou minha avó, eu poderia lidar com isso: quem os matou? Por quê? Inveja? Dinheiro? Vingança? Mas uma família inteira, várias famílias ao mesmo tempo? Se eu me detivesse naquela atrocidade, acabaria enlouquecendo. O que poderia fazer? Procurar os homens que tinham feito aquilo? Levá-los à Justiça? Por quem eu procuraria? Eles estavam vivendo entre nós, dizendo que tinham combatido na Resistência.

Um amigo chamou minha atenção para um livro comemorativo sobre a guerra, publicado em Nijmegen, a cidade onde uma grande parte de minha família tinha suas raízes. O livro cobria os anos da guerra, disse-me ele, e mencionava o nome Glaser. Assim que o recebi, examinei seu conteúdo e descobri uma foto de alguns membros da família. Pela primeira vez em minha vida, vi seus rostos e li seus nomes: Sara, Miep, David, Esther, Harry e muitos mais, todos eles assassinados. Virei as páginas e descobri outra foto: três garotas, com idades variando de 14 a 17 anos, belas meninas de cabelos escuros, sorrindo para a câmera. O texto as identificava como as irmãs Glaser, e imediatamente me fizeram lembrar de minhas três filhas de cabelos escuros. Quanto mais eu olhava, mais similaridades eu via: o brilho no olhar, a postura, o sorriso. Talvez fosse apenas minha imaginação, mas, mesmo assim, parecia real. Fui atraído de volta para as três irmãs na foto inúmeras vezes. A sensação de algo abstrato começou a se dissolver.

"A história da família Glaser vivendo na clandestinidade é especialmente triste", dizia o livro.

O pai, David, era um comerciante de gado que havia decidido se esconder e passar a viver na clandestinidade em 1942. Ele pedira conselhos a um fazendeiro com quem tinha um bom relacionamento. O homem não pudera acolher a família pessoalmente. A fazenda dele

*Três irmãs (da esquerda para a direita): Sara, Frieda e Miep Glaser*

era muito pequena, ficava perto demais da estrada principal e recebia muitos visitantes. Mas o irmão dele, que tinha uma fazenda grande longe da cidade, estava disposto a recebê-los. No dia 17 de novembro de 1942, o dia da maior batida policial para recolhimento de judeus, a família passou à clandestinidade. Viviam praticamente confinados dentro de casa. Era perigoso demais permitir que as crianças brincassem do lado de fora, de modo que elas passavam grande parte do dia no celeiro. David ajudava no trabalho da fazenda. Apesar de a família estar em relativa segurança, de vez em quando eles tinham de fugir, quando havia perigo iminente de que a fazenda fosse revistada. Nessas ocasiões, andavam pela floresta durante horas, às vezes dias, até que o perigo passasse.

Toda semana, uma amiga vinha à fazenda visitar, e certo dia David perguntou-lhe se poderia comprar uma cadeira, para que a família pudesse se sentar junto da lareira. Ela comprou a cadeira em Nijmegen e mandou entregá-la ao fazendeiro, que se encarregou de fazê-la chegar a seu destino correto. Por acaso aconteceu de o cunhado da mulher, que tinha conhecimento de suas visitas semanais e da compra da cadeira, se meter numa encrenca com a polícia por algum motivo trivial, em junho de 1943. Por conta disso, ele e a esposa foram obrigados a assistir a uma parada de soldados alemães na cidade. O homem era instável e recebia tratamento psiquiátrico. O acontecimento o perturbou tanto que decidiu contar à polícia sobre a cadeira para recuperar as boas graças das autoridades. Não perderam tempo. Agentes do temido Departamento de Investigação ganhavam um prêmio adicional pela descoberta de clandestinos e foram despachados para o endereço onde a cadeira tinha sido entregue. Lá, no entanto, não encontraram ninguém. Seguiram então para a fazenda distante do irmão do fazendeiro e prenderam a família inteira. Eles foram deportados para Sobibor, via Westerbork, onde foram mortos nos fornos a gás no dia 2 de julho de 1943.

Alguns detalhes adicionais concluíam a triste história: os policiais responsáveis pela prisão receberam 60 florins como recompensa pela captura; a cadeira que havia desempenhado um papel tão crucial foi levada como troféu e colocada em exposição no escritório do chefe do Departamento de Investigação; o fazendeiro também foi preso, mas foi libertado em dezembro de 1943. Olhei de novo para a foto, e as três irmãs devolveram meu olhar. Eu me dei conta de que aquilo poderia ter acontecido conosco, com nossas três filhas. Era uma questão de sorte, mais nada. Tinha sido pura falta de sorte. Aconteceu de elas estarem vivas durante a guerra, e aquilo tinha sido o infortúnio delas. Não tinham feito nada de errado, mas, mesmo assim, foram perseguidas, caçadas, presas em uma batida feita por policiais holandeses – que tinham sido pagos por seu trabalho – e acabaram assassinadas num lugar distante e fora das vistas dos bons cidadãos na pátria. Se as irmãs pudessem de fato ter olhado para mim, teriam visto que eu estava chorando.

# ROSIE

## Traída e enganada

A manhã de quarta-feira, 6 de outubro de 1942, começou como qualquer outra. Era um belo dia de outono. Enquanto minha mãe ficava "em casa", pedalei até Hilversum, fiz umas compras e tomei um chá na varanda do Grand Hotel Gooiland, pensando e me preocupando com o que poderia ter acontecido com meu pai e o que Kees iria descobrir. Voltei para a residência dos Coljee por volta das cinco e meia.

Quando cheguei, havia um táxi estacionado na porta. Típico de Kees, pensei, não sabe viver sem um táxi. O motorista andava de um lado para outro diante da porta da frente da casa, provavelmente esperando pelo dinheiro da corrida. Então avistei um policial na cozinha, falando com o sr. e a sra. Coljee. Virei bruscamente, agarrei minha bicicleta e estava pronta para partir. O policial, no entanto, foi rápido demais para mim. Ele correu para fora de pistola em punho e gritou:

– Pare ou eu atiro!

Fugir estava fora de questão. Desci da bicicleta e caminhei em sua direção. Enquanto enfiava a pistola no coldre, ele disse:

– Estou prendendo a senhora em nome da lei. Sei quem é. É a srta. Rosa Glacér, fugitiva porque é judia e não foi para Westerbork. A senhora também está de posse de documentos de identidade em nome da srta. Cornelia Donkers. – Ele me ordenou que entrasse.

O policial era bem-educado e parecia ser um sujeito decente. Ele me informou que achava desagradável ter de fazer aquilo. Eu não precisava do consolo dele, mas, quando cheguei ao segundo andar e encontrei minha mãe em lágrimas com algumas coisas já postas dentro de uma maleta, minhas emoções me dominaram. Ofereci ao policial tudo que eu tinha e implorei a ele, em nome do que havia de mais sagrado, que me deixasse ir embora com minha mãe.

– Isto seria perigoso demais – respondeu ele. – Estou aqui em resposta a um telefonema da Polícia de Segurança de Amsterdã. Eles estavam muito bem informados, só pode ter sido uma traição.

Cada uma de nós teve permissão de levar uma mala de roupas. Sem que ele percebesse, eu consegui transferir quase 9 mil florins e algumas joias para o sr. Coljee. Tive de deixar ficar meu guarda-roupa inteiro e toda a roupa de minha mãe.

Subitamente me recordei da saga de Lohengrin. Uma vez revelado o nome dele, inicia-se a calamidade. Que tipo de apocalipse me esperava agora que minha identidade era conhecida?

O policial nos transportou de táxi até a delegacia de Naarden, onde os agentes foram simpáticos e nos ofereceram chá. Eles amaldiçoaram toda aquela situação, mas admitiram que estavam impotentes. Naquela noite, às sete e meia, Kees se apresentou na delegacia de polícia, para nossa grande surpresa.

– Kees – disse minha mãe –, você sabe o que nos trouxe aqui?

– Não, sra. Glacér. Vim assim que soube que tinham sido trazidas para a delegacia. Espero que as libertem brevemente. Fui a Heino ontem. Seu marido foi levado pela SS e conduzido a Westerbork. Segui para Westerbork, mas o trem só me levou até Hooghalen e tive de tomar um táxi para o resto do percurso. Tudo isto custou muito dinheiro, tenho certeza de que a senhora compreende. Levou muito tempo, mas, quando finalmente encontrei o campo, eles se recusaram a me deixar entrar. Perguntei por seu marido e me disseram que tinha sido embarcado em um trem naquela mesma noite. Imagino como tudo isto deve ser terrível para a senhora e Rosie. Quem dera houvesse alguma coisa que eu pudesse fazer.

Ainda atordoadas pela nossa prisão, não sabíamos muito bem como reagir às notícias de Kees. Ele não parecia demonstrar compaixão emocional por meu pai ou por nós. Será que podíamos confiar nele? Eu sabia que Kees era um oportunista. Estava sempre falando em dinheiro, e já mentira para mim várias vezes. Minhas dúvidas, no entanto, não mudavam a situação, de modo que encerrei a conversa. Agradeci a Kees por ter vindo, e ele partiu. Pouco depois a sra. Coljee chegou. Embora agora ela soubesse que a tínhamos enganado escondendo nossos verdadeiros nomes, continuava sendo gentil, e combinamos de nos manter em contato.

Os detetives interrogaram primeiro minha mãe e depois a mim. Durante meu interrogatório, perguntei a um deles como tinham nos encontrado. Ele sabia que eu provavelmente acharia difícil de acreditar, mas suspeitava de que havia apenas uma pessoa que tivesse aquilo na consciência, e esta pessoa era Kees.

– Sem as informações dele, a Polícia de Segurança jamais teria encontrado vocês. Não posso dizer mais nada.

Na manhã seguinte, eles nos levaram para uma prisão em Amsterdã, e, uma semana depois, fomos transferidas para Westerbork, o campo por onde meu pai supostamente teria passado. Éramos consideradas casos de "S" (*Strafe*, ou punição), porque havíamos nos recusado a obedecer a ordem inicial de nos apresentarmos ao campo voluntariamente. Disseram-me que poderíamos esperar ser mandadas imediatamente para a Polônia. Havia rumores de que lá eles faziam a pessoa trabalhar até morrer e podiam mesmo matá-la. De maneira geral, eu era capaz de me virar, mas para minha mãe isto era um desastre. Qualquer que fosse o caso, eu tinha de garantir que podíamos ficar em Westerbork. Precisava chamar a atenção, me tornar útil, sobressair. As histórias que ouvimos de judeus que tinham fugido da Alemanha antes da guerra não deixavam muito lugar para a imaginação.

Quando chegamos a Westerbork, ninguém podia fazer nada por nós. Éramos caso de "S" e só a Polícia de Segurança podia mudar isso. A situação parecia desesperadora, mas consegui atrair a atenção do líder do alojamento, um imigrante russo. Ele gostou de mim e, em meio a toda aquela desgraça, fiz uma demonstração de sapateado. Ele me deu um trabalho de enfermeira. Assegurei que minha mãe fosse admitida no hospital, tornando-a "inadequada" para transporte. Deste modo, eles se "esqueceram" de nos embarcar no trem no dia seguinte, quando todas as outras pessoas foram mandadas para a Polônia. Fiquei aliviada, mas por quanto tempo?, perguntei a mim mesma. Tinha de continuar tramando.

Alguns dias depois de nossa chegada, algo de extraordinário aconteceu. Carregando uma mochila e empurrando com dificuldade um carrinho de mão em meio à lama, de repente avistei meu pai, parado no meio de uma aglomeração de gente. Ficamos radiantes e nos abraçamos por vários minutos. Kees nos dissera que meu pai já havia sido enviado para a Polônia, uma contradição que lampejou por um instante em minha mente, mas logo foi descartada pela alegria de voltar a vê-lo.

Arranjei para ele um trabalho na cozinha. Ele não estava registrado como um caso de "S" e, assim, não tinha de ser embarcado no primeiro trem para a Polônia, mas um trabalho talvez pudesse tornar mais longa sua estada. Além disso, havia comida para comer na cozinha.

Agora que podíamos ficar, ainda que temporariamente, logo estabeleci contatos fora do campo e escrevi algumas pequenas cartas para a sra. Coljee. Contei a ela como as coisas estavam correndo e assinei as cartas invariavelmente como "Lya", uma vez que este era o nome pelo qual ela me conhecia. A sra. Coljee sempre respondia. Minhas primeiras cartas foram breves:

> Escrevi várias cartas para Kees, mas não obtive uma palavra dele. Isto não é muito gentil. Por acaso ele está mal com todo mundo outra vez?

> Por aqui, passamos o dia todo quase desmaiando de fome. Nosso cardápio consiste de seis fatias de pão seco, uma xícara de café sem açúcar nem leite, e então, à tarde, um pouco de um ensopado medonho.

> Creio que vou ficar aqui por enquanto. O lugar é uma confusão imunda. Trabalho três dias por semana como enfermeira e quatro como datilógrafa. É trabalho pesado e não ganho nada além da comida.

> A senhora sabe quem nos traiu? Rezo muito, especialmente por Kees. Espero que ele durma tão bem quanto eu.

A sra. Coljee não era meu único contato com o mundo exterior. A despeito da censura e das limitações que nos eram impostas, consegui me comunicar com amigos e alunos de minha escola. Também consegui ter uma assinatura do *De Telegraaf*, que chegava todos os dias pelo correio.

Depois que tudo estava acertado em termos de nossa permanência ali, me vi com algum tempo e decidi escrever uma carta mais longa para a sra. Coljee. Usando a máquina de escrever do escritório, expliquei as coisas pelas quais tinha passado durante o período turbulento após ser traída e como havia conseguido melhorar minha situação e a de meus pais não muito tempo depois de chegar ao campo:

Westerbork, 27 de outubro de 1942.

Caros sr. e sra. Cojee,

Esta manhã, recebi seu telegrama e soube que também nos enviaram mais dois pacotes, pelos quais sou muitíssimo grata. O pacote de minha mãe está conosco. Ela estava doente quando chegou e não se encontrava em casa. Ainda não recebi meu pacote. Normalmente tenho de ir retirá-los pessoalmente, mas meu pai vai cuidar disso esta tarde. Enquanto isso, os senhores devem estar pensando: Lya não é uma pessoa muito boa, nos enganou e nos fez de tolos daquela maneira. Mas nada poderia estar mais longe da verdade; era uma questão de sobrevivência.

Contei à senhora que tínhamos fugido porque meu pai tinha sido feito refém. A verdade é que meu pai estava no campo de trabalhos forçados de Heino. Escondemos isto da senhora porque éramos desconhecidas e consideramos isto nossa única saída. O sr. Van Meteren sabia de tudo, mas ele me devia um favor e prometeu manter o segredo. Como eles conseguiram nos encontrar, permanece para mim um mistério completo e absoluto.

Por favor, aceite também minhas desculpas pelo fato de os senhores terem tido tão poucas notícias minhas desde que partimos, apenas duas breves mensagens. Mas permitam-me compensar isto com uma carta mais longa, descrevendo o que aconteceu depois de nossa prisão.

No dia em que nos levaram embora, eles nos conduziram à delegacia de polícia de Naarden, onde fomos tratadas com a mais absoluta gentileza. Mas uma delegacia de polícia não é um hotel, e minha mãe e eu tivemos de dormir no chão naquela noite, numa pilha de cortinas velhas, com nossos casacões e um par de jaquetas de couro gentilmente cedidas pelos policiais como cobertores. Naquela mesma noite, o sr. Van Meteren apareceu como se saído do nada. Até aquele momento, nós – inclusive os policiais – tínhamos presumido que fora ele quem nos havia traído, mas, quando falamos com ele, ficamos completamente convencidas da sua inocência. Mas agora, quando penso no assunto, não tenho tanta certeza. A questão ainda está em aberto, e custe o que custar, esclarecerei os detalhes. Estou determinada a descobrir quem nos deu este golpe sujo.

Depois que a senhora nos trouxe pão na manhã seguinte, os policiais nos ofereceram chá e pão com lascas de chocolate de um hotel em Naarden (esqueci o nome). Por volta das 11 horas, um inspetor e o mesmo policial que nos prendeu naquela tarde nos levaram para Amsterdã em um carro de luxo. Chegamos ao meio-dia, sob uma chuva torrencial. Imediatamente fomos levadas para o quartel-general da Polícia de Segurança, onde nos interrogaram. Neste caso, pouparei a senhora dos detalhes sórdidos do episódio!

Então fomos levadas para a prisão e entregues à polícia alemã. De maneira nada surpreendente, tivemos de entregar todos os nossos objetos de valor, bem como nossas malas, e só nos permitiram conservar o que era absolutamente necessário, como artigos de toalete. Para nossa grande surpresa, fomos empurradas para uma lavanderia, a 10ª e 11ª de uma fila, só de senhoras de famílias abastadas que tinham feito exatamente o mesmo que nós.

Foi um horror. Dormíamos em sacas de palha no chão e tínhamos de ir ao toalete em uma pequena barrica em um canto do aposento, que fedia terrivelmente o dia inteiro. Tínhamos de nos levantar às sete da manhã e ir para a cama às nove. A cada dia, sob estrita supervisão, nos permitiam passar 20 minutos ao ar fresco numa cela chamada de "cela do ar", com barras no teto. Eles nos mantiveram lá de quinta-feira, 8 de outubro, a segunda-feira, dia 12. A senhora provavelmente recebeu um pedido para me enviar pijamas para lá. No entanto, eles não foram mais necessários, porque nos acordaram às seis da manhã no dia 13 de outubro! E nos enfiaram em um trem para Westerbork.

Primeiro entramos numa fila com cerca de 200 outras vítimas, todas sofisticadas e muito simpáticas, com idades variando de três meses a 85 anos. Então eles devolveram nossa bagagem e nosso dinheiro! Quando examinei minha mala, reparei que os seguintes objetos haviam desaparecido: meu suéter branco de inverno, minha bolsa de água quente e duas bonitas lanternas. Onde estas coisas foram parar é um mistério.

Então fomos levadas em camionetes da polícia para a praça Adama van Scheltema, onde o Conselho Judaico de Amsterdã tem seu escritório. Foi a oportunidade de enviar um sinal de vida por intermédio do Conselho Judaico para a senhora, Elisabeth e Kees. Eles nos deram pão, café, salsichas e até cigarros. Depois de tudo que tínhamos passado, foram tão extraordinariamente gentis conosco que nunca esquecerei enquanto viver.

À tarde, nos disseram para recolher nossa bagagem e fomos levadas em bondes especiais através das ruas de Amsterdã, passando diante de tudo que eu amava tanto e que acharei tão difícil de esquecer, até a estação central, onde o trem para Westerbork nos esperava. O trem partiu às 13:24. Tantas vezes eu pegara aquele mesmo trem para Naarden. Imagine meus sentimentos quando o trem passou por Naarden e nutri uma esperança secreta de poder ver a senhora ou o sr. Van Meteren. Consegui dar uma boa olhada para o interior do restaurante Ritte, mas isto foi tudo o que vi.

Na estação de Hilversum, avistei um dos irmãos Serban. Serban é maestro da Orquestra Húngara no Grand Hotel Gooiland, em Hilversum. O rapaz pareceu ficar extremamente surpreendido e presumo que tenha contado a Kees que me viu.

Chegamos por volta das oito horas numa esplêndida noite enluarada e fomos levadas pela SS para uma caminhada de uma hora e meia até o campo de Westerbork. Pouparei a senhora dos detalhes aqui também.

Depois que fomos registradas e tomamos uma caneca de leite quente, uma policial militar nos acompanhou até nosso alojamento como se fôssemos grandes criminosas. Já mencionei o alojamento 83 numa carta anterior. Estava escuro como breu e havia 200 camas-beliche, cada uma com três leitos, sem colchões, travesseiros ou cobertores, e era ali que esperavam que dormíssemos. Homens e mulheres, crianças e inválidos, bonitos e feios, jovens e velhos, todos misturados, e nunca vi tamanha imundície em toda minha vida.

Embora não fosse permitido, trabalhei naquela noite como *Baracken-sanitäterin* [Socorrista do Alojamento] (tudo aqui é em alemão). Na manhã seguinte, nenhum de nós teve permissão para sair. Ficamos trancados ali e tivemos de passar o dia inteiro fechados. Contudo, como eu tinha me mostrado tão útil, o *Barackenleiter* [Líder do Alojamento] me deu um bilhete pedindo ao médico que preparasse um kit de primeiros socorros, e aquilo me deu a oportunidade de sair.

Ele também me encarregou de manter um olho vigilante nas pessoas doentes em meu alojamento, para ajudá-los a cuidar delas. Fiz um grande número de novos amigos e travei novos conhecimentos naquela ocasião e também encontrei vários amigos e conhecidos de Nijmegen, Den Bosch e Amsterdã. Foi maravilhoso. Mas depois de algumas breves semanas as mesmas pessoas, ou a maioria delas pelo menos, havia decaído seriamente.

Meu primeiro pensamento foi: eles não vão me apanhar!

Grande número de pessoas é transportado para fora do campo duas vezes por semana e é realmente terrível. Estamos todos aterrorizados de sermos selecionados, e nunca se sabe com antecedência. É a coisa mais terrível que se possa imaginar. A tortura que as pessoas são obrigadas a suportar, especialmente a tortura mental, fica além de qualquer descrição. Nesse meio-tempo, minha mãe ficou doente e está sofrendo de fortes cólicas intestinais. Eu a levei para o Alojamento 70, o hospital de emergência. Ela ainda está lá.

É difícil imaginar um lugar mais imundo. Homens, mulheres e crianças, todos juntos sob o mesmo teto, todos doentes, e obrigados a comer e ir ao toalete no mesmo espaço. Não preciso lhe dizer que minha mãe está piorando a cada dia.

Depois de estar ali havia três dias e para meu total e absoluto espanto, vi meu pai. O homem quase desmaiou, como a senhora pode imaginar. Só agora, é claro, compreendo que a senhora tenha recebido cartas dele pedindo-lhe para informá-lo de como estávamos passando. Meu pai estava vivendo no Alojamento 65 na ocasião.

Deveria contar à senhora o que aconteceu quando recebemos seus pacotes. Minha mãe e eu retiramos os nossos pacotes do correio, e o embrulho com as provisões acabou com meu pai. Ele, por sua vez, presumiu que tivéssemos recebido encomendas semelhantes.

Nosso regime alimentar é o seguinte: de manhã, uma caneca de café ruim sem açúcar nem leite; ao meio-dia, um prato de sopa grossa ou ensopado aguado; à noite, seis fatias de pão com manteiga derretida e mais uma caneca de substituto de café. Assim, a senhora pode imaginar como precisávamos terrivelmente de mais comida. Na verdade, a princípio, não me importei, porque eles me disseram que eu não teria permissão para ficar neste campo como punição por não ter me apresentado voluntariamente para ir a Westerbork. Em vez disso, a polícia teve de me prender. Esperava ser embarcada no próximo trem para o leste. Mas continuo trabalhando para tentar ficar melhor.

Poderia parecer impossível, mas consegui arranjar um trabalho fantástico. Tornei-me a secretária particular do *Polizei-angestellte*, o oficial de mais alta patente do *Sicherheitsdienst* [Serviço de Segurança] em Amsterdã. Ele é um rapaz muito simpático e trabalhamos juntos o dia inteiro. As outras internas morrem de ciúmes; contudo, apesar disso, elas educadamente correm atrás de mim o dia inteiro com mil e um pedidos. Imagine, eu me sento atrás de uma escrivaninha com um rapaz realmente muito bonzinho diante de mim usando uma grande suástica. E ele é bastante gentil comigo.

Como consequência de meu trabalho, tenho permissão para ficar aqui permanentemente e também posso manter meu pai e minha mãe aqui. É mais do que um sonho. Tive de me beliscar algumas vezes nos últimos três dias para me convencer de que é verdade. Assim, vou ficar na Holanda, e isto me permite me manter em contato com o mundo exterior.

Oficialmente, só tenho permissão para escrever uma vez por semana e estou limitada a um cartão-postal. Mas esta carta não vai passar pelos censores, de modo que espero que chegue às suas mãos. A senhora pode me escrever sempre que quiser. Suas cartas não serão examinadas. Responda-me logo. Estou incrivelmente ansiosa para ter notícias da senhora.

Agora que estou aqui, me ofereceram a oportunidade de tirar alguns dias de folga brevemente. Planejo fazer uma viagem especial a Naarden para contar à senhora as coisas por que passei desde que nos vimos pela última vez. Sabe, há apenas uma coisa que não compreendo: o sr. Van Meteren nunca me escreveu. Será que ele está na cadeia? Talvez esteja zangado conosco, ou será que existe alguma outra razão? Espero nunca ter de pensar em algo assim.

Por ora, queridos sr. e sra. Coljee, recebam as saudações calorosas de minha mãe. Deem nossas lembranças a todos os que conhecemos e de quem passamos a gostar no breve período em que estivemos com os senhores. Embora não tenham conhecido meu pai, ele também manda saudações.

Se quiserem vir me visitar, poderemos acertar isto na ocasião, agora que não tenho mais de me preocupar com a possibilidade de ser mandada embora daqui. Portanto, escrevam-me logo.

Com todo meu amor, um beijo muito carinhoso para ambos.

Afetuosamente, Lya.

Rosie Glaser, Alojamento 63, Lower Westerbork.
Endereço: Hooghalen East, Drenthe
Minha mãe tem o mesmo endereço: Sra. J. Glaser-Philips

Dois dias depois de enviar minha carta, recebi uma resposta de Magda Coljee. O correio parecia ainda estar funcionando como devia. Ela decidira responder imediatamente e me contar tudo a respeito de Kees e seu comportamento extraordinário.

Naarden, 28 de outubro de 1942

Querida Lya,

Cerca de meia hora depois de sua prisão, Kees voltou para casa. A primeira coisa que ele me disse foi: "Cheguei tarde demais?" ou algo neste sentido. Dissemos a ele que vocês tinham sido presas pela polícia. Ele foi imediatamente para a delegacia de polícia. Quando voltou, Kees disse que a polícia lhe falara que eu dissera à polícia que ele havia traído as senhoras Glacér. Além disso, ele disse que não tinha estado em Amsterdã no domingo, e sim em Hooghalen, nas vizinhanças do campo de Westerbork. Kees insistiu que déssemos a ele o cofre com o dinheiro que você havia deixado. No dia seguinte, ele quis vender os objetos que vocês não levaram. Não deixamos e ficamos com tudo. Ele nos disse que tinha uma procuração sua para administrar seu dinheiro e seus bens. Também afirmou que tivera despesas, entre outras coisas com a viagem para Hooghalen e com um par de maletas com roupas de baixo que havia entregado no campo. Ele nos mostrou uma folha de papel com a sua autorização, assinada Rosie Glacér. Também ignoramos isto. Então ele ameaçou ir à Sicherheitsdienst se não lhe entregássemos tudo. Pedi a ele que me desse algum tempo para pensar no assunto. No dia seguinte, eu disse a ele para fazer o que quisesse. Assim que possível, você poderia me dizer se devemos conservar seu dinheiro e pertences ou entregá-los a Kees?

Afetuosamente,

Magda Coljee

Também recebi uma carta de Henk Coljee, que ele parecia ter escrito sem o conhecimento da esposa:

Naarden, 29 de outubro de 1942

Cara Lya,

Minha esposa está visitando a família por alguns dias e aproveito esta oportunidade para lhe escrever a respeito de uma coisa que tem me preocupado.

No dia 24 de outubro, enviamos duas encomendas com provisões. Uma para você, outra para sua mãe. Vocês as receberam? Você permitiu que seu pai e sua mãe lessem minha carta? Estou lhe devolvendo seu cartão para Kees (anexo). Ele ainda está conosco e de vez em quando dorme aqui.

Permita-me ir direto ao ponto. Minha mulher fez a viagem até Westerbork e entregou as encomendas no portão do campo. Logo, elas não são de Kees, como você inicialmente pensou. Você agradeceu a ele em seu cartão, mas sem motivo. Ela, e não Kees, também enviou o telegrama. Ela faz tudo o que pode para você e sua mãe. Mas tenho de lhe dizer que ela só poderá continuar a fazê-lo sob a condição de Kees não ter nenhum conhecimento a respeito do assunto, absolutamente nenhum. É urgentíssimo que você tenha isto em mente. Ele não sabe que minha esposa esteve em Westerbork e que ainda mantemos contato.

O motivo para toda esta urgência é que Kees tem estado metido em sérias encrencas ultimamente. Num minuto ele é gentil e no seguinte, está fazendo ameaças. É a mesma coisa todos os dias. Ele está decidido a se apropriar das suas coisas. Dissemos a ele que você tinha embrulhado tudo e mandado entregar na casa de uma amiga. Ele revirou a casa, mas não encontrou nada. Agora ele pensa que tudo foi enviado para algum outro lugar antes que vocês partissem. Ele descobriu onde estavam os alto-falantes da escola de dança, que você anteriormente tinha levado para um amigo. Ele descobriu onde o homem morava, foi até lá e disse que você tinha lhe pedido para cuidar daquilo. Seu amigo entregou-lhe o equipamento, e Kees vendeu-o por 150 florins. De acordo com as estimativas, eles valiam cerca de 700 florins.

Querida srta. Lya, por favor, não fique zangada comigo por escrever esta carta.

Saudações muito calorosas, especialmente para seu pai e sua mãe.

Henk Coljee

Respondi imediatamente às duas cartas. Era vital. Sem dinheiro, não haveria pacotes de provisões. Sem minhas coisas, não haveria roupas de centes. Corri para a máquina de escrever e datilografei a seguinte carta para ser enviada pela manhã:

Westerbork, 30 de outubro de 1942

Caros sr. e sra. Coljee,

Só consegui lhes enviar uma carta ontem graças à gentil mediação de um indivíduo muito bem informado. Há uma semana, não temos tido permissão para enviar correspondência daqui. Agora me apresso em responder imediatamente às cartas que recebi do senhor e de sua esposa. Embora esteja agradecida por tê-las recebido, também fiquei entristecida, porque o que eu temia se revelou ser verdade.

    Neste meio-tempo, minha mãe se recuperou e não está mais na enfermaria. Por outro lado, apareci com um gigantesco furúnculo na testa alguns dias atrás, metade debaixo do cabelo, que resultou numa espécie de infecção. Meu rosto ficou tremendamente inchado e minha temperatura chegou a 39,4. Estou me sentindo um pouco melhor agora e tenho trabalhado algumas horas por dia. Não posso ficar sem fazer nada e também não quero. A febre já quase passou e meu rosto está menos inchado. Mas ainda estou usando uma bandagem idiota ao redor da cabeça que parece um turbante.

Fico muito satisfeita que não tenham tido nenhum problema por nossa causa e estou certa de que não terão de enfrentar nada semelhante. Primeiro, porque vocês desconheciam a verdade, e segundo porque, como secretária particular do *Sicherheitspolizei* em Westerbork, pude imediatamente tomar providências para que o sr. Van Meteren seja preso nos próximos dias. É quase certo que ele será transferido para o campo de concentração de Amersfoort.

Apesar de eu ser uma prisioneira aqui, ainda me orgulho do fato de continuar honesta e de ter me comportado com honestidade, e de que pessoas como o sr. Van Meteren receberão o justo castigo por se aproveitarem de nossa situação para cometer abusos. Uma coisa é certa: embora eu não tenha conseguido e até tenha relutado em acreditar, vocês e minha mãe, desde o início, se não estou enganada, estavam convencidos de que havia algo errado.

No dia em que descobrimos que meu pai estava em Westerbork, o sr. Van Meteren recebeu 375 florins de minha mãe: 300 deveriam ser entregues ao meu pai; 73 seriam para cobrir as despesas dele de viagem e acomodação. Quando o sr. Van Meteren voltou, na quarta-feira à noite, já estávamos nas mãos da polícia, e nós duas sabíamos muito bem que dinheiro não nos ajudaria. Ele nos disse lá, em meio a toda a nossa angústia e sofrimento, que meu pai já estava em trânsito para a Polônia. Mais nada foi dito a respeito do dinheiro. Eu achava que ele poderia usar o dinheiro para nos mandar provisões e assim por diante se eu estivesse fora, de modo que decidi deixá-lo ficar com ele. Na ocasião, não tínhamos nenhuma ideia do que iria acontecer conosco. Então, toda aquela conversa sobre usar o dinheiro dele é absurda e invencionice descarada. Já entreguei o caso à *Sicherheitspolizei*, para quem eu trabalho dia e noite. Estou decidida a satisfazer minha vontade e ver este pilantra punido, e seriamente punido. Ele jamais gastou um centavo em meu benefício, mas minha mãe e eu agora registramos uma queixa contra ele pela apropriação de mais de 1.000 florins, que ele muito provavelmente gastou com mulheres de má reputação. Nunca, em momento algum, dei ao sr. Van Meteren uma procuração para dispor de nossos bens, e as afirmações dele neste sentido são pura mentira. Nunca, nunca, e mais uma vez repito, nunca deem a ele nada que me pertença ou à minha mãe. Fazer isso seria um crime. Confiamos em vocês para cuidar disso e em mais ninguém. Sua resposta aos pedidos dele foi perfeita, mas, por favor, não pensem sequer por um minuto que algo que seja meu, não importa de quão ínfimo valor, pertença a ele. Se vocês cederem aos pedidos dele, eu seria obrigada a avisar a polícia, apesar das dificuldades que isto traria.

Quando se trata do quartel-general da SS em Amsterdã, ele deveria tomar cuidado. Isto não é uma ameaça, mas, se ele não for cauteloso, vai conhecer o local por dentro muito brevemente, isto se já não estiver lá. Ele é procurado por intimidação e fraude. Poderia ser pior, mas todos nós parecemos concordar que esta era a única maneira de proceder.

Permitam-me repetir: nem eu, nem minha mãe, nem meu pai temos de ir para a Polônia e vamos ficar aqui. Assim, podemos nos manter em contato regular de Westerbork, e isto significa muito.

Meu confessor em Vught me enviou um lindo livro de orações e uma carta extremamente gentil. Tenho fé absoluta no futuro, rezo bastante e estou absolutamente convencida de que sairei daqui, voltarei para meu trabalho e verei todos vocês de novo, exatamente como os deixei. Com exceção do sr. Van Meteren. Embora não espere vê-lo de novo, não o incluo mais entre as pessoas que um dia conheci, quanto mais amei. Seria melhor não enviar mais mensagens ao sr. Van Meteren. Por favor, não se esqueçam: não devem entregar-lhe nada, caso contrário o envolvimento da polícia será inevitável e imediato. Esta não é uma ameaça vazia, e sim algo que posso confirmar totalmente por meio de minhas atividades aqui. O sr. Van Meteren não está de posse de nada meu, exceto por uma série de fotos particulares e algumas molduras. Insisto em recebê-las de volta. Ele as guardava no armário da esquerda de sua escrivaninha no andar térreo. Será que poderiam, por favor, enviá-las de volta para mim?

Recebemos as duas últimas encomendas, pelas quais estamos imensamente gratos. Por favor, embalem tudo separadamente e muito bem embalado. Tem chovido tanto ultimamente, e tudo tende a acabar se misturando. Temo que, se ficar úmido, não poderá mais ser usado.

Não vi o sr. Van Meteren nem falei com ele em Amsterdã. Esta é mais uma de suas infames mentiras. Não preciso dizer, portanto, que não lhe dei nenhuma procuração. É pura fantasia! Por favor, não acreditem nele. Ele nunca esteve em Amsterdã e nunca esteve em Westerbork. Escrevi à srta. Elisabeth para avisá-la, mas ainda não recebi nenhum sinal de vida dela.

E lhe advirto, sra. Coljee, se ousar entregar qualquer coisa de minha propriedade a ele, darei parte à polícia e estou falando sério. Estou muito grata por tudo o que a senhora tem feito e ainda está fazendo para cuidar de nós. Mas, uma vez que minha mãe e eu já fomos vítimas das vigarices escandalosas dele, tenho certeza de que compreenderá minhas ameaças e minha garantia de que eu as cumprirei, de modo a impedir que vocês também sejam vítimas deste sujeito mau-caráter. Mais uma vez, por favor, deixem as minhas coisas, inclusive meu casaco de pele etc., onde estão. Se eu precisar de algo, escreverei para vocês. O sr. Van Meteren nunca esteve em Westerbork e nunca entregou mala nenhuma. Estou aqui e vou ficar aqui. Vocês precisam de prova mais plausível e tangível do que esta?

Uma visita está mais ou menos fora de questão no momento, uma vez que não terão permissão para entrar no campo, e eu não tenho permissão para sair. Dentro de algum tempo, quando tudo se acomodar, poderei conversar sobre o assunto com meu chefe. As chances de que voltaremos a nos ver de novo em algum lugar são muito boas. Meu chefe é excepcionalmente gentil e está tremendamente aborrecido com toda esta situação.

Permita-me concluir, sra. Coljee, desejando à senhora e a seu marido muito amor. Meus pais também enviam suas saudações e espero ter notícias suas brevemente, se possível com uma encomenda. Se estiver mandando roupas, por favor, embale separadamente de quaisquer mantimentos e use caixas resistentes. Tudo aqui é aberto, e o tempo úmido pode causar grandes estragos.

Sua Lya.

Rosie

Minha carta acertou o alvo. A sra. Coljee não entregou nada a Kees, absolutamente nada. Em uma das cartas que recebi, ela confirmava que Kees havia nos traído e que tinha recebido a recompensa de 500 florins pela traição de cada uma de nós. A polícia de Naarden já tinha me falado sobre a traição dele.

A sra. Coljee usou o dinheiro que tínhamos deixado com ela para enviar um pacote de provisões "encomendadas" toda semana. Se eu pedisse, ela também enviava outras coisas que havíamos deixado aos seus cuidados, tais como roupas, roupas de baixo, meias e um suéter. Ela também podia enviar dinheiro por ordem postal, o que me permitia cuidar de toda sorte de coisas no campo.

> Westerbork, den 30 Oktober 1942.
>
> Lieve Mevrouw en Mijnheer Coljé-
>
> Eerst gisteren liet ik U door vriendelijke bemiddeling van zeer bevoegde zijde een brief posten, daar hier momenteel deze mogelijk sinds een week niet bestaat.
> Ik haast mij dan ook U thans direct een antwoord te geven op de 3 brieven, welke ik van U en Uw vrouw tegelijkertijd ontving, waar ik eenerzijds zeer dankbaar voor was, maar anderszijds, erg bedroefd, omdat ik dat wat ik vreesde nu toch bewaarheid is geworden.
> Mijn moeder is intusschen hersteld en weer uit de ziekenbarak uit, en nu heb ik sinds eenige dagen een heele groote steen puist voor mijn voorhoofd, half in mijn haren, waarbij ik een soort infectie heb gekregen, en nu een paar dagen een heel gezwollen gezicht heb gehad met 39, 4 koorts. Momenteel ben ik weer wat beter, en werk thans weer enkele uurtjes per dag, omdat ik niet heelemaal stil kan en wil zitten.
> De koorts is practisch voorbij, en m'n gezicht minder gezwollen, alleen heb ik een dwaas verband om mijn hoofd, dat aan een tulband doet denken.
> Ik ben heel erg blij, dat U geen narigheden hebt gekregen en durf U wel haast/de verzekering te geven, dat U ook geen narigheden krijgt; ten eerste omdat U het werkelijk niet geweten hebt, en ten tweede, omdat ik het momenteel ten allen tijde in mijn macht heb, door mijn werkzaamheden hier als privé-Secretaresse van de Sicherheits-polizei in Westerbork, dat ik na het lezen van Uw brief direct ervoor heb kunnen zorgen, dat de Heer van Meteren, één dezer dagen gearresteerd zal worden en zoo goed als zeker naar het concentratie-kamp te Amersfoort zal worden overgebracht.
> Trotê mijn gevangen zijn hier, voel ik mij gelukkig, omdat ik weet, dat ik eerlijk ben en eerlijk gehandeld heb, en dat het zeer zeker gewroken zal worden, zooals een persoon als de heer van Meteren van onze zwakke situatie heeft misbruik weten te maken.
> Eén ding is zeker, ik heb het niet willen en kunnen gelooven maar U en mijn moeder, waren er geloof ik al vanaf het eerste moment van overtuigd, dat er iets niet in orde was.
> Mijnheer van Meteren heeft op den dag, dat het ons bekend was, dat vader in Westerbork was, van mijn moeder fl. 375,-- gekregen, om daarvan fl. 300,-- aan mijn vader ter hand te stellen, en om fl. 75,--, te gebruiken voor reis en verblijf kosten.
> Toen de heer v.M. terug kwam op Woensdagavond zaten wij reeds op het politie-bureau, en begrepen wij beiden best, dat wij aan geld niets hadden.
> Hij vertelde ons daar in àl de ellende en narigheid ook nog, dàt vader reeds op transport was naar Polen en over het geld werd heelemaal niet meer gesproken; Mijn gedachte was, als ik weg ben kan hij er mij misschien levensmiddelen enz. voor sturen, dus laa het hem maar behouden.
> Wij wisten toch immers zelf ook niet wat er van ons zou worden.
> Dus dat geld uit eigen zak is onzin en niets als grove fantasie.
> Ik heb reeds alles aan de Sicherheits-Polizei, waar ik zelf dag en nacht bij werk in handen gegeven, en zal en wil ik mijn doel bereiken, dat deze groote deugniet gestraft wordt en niet gering ook.
> Hij heeft voor mij nog nooit een cent uitgegeven, alleen moeder en ik hebben momenteel een vordering van ruim fl. 1000.-- op hem, welke hij er zeer waarschijnlijk met allerlei meisjes

Depois de algumas semanas, a censura se intensificou. Todas as cartas eram abertas e examinadas. Mais regras foram impostas. Na qualidade de prisioneiros, tínhamos permissão para escrever um número limitado de linhas duas vezes por semana, e em certos momentos escrever era completamente proibido. Uma vez que a comida no campo era ruim, muitas das cartas eram a respeito de provisões, sobre pedidos feitos e se haviam chegado intactos ou não. Esta correspondência era examinada pelo censor, e isto não era um problema, mas o que me aborreceu foi o fato de que a polícia disse a algumas de minhas amigas para pararem de me enviar cartas. Eles as importunavam e lhes diziam que, se quisessem ficar em contato comigo, podiam arranjar um lugar para elas também no campo. Quase todas tinham parado de escrever.

Depois de cumprir meus deveres diários, eu me dedicava a conhecer as pessoas e a descobrir o que podia organizar em meu novo mundo. Sempre achei fácil falar com homens, e alguns não perdiam tempo em dar em cima de mim. Certo dia, fui apresentada ao pianista austro-húngaro Erich Ziegler, que por sua vez me apresentou ao clube de artistas residentes que ele havia ajudado a organizar. Depois de uma semana, fizemos apresentações em todos os alojamentos, com uma variedade de canções e esquetes cômicos. Eu cantei, representei e dancei. Fomos um enorme sucesso.

Também me mantinha ocupada conversando com os alemães – era fácil para mim, uma vez que eu falava a língua fluentemente. Todas as outras pessoas eram submissas ou se mantinham fora do caminho deles, enquanto eu de fato gostava de conversar e de escutar histórias sobre seus lares. Reagia a eles da mesma maneira que tinha reagido a meus colegas de turma em Kleef. Tinham mais ou menos a mesma idade que eu. A maioria deles simplesmente progredira da Juventude Hitlerista para a Wehrmacht ou a SS, sem pensar muito no assunto. Falavam sobre suas preocupações cotidianas, um irmão na frente de combate na Rússia, uma mãe doente no Ruhr, sobre estarem com saudades de casa, sentindo falta das esposas e filhos.

Rapidamente encontrei meu caminho e não demorou muito conheci um jovem oficial da SS, um holandês chamado Jorg de Haan. Do escritório onde eu trabalhava – o *Schreibstube* –, esperava-se que eu lhe levasse listas detalhadas dos prisioneiros que deveriam ser transportados de trem para a Polônia. Ele era bem-apessoado, alto, com um belo uniforme, uma atitude descontraída e olhos azul-claros. Quando percebeu que eu falava alemão fluentemente, me convidou para ir tomar uma xícara de café em seu quarto. A conversa pareceu breve na ocasião, mas depois me dei conta de que tínhamos passado uma hora inteira juntos. Não falamos a respeito das listas, em vez disso falamos sobre nós mesmos e de onde vínhamos. Contei a ele sobre minha carreira na dança e sobre Kleef. Ele falou sobre os dois filhos e suas aventuras no *Sicherheisdienst*. Quando eu estava de saída, nos entreolhamos, sorrindo.

Nos dias que se seguiram, tivemos encontros similares. Ele era atraente, gentil e apresentava uma expressão séria, porém otimista. Às vezes, eu o apanhava me olhando fixamente e, quando me virava para olhá-lo, ele ria. Pensando no futuro, fiz o mesmo. Precisava agarrar todas as oportunidades que me fossem dadas. Tivera sorte de não ter sido enviada imediatamente para a Polônia, mas minha situação ainda era arriscada. Ele era um homem importante, responsável no campo pela *jüdische Auswanderung*, ou emigração dos judeus. Era função dele decidir o que acontecia com os prisioneiros, que tipo de trabalho lhes seria dado, se deveriam ser transportados ou isentados.

Depois de uma semana, ele pediu que eu entrasse e me disse que, a partir da semana seguinte, eu me tornaria a secretária dele e que mandaria trazer uma escrivaninha para eu ficar em seu enorme escritório. Com isso, nós nos víamos todos os dias, e como não havia muito o que fazer no campo à noite, continuávamos indo para a casa dele. Assim nos tornamos amantes em um mundo estranho e excepcional. Ele era meigo e gentil comigo, e eu estava certa de que ele realmente tinha se apaixonado, pelo menos um pouquinho. Não apenas íamos para a cama juntos; também conversávamos sobre nossos sentimentos, nossas preocupações e nossos planos para o futuro. Contei-lhe que tinha sido casada antes. Ele não falava muito sobre a esposa. A portas fechadas, nós nos chamávamos pelo nome. Em público, usávamos as formalidades habituais.

Durante o dia, vivíamos ocupados com a administração do campo. Ele tinha de reunir um número determinado de prisioneiros para serem transportados para a Polônia. Era minha função preparar as listas de "convocados" e me assegurar de que ele as recebesse a tempo. Eu também recebia sugestões da chamada *Antragstelle*, uma comissão interna no campo que sugeria isenções para aqueles cujo trabalho era essencial. Toda vez que atravessávamos o campo juntos, um número incontável de pessoas nos abordava com respeitosos cumprimentos de cabeça e defendia seu direito à isenção. Algumas vezes, elas suplicavam ou ofereciam dinheiro. Então se esperava que eu recolhesse seus pedidos por escrito, embora na maioria das vezes ele os encaminhasse à *Antragstelle*, que tinha seus próprios procedimentos e políticas. Seus membros davam preferência a seus amigos. Como uma grande parte da *Antragstelle* consistia em judeus-alemães que tinham fugido para a Holanda antes da guerra e estavam lá quando Westerbork ainda era um campo de refugiados, eles tendiam a favorecer seus compatriotas alemães e escolhê-los primeiro para isenção do transporte. Jorg de Haan então tinha de decidir com base nas várias sugestões e elaborar uma lista definitiva. As pessoas selecionadas recebiam um aviso com apenas um dia de antecedência antes da partida.

Jorg fazia consultas regulares ao comandante do campo Gemmeker. Várias vezes ele me levou para fazer anotações e redigir as minutas das reuniões deles. Meus conhecimentos de alemão revelaram-se muito úteis, e decidiu-se que eu me encarregaria do trabalho de secretária também para o comandante, além de Jorg.

Assim, eu trabalhava durante o dia e passava as noites com Jorg. Pedi à sra. Coljee que me enviasse meu vestido vermelho, um casaco de pele, algumas joias, e ela o fez. Além de comida decente, eu também tinha alguns outros privilégios, tais como o uso de uma máquina de escrever, liberdade para me corresponder sem que minhas cartas passassem pelo censor, meu próprio quarto e, de vez em quando, um visitante. Até consegui organizar a visita de alguns de meus ex-alunos. Um deles, que agora morava perto de Groningen, conseguiu me visitar várias vezes. Em suma, minhas condições eram bastante boas. Até ganhei algum peso. Eu tinha recomeçado a escrever canções e poemas – sobre amor e homens, é claro. Eles eram um tanto cínicos, mas também o era a minha inspiração. Homens haviam me traído, me feito prisioneira e lançado mão de ardis para conquistar minha afeição.

## Quinze minutos

Meros quinze minutos
Quinze é tudo de que eu preciso
Apenas quinze minutos
Eu fisgarei um homem rapidamente
Em apenas quinze minutos
Sou cuidadosa, silenciosa, sábia
Em apenas quinze minutos
Ele estará destinado a pensar que sou boa
Em apenas quinze minutos
Eu faço um homem adulto desmaiar
Em quinze minutos
Eu o levo à lua

Eva outrora usou uma maçã
Para mim é "apelo sexual"
Em apenas quinze minutos
Sim, então ele é o azarado
Um homem é um elemento estranho
Imagina que é inteligente
Ele "estudou" a vida? Está blefando
E das mulheres não sabe nada
Contudo a arte da manipulação
Eu aplico com sofisticação
O que é uma mulher na vida de um homem?
A coisa mais importante, dizem alguns
Não, um beijo é a meta dele, dois se puder
Ele quer satisfazer suas vontades

Ser uma mulher é o meu lema
E conheço a regra a ser seguida
Porque homens são criações maravilhosas
Contudo me entediam rapidamente, sabe
Mas a vida de uma mulher é assim

Daí minha verdadeira má reputação
O que os homens me mostraram no passado?
Eles são batatas que ficaram frias
Ou um livro lido depressa demais?
Ah, quanto ao resto me deixam fria
Exceto...

As noites com Jorg eram descontraídas e aconchegantes. Eu era a amante dele, é claro, mas como a esposa dele estava tão longe e estávamos presos no campo, vivíamos mais ou menos como um casal. Havia fotos da esposa dele em seus aposentos. As fotos me incomodavam no início, quando fazíamos amor. Era como se a esposa dele estivesse nos observando. Mas não o incomodavam, e depois de algum tempo me habituei com elas. Depois de fazermos amor, relaxávamos e conversávamos lado a lado na penumbra. Jorg falava principalmente sobre se manter alegre e otimista. Eu podia ver os olhos dele brilharem no escuro. Ele falava como a maioria das pessoas fala quando têm todos os seus direitos e privilégios.

Ocasionalmente eu ouvia no campo críticas ao nosso relacionamento. Quando eu dizia a alguém que não podia mandar apagar o nome dele da lista de transporte, ele me amaldiçoava e me chamava de vadia na minha cara. Certa vez, um oficial da SS comentou:

– Você ainda é uma judia.

Eu também não era convidada quando Jorg jantava com o comandante do campo. Mas, exceto por isso, as vantagens superavam as desvantagens. Quando havia uma festa para o pessoal do campo, Jorg e eu íamos juntos, e eu usava o vestido que a sra. Coljee tinha me mandado. As festas eram maravilhosas, com música, bebidas e dança.

A meu convite, Magda Coljee veio fazer uma visita. Eu havia providenciado para que um convite lhe fosse enviado por meio do *Kommandatur* – o gabinete do comandante –, e eles simplesmente a deixaram entrar pelo portão da frente. Ela ficou o dia inteiro. Realmente adorei sua visita, e tínhamos muito sobre o que conversar. Uma semana depois de nossa prisão, Magda perguntara a Kees se ele já tinha ido ao *Sicherheitsdienst*, que era o que Kees havia ameaçado fazer se ela não lhe entregasse o nosso dinheiro. Kees disse a ela que tinha mudado de ideia. Algumas semanas depois, ela recebeu uma conta de um hotel em Amsterdã por um jantar. Kees lhe dissera que tinha estado em Hooghalen, perto de Westerbork, naquele mesmo dia. A verdade, afinal, era que ele havia enganado a nós duas.

Naquela tarde, Magda também teve a oportunidade de ver minha mãe. O encontro foi caloroso, e saboreamos uma xícara de chá no escritório de Jorg, enquanto ele estava ocupado em outra parte. Meu pai não conseguiu uma folga de seu trabalho e, sem tê-lo cumprimentado pessoalmente, Magda voltou para Naarden no final do dia.

Não muito tempo depois da visita de Magda, descobri que Kees andara armando coisa ainda pior pelas minhas costas. Alguns dias após nossa prisão, ele conseguira encontrar uma de minhas amigas, disse a ela que passara alguns dias na cadeia por causa de nossa prisão e pediu-lhe 2 mil florins para pagar um advogado que conseguiria obter a nossa libertação, usando o argumento de que minha mãe era idosa demais para ficar na prisão e de que eu era louca e deveria estar em um hospital para doentes mentais. Kees também visitou Elisabeth, a namorada de John, afirmando que estava com alguns de meus objetos pessoais, que queria entregar ao meu irmão. É claro que ele estava interessado apenas em receber mais 500 florins de recompensa por delação. Ele já tinha estado no endereço falso que eu lhe dera. Graças aos céus Elisabeth não confiou nele, se manteve calma e disse que não estava mais namorando meu irmão.

Fiquei contente ao ouvir rumores de que John estava na Suíça, porque eu mesma havia iniciado este boato para desencorajar possíveis traidores, para que desistissem de suas tentativas de encontrá-lo. Parecia que ele ainda estava em segurança.

Trabalhei duro no diário que havia iniciado quando estava em Wolvenhoek, a prisão da SS em Den Bosch. A meu pedido, a sra. Coljee o enviara para mim, bem embrulhado para assegurar que não fosse danificado. Não me faltava material a respeito do qual escrever. Também continuei a escrever semanalmente à sra. Coljee, para deixá-la a par do que estava acontecendo e fazer meus pedidos. A seguir, alguns trechos das cartas:

No Natal, passei quatro dias como anfitriã de um oficial húngaro da SS. Todos os seus companheiros da Wehrmacht e do Departamento de Segurança tiveram folga para viajar. Nós nos divertimos muito com os que ficaram e até dançamos ao som da música de um gramofone portátil.

Desejo a todos um próspero 1943, na esperança de que este ano venha a trazer a tão esperada paz.

A atmosfera aqui é otimista, mas isto não quer dizer nada.

Meu irmão John me envia boas notícias da Suíça, onde mora.

Depois que a censura foi introduzida para cartas vindas de fora em janeiro de 1943, escrevi para ela:

Isto não tem nenhuma graça para mim porque às vezes recebo seis cartas por dia. Mas agora já escrevi aos meus amigos pedindo que eles dividam as coisas. Alguns endereçam as cartas para meu pai, alguns para minha mãe e alguns para mim mesma. Assim, agora recebo quase toda a minha correspondência.

Outras pessoas estão morando em nossa casa na cidade de Den Bosch. Não gosto disso, mas não há nada que eu possa fazer a respeito.

Não tema que venhamos a perder a coragem. Minha mãe e eu, e especialmente meu pai, estamos nos saindo excepcionalmente bem.

Meu livro está ficando maior e encontrei um rapaz aqui para ilustrá-lo para mim. Ele tem 19 anos e desenha tremendamente bem.

Meu pai recebeu uma encomenda sua, mas não compreendemos por quê. Tive uma enorme dificuldade para convencê-lo a entregá-la para mim. Ele não fez isso por mal, mas homens são egoístas. Se enviar outro pacote, enderece para mim.

Numa noite de inverno, enquanto estávamos deitados olhando fixamente para o teto, Jorg disse:

– Estou preocupado com você. As instruções que andei recebendo do *Sicherheitsdienst* alemão estão se tornando mais rigorosas a cada dia. Você precisa ter mais cuidado com o que escreve em suas cartas. Os censores estão mais severos atualmente e monitoram mais do que costumavam fazer. Também existem informantes aqui neste campo, e já ouvi comentários a respeito de você despachar cartas particulares em meio às oficiais que envia como minha secretária. – Ouvi em silêncio, acariciei o rosto dele e pensei em minha situação.

*Uma carta com data atrasada de Rosie para os Coljee*

Para evitar pôr em risco o nosso relacionamento e meus privilégios, parei de esconder minhas cartas pessoais entre a correspondência oficial naquele mesmo dia e passei a seguir um procedimento diferente a partir de então. Um conhecido que trabalhava no campo e tinha de sair toda semana levava minhas cartas. Como as regras agora eram mais rigidamente aplicadas, parei de usar a máquina de escrever, passei a escrever tudo a mão e a datar as cartas de um ano antes. Assim, ninguém corria risco. Se uma carta acontecesse de ser interceptada, eles pensariam que era uma velha carta que havia ficado perdida no correio e tinha reaparecido um ano depois. Para manter as aparências, também escrevi cartas e as enviei pelos canais oficiais de Westerbork. De acordo com os regulamentos do campo, tínhamos permissão de enviar uma carta por semana, e tudo tinha de passar pelo crivo do censor. Assim, satisfazia o sistema e conseguia enviar minhas outras cartas sem ser observada.

Uma outra noite, Jorg se mostrou preocupado de novo:

– Mais pessoas têm de ser transportadas, especialmente as com mais de 40 anos e crianças. Tenho de entregar números cada vez maiores aos campos na Polônia. Talvez fosse melhor você começar a usar o sobrenome de seu ex-marido, Crielaars, em vez de Glacér. Ele é católico, e pessoas de casamentos mistos estão isentas. Apesar de você ser divorciada, talvez isso possa ser útil, se no futuro as coisas ficarem mais difíceis.

"Não tenho certeza de por quanto tempo ficarei aqui", continuou. "O quartel-general anda falando de transferências. Se eu não estiver mais aqui, trate de garantir sua ida para Vught. Estão criando um novo campo lá para pessoas jovens como você. Espera-se que seja um campo modelo, um exemplo para os outros. Há trabalho no lugar e você poderá ficar. Certifique-se de sair daqui. Westerbork não é nada mais que um campo de trânsito. Todo mundo aqui está destinado a ser mandado para a Polônia mais cedo ou mais tarde."

Jorg me disse que na Polônia o trabalho era muito mais duro e que muitas pessoas morriam. Eu já sabia das mortes porque cartas tinham sido encontradas nos trens vazios voltando de Auschwitz sobre a execução de prisioneiros. Eu não disse nada. O que eu deveria fazer com todas aquelas novas informações? Será que Jorg estava anunciando o fim de nosso relacionamento? O que aconteceria com meus pais?

Recordei-me mais uma vez da saga de Lohengrin. Quando o Cavaleiro do Cisne revelava seu verdadeiro nome, a vida de sua amada Elsa imediatamente chegava ao fim. Agora estava acontecendo de maneira inversa. Jorg era meu Cavaleiro do Cisne e eu tinha de usar outro nome, esconder meu verdadeiro nome para evitar a desgraça.

Pouco tempo depois, Jorg foi transferido de volta para Amsterdã, e outra pessoa assumiu seu posto, um homem idiota, nem de longe tão sensível quanto Jorg. Ele também queria me levar para a cama, mas recusei seus avanços. Ele não passava de um brutamontes. Com a partida de Jorg, minha situação mudou radicalmente, e à noite eu era obrigada a voltar para o alojamento onde eu tinha estado vivendo oficialmente.

O campo Vught estava quase pronto e começava a adquirir forma concreta. Eu sempre havia assumido a responsabilidade por cuidar de minha mãe. Sentia que era meu dever, mas agora que meu pai estava com ela, me considerei livre para ir para Vaught e fiz planos para fazê-lo. Escrevi para Magda a respeito disso várias vezes.

Não estou exatamente certa de quando irei para Vaught, mas serei incluída num dos primeiros trens de transporte.

Em outra carta:

Provavelmente estarei seguindo para Vaugh brevemente. A aventura continua.

# ROSIE

## O novo campo

No dia 20 de fevereiro de 1943, parti para Vught. Despedir-me de meus pais foi especialmente difícil. Eu não tinha ideia do que seria feito deles na Polônia. Controlei-me o melhor que pude, determinada a não revelar minha preocupação, não entristecê-los nem perturbá-los. Ao mesmo tempo, meus pais mantiveram seu entusiasmo habitual. Eles estavam felizes por eu ter tido a oportunidade de ir para Vught. Depois de minha partida, Magda Coljee recebeu uma carta alentadora de minha mãe: "Rosie partiu no sábado passado. Ela estava com um sorriso no rosto, forte como sempre."

Quando o trem parou na estação de Vught e desembarquei, fiquei surpreendida ao me ver dividindo a mesma plataforma com outras pessoas, homens e mulheres livres comuns, esperando por um trem. Era como se não houvesse nada de errado. Apenas um dia bonito de inverno como outro qualquer. Senhoras com chapéus e golas de pele, crianças muito bem-vestidas com cabelo bem cortado, um homem de chapéu com um cachorro na coleira, uma garota com um grosso lenço marrom amarrado na cabeça.

Para eles, a vida continuava como sempre tinha sido. Eles estavam do lado "bom" da linha; ainda compareciam ao trabalho ou à escola, acariciavam cachorros, comiam biscoitos na hora do chá. E nós? Nós éramos roubados, censurados, condenados a fazer trabalho escravo, a enfrentar armas e à incerteza. Rodeados por guardas armados, olhamos para eles enquanto passavam, e eles olhavam de volta para nós, encabulados. Então aceleramos a marcha e avançamos para o campo Vught, que ficava nas proximidades. No caminho, passamos pelo grande lago onde eu ia nadar no verão e pelo salão de dança que eu conhecia muito bem. Tinha me apresentado ali em muitas ocasiões, mas a minha situação havia mudado desde então de maneira indescritível. Naquela época, eu gozava de muito sucesso, apresentando novas danças. Havia muita gente e não faltava diversão! Agora eu parecia uma criminosa, cercada por armas e cães.

Contato com o mundo exterior era impossível nos primeiros dias no campo Vught. Escrevi imediatamente para meus pais em Westerbork, mas eles não responderam. Minha carta para a família Coljee ficou sem resposta por um mês inteiro. Mais tarde, me disseram que a carta não tinha sido enviada para o endereço em Naarden, e sim para o *Judenrat* em Amsterdã, onde finalmente foi encaminhada aos Coljee.

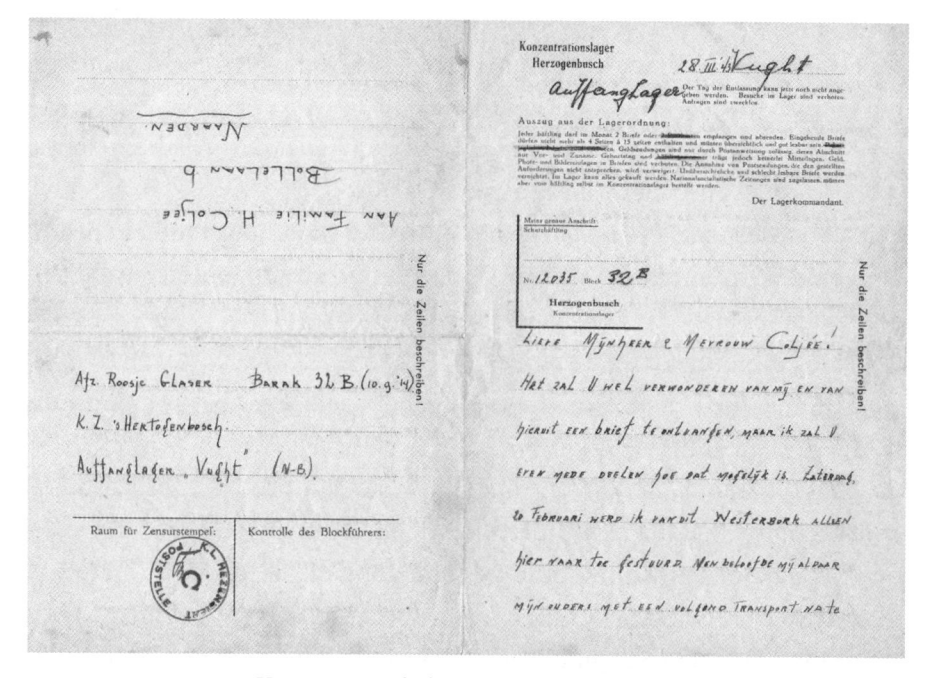

*Uma carta enviada do campo Vught para os Coljee*

As regras no campo Vught eram mais severas que em Westerbork. Havia chamadas nominais diárias, embora eu não tivesse ideia de por quê. Provavelmente apenas para nos aborrecer e nos ensinar um pouco de disciplina alemã. Certa ocasião, tivemos de ficar parados de pé do lado de fora durante três horas e meia. Três membros do NSB holandês de Den Bosch montavam guarda nos alojamentos das mulheres. Eles eram um bando de sádicos, piores que os SS alemães. Xingavam e batiam pé diante da menor oportunidade, e nos chutavam e nos batiam, com frequência sem motivo. A censura também era mais rígida. Os prisioneiros tinham que escrever em letras maiúsculas em papel pautado impresso, não mais que apenas 30 linhas, legíveis, caso contrário a carta não seria enviada. Éramos proibidos de escrever sobre o que acontecia no campo. Por vezes, insistiam que nossas cartas fossem escritas em alemão, noutras o holandês era aceito. As regras mudavam constantemente. Só tínhamos permissão para enviar uma carta a cada 15 dias, e uma *Packetsperre,* proibição de receber encomendas, podia sempre ser imposta a qualquer momento.

Rapidamente avaliei a situação e tentei recuperar algum tipo de controle sobre minha vida. Certo dia, sentada na frente de meu alojamento, ouvi uma conversa entre dois guardas.

– Você se lembra da professora de dança Crielaars? – disse um deles. – Você a está vendo bem ali? É a cara dela.

– Você tem razão – respondeu o outro. – Mas aquela mulher chegou aqui em Vught vinda de Amsterdã via Westerbork, não de Den Bosch. Não pode ser ela.

Não consegui conter a língua.

– Sim, aquela professora de dança era eu – disse em voz alta o suficiente para que ouvissem.

Eles olharam para mim encantados, e não demorou muito estávamos conversando animadamente, partilhando uma porção de lembranças.

Depois de alguns dias, minhas companheiras de prisão começaram a reparar em nossas conversas, e a consternação delas era evidente. Aos seus olhos, eu fizera amizade com os homens do NSB. Para prevenir dificuldades, visitei cada um dos alojamentos e contei, com toda a honestidade, em que pé estavam as coisas. Eu disse que faria tudo que pudesse para usar meus novos contatos para benefício de todos. Lentamente, recuperei a confiança delas.

Fiel à minha palavra, consegui arranjar para que a chamada nominal não durasse mais que 15 minutos, e os guardas concordaram em não nos bater sem motivo. Também obtive permissão para fazermos caminhadas diárias pelo campo, acompanhadas por dois homens armados da SS. Isto deu às mulheres a oportunidade de ver de relance seus maridos e rapidamente passar um bilhete ou um pequeno embrulho através da cerca de arame farpado que nos separava. Por conta destas melhoras, minha popularidade aumentou e logo fui indicada a líder de meu alojamento.

O trabalho não era muito pesado. Eu tinha que tomar as providências necessárias para que as doentes recebessem cuidados, devia apartar brigas entre prisioneiras e manter contato com as *Aufseherinnen* (as guardas, que eram alemãs ou holandesas) e a SS. Além disso, não havia mais nada a fazer. Era diferente em Westerbork, onde eu tinha um trabalho de tempo integral como secretária e passava minhas noites com Jorg. Agora que eu tinha tanto tempo em minhas mãos, retomei a tarefa de escrever meu livro. Em um novo capítulo, escrevi sobre meu primeiro beijo:

> Aconteceu quando eu tinha 16 anos, no baile no Vereeniging, durante a Mi-Carême (metade da Quaresma), em que estava vestida como uma bailarina de tutu branco. Encostada contra um pilar no grande salão de concertos, transformado em um gigantesco salão de baile, examinei a multidão multicolorida. Ansiava por me juntar aos grupos que passavam dançando e gargalhando. Justo quando eu estava me sentindo muito solitária, um elegante rapaz louro, vestindo smoking, se aproximou de mim.
> – Quer me dar o prazer desta dança? – perguntou ele.
> – Sim, é claro – respondi, lisonjeada. Ele tomou minha mão e me conduziu para a pista de dança.
> – Com quem tenho o prazer?
> – Rosie. E você?
> – Hubert. – Antes que eu me desse conta, estávamos deslizando ao som de uma valsa lenta e ondulante.
> Hubert dançava bem, mas não estava de todo sóbrio e, enquanto rodopiava comigo pelo salão, a mão dele afinal deslizou descendo pelo

*Rosie aos 16 anos*

meu ombro esquerdo e se enfiou debaixo de meu braço. Confesso que me senti excitada. Depois de um súbito rufar de tambores e de aplausos, a dança terminou e nos soltamos. Então ele me ofereceu o braço com familiaridade e me levou para um corredor espelhado.

– Você é bonita – disse ele, olhando para meu reflexo nos espelhos. Meu rosto afogueado ficou mais vermelho ainda e o afastei com uma risadinha. Eu adorava aquela vida estonteante. Não era mais uma observadora; agora estava desempenhando o papel principal. Nós nos encaminhamos para o bar onde era servido o champanhe, Hubert me ergueu até o único banco vazio, apoiou-se contra o balcão e pediu dois champanhes *frappés*.

– Ao nosso primeiro encontro – brindou ele, levantando a taça. Depois de bebermos, deslizamos em meio aos convidados, bem juntinhos, um calor maravilhoso se espalhando pelo meu corpo.

Antes que chegássemos à pista de dança, inclinei-me para a orelha de Hubert.

– Está tão quente aqui – disse. Ele olhou para mim e desaparecemos nos corredores mais frescos, até chegarmos à escada de emergência. Eu parei.

– Você não quer descer? – perguntou Hubert, me puxando para mais perto.

Descemos alguns degraus da escada em espiral e, sob a fraca luz de emergência, deixei que ele me tomasse nos braços sem resistência, senti o corpo quente dele colado no meu, experimentei o gosto de seus lábios. Ficamos parados na escada por muito tempo, em um longo e íntimo abraço, esquecidos do tempo, esquecidos de onde estávamos, até que nossos lábios se separaram por um momento e então se uniram de novo.

Na primavera seguinte, eu continuava indo ao Vereeniging uns dois dias por semana. Algumas vezes, encontrei Hubert lá. Ele sempre me convidava para dançar, mas nunca aludia àquela maravilhosa noite da Mi-Carême. Às vezes, me perguntava se ele ainda se lembrava. Mas ele sempre se aproximava de mim para dizer olá, então eu imaginava que iria fazer o mesmo que antes.

*Rosie no Vereeniging em seu vestido de baile branco (sentada na frente, à esquerda)*

Certo dia, quando eu estava saindo do clube de tênis em minha bicicleta, um carro conversível dobrou a esquina e parou.

– Rosie, veja só que coisa encontrar você aqui! – exclamou Hubert. – Não sabia que você jogava tênis. Venha, deixe-me levar você em casa. Podemos vir buscar a bicicleta amanhã. – Ele pulou para fora do carro, levou minha bicicleta de volta para o clube e deixou-a trancada no depósito.

Hubert dirigiu o carro para a rua principal e parou defronte a um restaurante. Encontramos uma mesa do lado de fora, à sombra das bétulas.

– Rosie – disse Hubert, inclinando-se para mim –, estou enganado ou você está com um maravilhoso bronzeado? Parece estar vendendo saúde.

– Também me sinto maravilhosa – respondi com animação. – Quando estou com você, não há mais nada que eu queira.

Hubert ergueu as sobrancelhas.

– Isso parece uma declaração de amor – disse ele, rindo. – Desde quando cabe à moça fazer a primeira declaração de amor?

– Eu disse primeiro? – perguntei, surpresa. – Você se esqueceu do baile da Mi-Carême, Hubert?

– Não, por que esqueceria? – respondeu ele com um sorriso. – Foi fantástico. Bebi muito. Me lembro bem disso.

– Isto é tudo de que se lembra? – perguntei.

– Sim, mais ou menos – garantiu-me Hubert.

*Rosie no clube de tênis*

Franzi o cenho, olhando-o bem nos olhos.

– Hubert, você não se lembra de ter me dito que me amava, de ter me tomado nos braços e de me beijar? Eu nunca tinha sido beijada por um homem. Você sabia disso?

Hubert empurrou a cadeira para trás. O cascalho fez ruído.

– Eu realmente disse isto, Rosie? Desculpe-me, mas não me lembro de nada disso. Onde foi que eu disse?

– Na escada de emergência – respondi, com a voz embargada.

– Perdoe-me se magoei você, mas, quando bebo demais, às vezes não me lembro do que digo e menos ainda do que faço.

Eu me encolhi toda. Ele segurou minha mão.

– Desculpe-me, não tive a intenção de ofender você.

– Leve-me de volta para o clube de tênis – respondi. – Quero pegar minha bicicleta.

– Como você quiser – disse Hubert, e rapidamente pagou a conta. Seguimos em silêncio até chegar ao clube e saltei correndo do carro.

– Tenha uma ótima vida, Hubert, e obrigada pela lição. – De cabeça erguida, encaminhei-me para o depósito de bicicleta, o som do carro dele se afastando desaparecendo na distância.

O verão se foi, o inverno chegou e a próxima grande celebração carnavalesca estava próxima. As lojas e os grandes magazines tinham as vitrines prontas para o grande acontecimento.

– Você já pensou no que vai vestir? – perguntou minha mãe.

– É claro – respondi. – Desta vez quero ir vestida de homem, como oficial da Marinha. Não quero que ninguém me reconheça no baile. Eu até convidarei as moças para dançar.

Minha mãe ergueu as sobrancelhas.

– Qual é o objetivo disto?

Eu não estava certa se poderia lhe dar uma resposta honesta.

– Quero apenas ver se consigo – respondi.

Ela aprovou, acostumada com os caprichos de sua filha.

*Rosie indo às compras com a mãe*

– Na semana que vem, você pode mandar que tirem suas medidas para fazer a fantasia, mas não conte ao seu pai que eu paguei.

– É claro que não. Direi que usei minhas economias – respondi com uma piscadela de olho.

Na noite do baile de carnaval, tomei um táxi para ir para o Vereeniging.

– Tenha uma ótima noite, tenente – disse o motorista enquanto abria a porta. Jogando despreocupadamente a guimba de cigarro na neve, tirei minha carteira do bolso de trás e paguei a corrida.

Funcionou. O motorista não tinha ideia de quem eu fosse. Como de hábito, o Vereeniging estava superlotado. Eu era muito boa quando se tratava de dançar como um homem, de modo que comecei minha aventura, fazendo reverências à esquerda e à direita para as moças reunidas, o rosto ardente do calor do disfarce. Agora estava na hora de tirar alguém para dançar, pensei, e impulsivamente escolhi uma garota de cabelo preto. A pobre garota provavelmente estava sentindo o mesmo que eu havia sentido no ano anterior, até que Hubert me convidasse. Enquanto dançávamos pelo salão em tempo quatro por quatro, apertei minha parceira de cabelos negros contra mim.

– Está quente aqui – comentou ela.

Assenti.

– Você quer conversar?

– Não – respondi sacudindo a cabeça de oficial.

Quando a dança acabou, confiantemente conduzi minha parceira ao bar do champanhe, ajudei-a a sentar-se em um banquinho, chamei a garçonete e me recordei das ilusões que tinham me enchido a cabeça um ano antes. Espetei dois dedos no ar e apontei bruscamente para o champanhe. A minha "garota", que estava fantasiada de borboleta, espontaneamente levantou sua taça.

– Saúde! – disse ela. O oficial da Marinha levantou sua taça e a esvaziou de um só gole.

Dancei e me diverti com a "minha garota" a noite inteira, mas não disse uma única palavra, até que vi que era quase meia-noite. Aquele era o momento do *démasqué*, quando todo mundo tinha de tirar a máscara. Eu tinha de estar sempre um passo adiante. Depois de dançarmos até começarmos a suar, nos encaminhamos para os corredores do prédio que eram mais frescos, e deliberadamente conduzi minha borboleta até a escada de emergência e a suas maravilhosas lembranças apaixonadas. Uma voz dentro de mim rugia: *Machuque alguém... Machuque alguém... Machuque alguém...! Faça com que outra pessoa sinta o que você sentiu um ano atrás, aqui, neste mesmo lugar!* Eu a agarrei e puxei-a para junto de mim, mas aquela foi claramente uma manobra errada. A garota se desvencilhou, desceu correndo a escada, três degraus de cada vez, deu um grito e correu de volta para o salão principal.

*Rosie em 1932, com sua amiga Lydia*

Agora eu estava farta. Ensopada de suor, deixei escapar um grande suspiro e me enfiei no toalete das damas.

– Saia! Saia! – gritaram as mulheres.

Não achava que o toalete dos cavalheiros fosse uma boa ideia, de modo que me dirigi para o palco no salão principal, desapareci atrás das cortinas e dali me encaminhei para o vestiário, onde eu tinha deixado uma maleta com meu vestido. Num piscar de olhos, eu estava pronta num vestido de baile verde com debrum de pele branca e sapatos prateados, com um cravo no cabelo. A caminho do bar, passei pela borboleta. Estava claro que ela buscava freneticamente o herói da Marinha que tinha dispensado, mas seu herói havia se tornado uma sereia.

Na manhã seguinte, acordei com alguém batendo à porta de meu quarto.

– Srta. Rosie, seu chá – disse a copeira, deixando a bandeja sobre a mesa. Irritada e ainda semiadormecida, gritei:

– Saia, saia daqui ou boto você para fora aos pontapés!

Depois de uma porção de palavrões que teriam deixado um estivador muito à vontade, me sentei na cama. Tentada pelo chá com biscoitos, lentamente recuperei os sentidos. Olhei ao redor do quarto e vi meu uniforme de oficial da Marinha dobrado sobre uma cadeira. Aquilo estava acabado, pensei. A lembrança da borboleta me fez sorrir. Eu me espreguicei. Estava na hora de uma boa chuveirada.

Não pude deixar de rir enquanto escrevia tudo aquilo. Eu era tão ingênua e insegura naquela época, e a história com a borboleta tinha sido ao mesmo tempo louca e mesquinha. Eu estava fazendo bons progressos com meu livro.

Embora a vida fosse mais difícil do que havia sido em Westerbork, eu ainda tentei manter contato com o mundo exterior. Continuei a receber o *De Telegraaf* (*The Daily Telegraph*), mas a entrega era irregular. Cartas eram ainda mais problemáticas. Algumas simplesmente não chegavam, outras só depois de um longo atraso.

No final de abril, recebi um cartão-postal de minha mãe escrito no final de março. O cartão continha uma mensagem terrivelmente triste:

Amanhã seu pai e eu daremos início à grande jornada para o desconhecido. Não sabemos para onde nos levarão. Reze por nós sempre que puder e tente encontrar seu querido irmão. Um beijo carinhoso de sua mãe.

Uma verdadeira desgraça. Eu havia temido aquele desfecho desde o início de nossa prisão, mas, ao mesmo tempo, nutrira esperanças de que não acontecesse. A mensagem me deixou terrivelmente desesperada. Eu sabia o que aquilo significava, mas não podia fazer nada a respeito. Estava de mãos e pés atados.

Eu tinha de seguir adiante. Consegui melhorar meus contatos com o mundo exterior por intermédio de um motorista que entregava mercadorias no campo semanalmente. Ele levava minhas cartas para fora e me trazia coisas contrabandeadas. Eu também tinha um segundo contato, que morava fora do campo e estava disposto a contrabandear minhas mensagens. Mas, apesar destas conveniências, ainda achava aquele lugar tenebroso. Os maus-tratos continuavam incessantes. Uma noite, os guardas nos fizeram ficar postadas nuas ao ar livre, enquanto faziam uma chamada nominal. Em outras ocasiões, não nos davam nada para comer ou atiçavam seus cães rosnando para cima de nós. A atmosfera era tensa.

Enquanto isso, conheci umas mulheres muito simpáticas, e por causa da tensão e do tédio organizamos um cabaré. Criamos esquetes e piadas. Escrevi canções e letras. Nossa apresentação foi um grande sucesso e uma distração bem-vinda.

Naquele mês de maio, eles criaram um campo de trabalho em Vught e comecei a trabalhar para um fabricante de roupas. Para mim, tudo bem. Ainda mais que eu sabia por minha própria experiência e por Jorg como o trabalho era importante. Mais e mais prisioneiros, especialmente os desempregados, estavam sendo transportados para a Polônia.

Uma vez que o censor não nos permitia escrever sobre a vida no campo, incluí alguns detalhes numa carta para os Coljee que foi contrabandeada pelo motorista:

Vught
7 de junho de 1943

Queridos Magda e Henk,

Aqui estou eu sentada no alto de minha cama, a terceira de baixo para cima (verdade, as camas aqui são postas em pilhas de três, uma em cima da outra). Depois de três meses, esta é finalmente a primeira oportunidade que tenho de enviar uma carta clandestina. Graças a Deus estou aqui sozinha neste campo e não tenho meus pais comigo. Não pode ser pior na Polônia do que é aqui.

Os homens e as mulheres vivem separadamente e, se são muito, muito bem-comportados, têm permissão para se ver uma vez por semana. Em comparação, Westerbork era um paraíso, será que vocês conseguem compreender isso? Este lugar é comandado pela SS, e não é preciso dizer mais nada. As guardas são alemãs e holandesas, as chamadas *Aufseherinnen*, as holandesas são membros do NSB.

Foi realmente terrível quando cheguei aqui. As coisas melhoraram um pouco ultimamente. A comida é péssima. Somos mal alimentados todos os dias, principalmente com sopa de repolho e quatro fatias de pão com uma camada fina de margarina. A bebida consiste em café artificial, puro.

Inicialmente, fui instrutora de esportes e me exercitava com as pessoas todos os dias, mas, como podem imaginar, isso me deixava duas vezes mais faminta. Nunca recebi encomendas de comida.

Cheguei aqui no dia 20 de fevereiro e, no princípio de abril, recebi um cartão de despedida de minha mãe. Alguns dias depois, o primeiro grande pacote de vocês chegou. Fiquei sem palavras de tão radiante e extremamente grata. Dali por diante, o *De Telegraaf* passou a chegar de modo mais ou menos regular, três ou quatro vezes por semana; o censor parece apreender o resto dos exemplares. Uma semana depois, recebi outra encomenda que vocês enviaram, e isto também foi maravilhoso. Os cigarros são especialmente considerados criminosos. Do que eu mais preciso é pão, manteiga, açúcar, geleia e cigarros. Tudo mais é bem-vindo, mas não essencial. Se você enviar latas de leite ou de mingau de aveia, o censor as confiscará.

Então houve uma punição coletiva imposta ao campo inteiro, e ninguém recebeu suas encomendas. Não sei quantas, mas, com certeza, devia haver algumas enviadas por vocês. Quando a proibição de receber encomendas acabou, de repente recebi minúsculos pacotes endereçados com a sua letra, tendo Walterlaan [?] como remetente. Não tive muita certeza do que havia acontecido. Inicialmente, pensei que Henk tinha ido para a Alemanha e ficado no endereço que mencionei acima. Também fiquei preocupada com relação ao cofre. Os pacotes estavam se tornando cada vez menores, e associei as duas coisas. Então não recebi nada durante três semanas e finalmente sua carta chegou com o endereço antigo. Fiquei muitíssimo satisfeita, como tenho certeza de que deve compreender. Por sua carta, entendi que você estava recebendo as minhas; de outro modo, não poderia saber meu número de lavanderia e de alojamento.

Não tenho outras notícias. Estou mais ou menos com a mesma cara que tinha quando Magda me viu em Westerbork.

A ausência de meus pais é terrivelmente estressante, como podem imaginar. Meu cabelo se tornou bastante grisalho. Coisas deste tipo abalam a gente depois de algum tempo. Há tanto sofrimento indescritível ao redor que você teria de ser um monstro para não ficar perturbada.

Então me tornei a líder de meu alojamento. Justo quando todas aquelas pessoas das províncias chegaram. Três das irmãs de mamãe estavam entre elas, uma das quais era um ano mais velha que minha mãe e se parecia muito com ela. Ela estava sofrendo de asma e, quando todas foram obrigadas a ficar nuas diante do comandante, enquanto eram borrifadas com pó contra piolhos, ela morreu. Triste, não é?

Então me tornei líder do cabaré Mulheres para Mulheres, 40 artistas profissionais participaram. Trabalhamos em todos os alojamentos com um sucesso enorme na semana passada, até que recebemos uma advertência de que isto não é um *Auffangslager*, ou campo de recepção, e sim um *Durchganslager*, um campo de trânsito, e então subitamente todas as pessoas idosas desapareceram. Ontem e hoje despacharam

3 mil mães com crianças, e os homens não tiveram permissão de ir com elas. É indescritível o pânico que impera por aqui. Todas as crianças e suas mães têm de partir, do mesmo modo que pessoas com mais de 45 anos. Além disso, mil homens partiram para ir trabalhar em Moerdijk e Amersfoort, fazendo vários tipos de serviços para a Wehrmacht. Todas as famílias estão separadas. É simplesmente terrível. Tenho "conteúdo" suficiente para continuar a trabalhar em meu livro.

Espero que esta carta chegue às suas mãos. Quanto ao cabaré... Apesar do enorme sucesso que tivemos, parece sem sentido depois do que aconteceu aqui nestes últimos dias.

Eu me inscrevi para um emprego na Philips, a Philips de verdade em Eindhoven. Eles construíram alojamentos especiais no campo onde as garotas selecionadas trabalham. Elas devem soldar fios e tubos de rádio. Eles chamam isto de *Wehrmachtsarbeit*. É para a comunicação de aviões. Acho isto interessante. Eles me deram um macacão e tenho de desempenhar o papel da garota operária. Também é material útil para meu livro.

Escrevo em meio a incertezas com relação a transporte. Se eu quisesse, poderia voltar para Westerbork amanhã, mas, apesar das condições terríveis por aqui, não tenho planos de me apresentar como voluntária e espero poder ficar em Vught.

Por favor, mandem minha capa de chuva. Meu casaco de pele foi roubado de minha cama durante um reide à noite e tive de entregar também minha jaqueta preta. E, por favor, mandem-me uns vestidos de verão e aqueles sapatos de camurça marrons. Façam também com que eu receba um pacote de mantimentos toda semana; caso contrário, certamente morrerei de fome aqui. Escrevam para me avisar quando receberem esta carta e respondam depressa com notícias. Muito amor e muitos beijos de

Rosie

O endereço continua o mesmo.

Apesar da terrível atmosfera, fiz o máximo para me manter positiva. Minhas companheiras de prisão com frequência discutiam entre si. Geralmente não iam além de xingar e praguejar, mas, de vez em quando, a coisa descambava para a violência física: puxões de cabelo, arranhões, gritos, até mordidas. Uma prisioneira ficou com marcas de dentes no braço. A maioria das discussões era por questões sem importância, e como líder do alojamento eu conversava com elas depois que os ânimos tinham esfriado. Às vezes, ajudava se eu designasse um leito diferente para uma das envolvidas, bem longe da vista da outra. Às vezes, levava um bom tempo até acalmarem os ânimos. Todo mundo estava irritado e de pavio curto.

*O alojamento de Rosie (foto tirada por Rosie em 1953)*

O que era lógico quando se pensava naquela situação com tantas famílias separadas. Crianças com menos de 16 anos tinham sido removidas, junto com suas mães, uma vez que com frequência ficavam doentes e infectavam umas às outras com coqueluche, caxumba, disenteria, catapora e outras doenças infantis. Os líderes do campo temiam um excesso de inconveniências. Vught deveria ser um modelo para os outros campos, e doenças demais poderiam dar-lhe má reputação. Sendo assim, elas partiram nos dias 6 e 7 de junho. Eu as vi ir, mães carregando seus bebês, crianças pequenas e maiores com sacos nas costas, feitos de toalhas velhas. Eu as vi ir, alguns milhares delas. Todo mundo ficou arrasado, os pais estavam em lágrimas; podia-se cortar a atmosfera com uma faca. Que tipo de loucura era aquilo?

Todo mundo perdeu o interesse em se exercitar e no cabaré, e sem nada para fazer, o tédio voltou, e algumas se mostraram inclinadas à passividade. Era bom que eu tivesse meu trabalho no Comando Philips com que contar. Ouvira dizer que por lá as coisas eram melhores. Apenas um pequeno grupo de mulheres estava envolvido, e consegui garantir um lugar entre elas. Muitas eram empregadas para fazer roupas, vários tipos de roupas para serem vendidas no varejo. Você as via seguindo para o trabalho todas as manhãs em seus macacões.

Um dia, recebemos ordens de nos reunir do lado de fora. O comandante do campo, o *Obersturmführer*, o *führer* responsável pelo trabalho e alguns outros oficiais de uniforme estavam esperando para nos ver. Eles caminharam entre nós e pareciam estar procurando por alguém. O que teríamos feito de errado agora? A presença do comandante e de tantos oficiais me fez pensar que devia ter sido bastante sério, mas, para minha surpresa, eles revelaram estar procurando alguém para servir de modelo para mostrar as roupas da oficina de costura aos líderes do campo e à clientela deles. Para minha surpresa ainda maior, eles me selecionaram. Revendo agora, não era nada tão surpreendente, se você levasse em consideração o fato de que a maioria das outras mulheres usava macacões azuis e tamancos, com lenços amarrados na cabeça. Aparentemente eu tinha uma aparência um pouco mais elegante.

A partir de 15 de junho, eu deveria fazer visitas regulares à oficina para experimentar os novos modelos. Eles faziam uma amostra de cada roupa no meu tamanho e numa cor que eu tinha permissão para escolher. Quando havia convidados ou compradores em potencial, eu era levada a um quarto de vestir com espelhos, só para mim, com pó facial, batom e roupas de baixo muito finas, novos sapatos e meias. Era bom ter à minha disposição todas aquelas coisas, que havia muito tempo não eram mais encontradas fora do campo. Depois de algum tempo, todos os oficiais sabiam quem eu era. Eu tomava café e conversava com eles após o desfile e tinha muito mais liberdade de movimentos dentro do campo.

Algumas semanas depois, também comecei a trabalhar com o Comando Philips na fábrica, fazendo rádios para a Wehrmacht. Meu trabalho era soldar fios em uma placa de circuito, uma tarefa enfadonha que era reservada para as mulheres, mas de que gostei bastante. Nós nos sentávamos em fileiras de mesas com ferros de solda quentes e uma luz bem forte acima de nossa cabeça. Também ganhávamos comida adicional, que era chamada de "rango Philips". Era um tanto irônico, na verdade... o nome de solteira de minha mãe era Philips, e ela mantinha algum parentesco com a bem-sucedida família dona da fábrica, que tinha ascendência judaica. Lá estava eu, uma Philips, trabalhando no Comando Philips e comendo "rango Philips". Não era o tipo de relação familiar que eu tinha em mente. Mas o trabalho e a comida adicional me fizeram bem. Com frequência eu cantava na fábrica, às vezes por uma hora seguida, não apenas canções de jazz, mas também algumas árias de ópera.

Depois do trabalho, alguns dos homens do campo tentavam puxar conversa conosco – tanto prisioneiros quanto guardas. Algumas das mulheres eram bastante desinibidas com relação a praticamente todo homem que vissem; quaisquer padrões que tivessem seguido anteriormente haviam desaparecido. Em várias ocasiões, fui abordada por oficiais da SS, mas não os encorajei. A gente tinha de estar atenta com relação à guardas ciumentas, as *Aufseherinnen*. Elas faziam sexo com os da SS o tempo todo, mas nos puniam por qualquer contato com homens.

Um dia, uma das *Aufseherinnen* – não uma de minhas ex-alunas de dança – veio furiosa para cima de mim e começou a xingar e a berrar que eu deveria manter as mãos longe de seu namorado da SS. Então ela ficou ainda mais furiosa e começou a me bater. Eu me mantive calma e me desviei de seus golpes, mas, quando ela começou a puxar meu cabelo e a me chutar, me joguei em cima dela, e ela caiu de costas com uma pancada forte. Ela se levantou rapidamente e saiu correndo e gritando. Alguns momentos depois, guardas da SS apareceram e me prenderam. Aquela era a terceira vez que eu era trancada numa cela. Por sorte, em poucos dias eles me soltaram.

Enquanto isso, as notícias no campo estavam se tornando cada vez mais preocupantes. Corria um boato de que mesmo prisioneiras que trabalhavam deveriam ser transportadas para o leste. Eu não tinha nenhuma ideia do que iria acontecer conosco. Relatos contraditórios apenas confundiam a situação: poderíamos ficar, teríamos de ir. A liderança do campo parecia não saber o que fazer com seus prisioneiros nem com o Comando Philips.

Como a inquietação crescia, pedi a meu amigo motorista para contrabandear meu diário para fora do campo e entregá-lo ao sr. Pijnenburg, meu ex-vizinho em Den Bosch, para que ele o guardasse. Se eu precisasse, ele poderia enviá-lo de volta para mim. Assim que meu diário estava fora do campo, cheguei à conclusão de que eu também deveria estar. Uma semana depois, o mesmo motorista conseguiu me tirar de lá na mala de seu carro. Funcionou! O sentimento que me dominou quando o carro ganhou velocidade foi simplesmente maravilhoso. Mas então tivemos problemas. Minha fuga tinha sido percebida, e, nos arredores de Utrecht, fomos detidos numa barreira guardada por quatro oficiais motorizados da SS. O motorista e eu fomos levados de volta para o campo, mas eles logo o deixaram ir, quando eu disse que tinha me escondido no carro sem o conhecimento dele.

Uma semana depois, no dia 10 de setembro de 1940 – dia do meu aniversário –, fui transportada de trem para Westerbork, junto com um grupo de aproximadamente 300 jovens. Nosso destino final era a Polônia. Naquela noite, o trem passou por Den Bosch, onde morei, e Nijmegen, a cidade onde nasci. Ver minhas cidades queridas no dia do meu aniversário me entristeceu e me recordou dos muitos aniversários que eu havia celebrado ali com amigos e a família. Agora eu estava sozinha, olhando para fora de um trem escuro, e as coisas estavam muito diferentes. Eu tinha conseguido enviar uma mensagem para a sra. Coljee por intermédio de um certo P. Derks, informando-a de que não deveria enviar mais encomendas para Vught. Eu sabia por Jorg o que a Polônia significava e decidi dar o melhor de mim para ficar em Westerbork quando chegasse. Jorg podia não estar mais lá, mas eu ainda conhecia muita gente no campo.

Mas não tive muita oportunidade de tentar minha sorte. Em Westerbork, fui trancada em um espaço fechado por dois dias, e então prosseguimos a viagem em direção ao leste, para um antigo vilarejo aos pés das montanhas Beskid, uma aldeia chamada Auschwitz.

# PAUL

## Cartas

Em 1994, 14 anos depois de minha conversa inicial com minha avó e 10 anos depois de meu encontro com meu primo em segundo grau, recebi um telefonema de um desconhecido em Naarden. Eram sete horas da noite de uma quarta-feira e eu acabara de chegar em casa do trabalho. O homem parecia excitado, e eu não conseguia compreender o que ele estava falando. Talvez tivesse discado o número errado, pensei. Mas, depois de uma breve conversa, tornou-se claro que eu era a pessoa que ele estava procurando. Ele havia encontrado algumas cartas antigas escritas por uma pessoa que tinha o mesmo sobrenome que eu. Ele me perguntou se eu era parente de uma mulher chamada Rosie. Levantei-me de um salto. Agora era eu quem estava excitado. Aquilo era importante – talvez até a chave para eu conhecer mais a respeito de minha família.

Combinamos de nos encontrar naquela mesma noite. Saltei para dentro do carro e segui para Naarden. Durante o percurso, fiquei a me perguntar sobre as cartas. O que teriam a dizer? Será que forneceriam novas informações?

Duas horas depois, toquei a campainha no endereço que me tinha sido dado, e um homem por volta dos 55 anos abriu a porta e me convidou a entrar. Na sala, ele me apresentou à sua esposa, que me ofereceu um café. Enquanto ela servia, foram direto ao ponto, dizendo-me que não tinha sido fácil me encontrar. Eles tinham telefonado para outras pessoas perguntando se eram da família de Rosie, mas eu fora o primeiro a dizer que sim.

Como membros da igreja local, eram voluntários que faziam visitas a idosos num abrigo próximo. Foi assim que conheceram a sra. Coljee. Ela não tinha família nem amigos, e as outras pessoas no asilo a achavam rabugenta e não a conheciam. Eles a visitaram ao longo de vários anos. Depois de sua morte, o administrador do asilo lhes pedira que esvaziassem o quarto da mulher. Para sua surpresa, encontraram algumas cartas na gaveta de uma escrivaninha. Eles me entregaram as cartas.

Enquanto tomávamos uma segunda xícara de café, contei a eles sobre minha busca por informações a respeito do passado de minha família. Perguntei o que as cartas continham.

– Nós as lemos e ficamos muito impressionados. Foi tocante ler as cartas de Rosie e vivenciar um pouco de sua vida cotidiana. Foi extraordinário para nós.

Continuamos a conversar enquanto eu folheava as cartas. Tinham sido escritas durante a guerra, quase que uma vez por semana, do campo de Westerbork e depois do campo Vught. Como aquilo era possível? Sempre me fizeram acreditar que tia Rosie morara na Suécia durante a guerra. Ela não era casada com um sueco?

Além das cartas, o embrulho continha outros documentos, tais como ordens de pagamento, de entrega e algumas mensagens ditadas a pedido de Rosie. Encontrei breves cartas de meus avós, de um certo Kees van Meteren, postadas em Dessau, na Alemanha, onde ele aparentemente havia trabalhado para os alemães nas fábricas de aviões.

Também havia um álbum de fotos, que examinamos juntos. Numa das páginas, havia uma foto do irmão da sra. Coljee, que havia sido morto em Stalingrado, muito orgulhoso em seu uniforme da SS, e de um outro irmão que havia desaparecido no *front* oriental, em um uniforme da Wehrmacht. Na mesma página, havia uma foto de Rosie com seus pais e irmão, meu pai. Para mim, aquela única página simbolizava a tragédia da guerra. Os irmãos da sra. Coljee morreram e também morreram os pais de Rosie, meus avós. Não havia vencedores, só perdedores.

*Rosie aos 18 anos, 1932*

A'dam 25.8.43

Fam. Colpie

Zoo als u misschien al gehoord
heb mogen wy in vucht geen pakjes
meer ontvangen dat schyf ik
maar dat u geen pakjes meer weg
stuurd anders word het maar
verdeeld onder de S.S.
U zal wel opkyken hoe af ik
aan uw adres kom. dat zal
ik vertellen hoe dat zit
Ik ben de Chffeur die op
vucht rydt en het Rosje Clasen
gesproken en die het my ge-
vraagd of ik het even schryven
wou en als u haar toch
een pakje wel sturen

*Uma carta para os Coljee, escrita a pedido de Rosie*

Como vocês já devem saber, não estão mais sendo aceitos pacotes em Vught. Só estou lhes participando isso para que vocês não enviem nenhum para lá ou seu conteúdo será distribuído entre a SS.
    Vocês podem ficar surpresos de como consegui seu endereço. Vou contar-lhes como isto funciona.
    Sou o motorista que vai regularmente a Vught, onde falei com Rosie Glaser. Ela me pediu que escrevesse para vocês para lhes pedir que enviassem um embrulho para ela. Por favor, me entreguem este pacote antes da noite de terça-feira e eu o trarei comigo para Vught na quarta-feira. Meu endereço é Hemonystraat, 28, 3º andar, Amsterdã (Sul).

A. G. de Bruyn<br>Saudações calorosas de Rosie Glaser

Era mais de meia-noite quando fui embora.

Nos dias que se seguiram, li toda a correspondência, várias vezes seguidas. A maioria das cartas não havia sido censurada. Também fiz algumas leituras complementares sobre os campos de concentração durante a guerra: *De Ondergang*, de Presser, e livros escritos por sobreviventes de campos de concentração, como Gerard Durlacher, Etty Hillesum e Rob Cohen. Os livros e as cartas deram-me uma ideia clara de como deve ter sido a vida para Rosie nos campos. Era como entrar em um mundo diferente, e eu não cessava de me espantar o fato de que apenas uma geração existia entre mim e aqueles acontecimentos.

Também fiquei impressionado com o tom das cartas de Rosie. Tinha todos os motivos para se queixar, e de fato muitos se queixavam, mas não havia nenhum traço de autopiedade em suas missivas. Em vez disso, ela tentava repetidamente ganhar controle sobre a própria vida, melhorar sua situação e aproveitar o que pudesse.

Outras fontes confirmaram algumas das coisas reveladas nas cartas de Rosie. Em seu livro *Schroeiplekken* (Marcas de queimadura), Carla van Lier oferecia um retrato da vida no campo Vught que fazia referência a

*Rosie no carnaval com Wim e Franz, 1933*

*Rosie em Maastricht, 1934*

*Rosie com músicos, novembro de 1940*

Rosie. Escrevendo sobre as muitas suspeitas e boatos que circulavam no campo, ela especulava: "Como Rosie era capaz de falar sobre tantos fatos que mais tarde foram confirmados?"

O casal que descobrira as cartas da sra. Coljee me escreveu, oferecendo-me mais um vislumbre de Rosie: "Durante as férias de verão, encontramos uma mulher que nos disse que também tinha trabalhado no Comando Philips. Ela conheceu bem Rosie e nos informou que ela cantava e dançava e que era muito bonita."

Depois de sete meses em Vught, Rosie partiu no dia 12 de setembro de 1943. Na época, estava trabalhando para o Comando Philips. O motivo por trás de sua partida súbita não estava claro. Será que tinha recebido autoridade demais? Será que havia cometido algum erro de avaliação? Estaria sendo punida por alguma coisa? Ou simplesmente tinha sido deportada junto com outras mulheres judias? As cartas não diziam nada a respeito disso.

Fiz cópias do material para meus irmãos e irmã, e, quando nos reunimos para festejar um aniversário, falamos sobre Rosie como membro da família pela primeira vez. Mas não nos detivemos no assunto e não havia, na atmosfera reinante, o tipo de entusiasmo curioso que se poderia esperar. Minha irmã e um de meus irmãos estavam claramente abalados por todas as novas informações. Eles acharam tudo aquilo difícil de digerir.

Também fiz cópias de algumas das cartas mais curtas de meus avós para meu pai. Não copiei as cartas de Rosie, por saber que eles tinham perdido contato e temer reabrir velhas feridas. Minha mãe me contara que papai rompera relações com Rosie porque achava que ela havia sido imprudente, circulando por todo lado com documentos de identidade falsos, quando deveria estar escondida. Achava que ela não tinha dado atenção suficiente aos riscos envolvidos e que seu comportamento acabara resultando na prisão dela. Aos seus olhos, a imprudência de Rosie levara à morte da mãe deles. Com base nas cartas, formei uma opinião diferente, mas decidi não incomodá-lo com isso. Meu pai tinha fechado a porta do passado, e eu pretendia respeitar isto. Mesmo assim, disse a ele que me entristecia o fato de que ele e sua irmã não tivessem mais contato, especialmente tendo em vista que ambos tiveram a sorte de sobreviver à guerra. Dizer isso não fez a menor diferença, nem eu esperara que fizesse, mas precisava desabafar.

Então chegou a véspera de Natal. Imaginei que minhas três filhas, todas na casa dos 20, tinham idade suficiente para ouvir minha história. Naquela noite, contei a elas pela primeira vez sobre nossas origens judaicas, sobre o destino da família Glaser e sobre sua tia-avó, Rosie.

# ROSIE

## Dançando em Auschwitz

No dia 16 de setembro de 1943, cheguei a Auschwitz-Birkenau às cinco da manhã, em um trem cheio de homens, mulheres e crianças. Depois de uma viagem de três dias em um vagão de carga lotado, sem comida, bebida ou condições sanitárias, o ar fresco foi um enorme alívio. Todo mundo estava feliz por termos chegado.

Havia uma grande aglomeração quando saltamos do trem, e um jovem prisioneiro polonês me disse em alemão:

– *Nicht krank werden und kein Angst* (Não fique doente e não tenha medo).

Tivemos de deixar nossa bagagem onde estava e não pudemos levar nem uma bolsa ou um embrulho de pão. Homens e mulheres receberam ordens de ficarem separados, com as crianças no meio. Então começaram a selecionar as pessoas, uma a uma. Saí da fila para ver melhor o que estava acontecendo. A maioria estava sendo embarcada em caminhões, e pensei que elas tinham sorte por não terem de andar; algumas eram velhas e não tinham muita firmeza nas pernas. Pouco depois, fiquei sabendo que foram todas mortas em câmaras de gás.

Quando tive uma pergunta a fazer, me encaminhei para um alto e bonito *Hauptsturmführer* postado à cabeça da fila, e perguntei-lhe onde eu deveria ficar. Ele me olhou de cima a baixo e me perguntou em tom cortês:

– Senhorita ou senhora?

Sorri e dei de ombros.

– Ora, diga logo, depressa, vamos. – Quando lhe disse que era divorciada, ele começou a rir.

– Isto faz de você uma senhora. – E me mandou para um grupo de 100 outras mulheres de boa aparência, postadas separadas do grupo. Um oficial nos ordenou que o seguíssemos.

Ao longe, eu podia ver os alojamentos, numerosos demais para contar. Depois de uma caminhada de quase 7 quilômetros, chegamos a Auschwitz. Passamos por alojamentos de madeira, mas, além deles, havia edifícios feitos de pedra, uma rua depois da outra. Paramos numa espécie de casa de banhos, tiramos a roupa, tivemos a cabeça raspada e recebemos o uniforme do campo. Era horroroso. Algumas das mulheres choravam em silêncio enquanto se sentavam na cadeira do barbeiro. Eles não vão me abalar, pensei, enquanto olhava para o céu, minhas tranças escorregando para o chão sobre meus ombros nus. No aposento ao lado, um número foi tatuado em meu braço. Você não precisava de um sobrenome em Auschwitz, mas, quando me perguntaram, respondi Crielaars, como Jorg havia aconselhado. Recebi o número 62472. Se eu somasse os números, o resultado era três vezes sete. Talvez fosse meu número de sorte, pensei.

Depois de uma breve caminhada, chegamos a um dos edifícios de pedra, bloco 10, um prédio especialmente equipado para mulheres na seção dos homens. De início, imaginei que fosse algum tipo de bordel, mas estava enganada. O bloco 10 era o que eles chamavam de bloco de experiências, onde os médicos Josef Mengele e Carl Clauberg conduziam experimentos nos prisioneiros. A maioria de minhas companheiras se considerava afortunada por estar ali. Eles não matavam você com gás, e você não tinha de trabalhar até a morte. Estávamos "com sorte".

A atmosfera entre as ocupantes do bloco era boa. As experiências duravam pouco tempo. Uma injeção aqui, uma incisão ali, uma amostra de sangue. Aparentemente, não era tão mau. Depois das experiências, tínhamos permissão para descansar e, quando estávamos nos sentindo melhor, podíamos ir para fora e procurar ervas, como sorgo e cominho, nos campos que cercavam o complexo. Eles nos chamavam de "destacamento das ervas". Era bastante agradável. Vocês podem imaginar? Em Auschwitz, perambulando sob o sol, em busca de ervas? Um dos guardas era extremamente jovem e bastante bonzinho, assim que estávamos a uma distância razoável dos prédios. Ele conversava conosco de vez em quando, e você podia ver a gentileza em seus olhos azuis. Ficava diferente quando os outros oficiais estavam no local, mais severo, ou pelo menos parecia mais severo. Por vezes, dava as ordens o mais alto que podia, se assegurando de que seus companheiros o ouvissem. Como gostávamos dele, imediatamente fazíamos o que ele mandava. Desta maneira, os outros soldados podiam vê-lo nos inspirando um temor divino e pensar que ele tinha nosso grupo sob seu controle absoluto.

Saíamos no destacamento das ervas quase todo dia, especialmente quando os médicos alemães estavam conduzindo suas experiências em outros campos. Nas proximidades, o rio Sola descia das montanhas em grande velocidade. Era maravilhoso poder se sentar em suas margens e entrar na água para dar uma nadada. Era como estar de férias. Tudo isso parece muito agradável, é claro, mas *agradável* é uma palavra relativa. É verdade que, se comparada com muitas outras vidas, a nossa era razoável. Éramos um pequeno grupo de mulheres em um mundo cheio de homens. Quase todo mundo tinha um "namorado" que conseguia rações adicionais e, de vez em quando, alguma distração. Mas, em última instância, estávamos em um campo de concentração, temerosas de sermos submetidas a experiências e de sermos mandadas para a câmara de gás.

Conversávamos muito para passar o tempo. Também fazíamos música. Eu tocava uma gaita que tinha conseguido encontrar em algum lugar. À noite, às vezes cantávamos, e mais de uma vez algumas de nós nos divertimos dançando. Todas as mulheres então ficavam assistindo de seus catres. Também voltei a escrever canções e poemas. Eu sonhava com amor. Eles não poderiam me tomar o amor, e meu desejo me mantinha aquecida naquele lugar desprovido de afeto. Foi nessas circunstâncias que compus minha canção do *kapo*. Os *kapos* eram funcionários prisioneiros, designados pelos guardas para supervisionar outros prisioneiros.

Canção do *kapo*

*Letra e música de Rosita Glacér, Bloco de Experimento, Auschwitz, 1943*

Sorri para um *kapo* em Auschwitz
Ele me traz embrulhos e alegria
Ele é meu senhor faz-tudo pessoal
Meu *kapo*, ele é meu garoto.

Toda noite sonho com meu *kapo*
Até o dia seguinte ele sorri
Eu me enfeito para passear com meu namorado
Então meu *kapo* fica ao meu lado.
Gosto tanto dele. Ele é meu astro.
E ele sabe que é, sabe que é.
Sorrio, mas estou inquieta
E meus sorrisos são só para ele.
Às vezes, fico um pouco apreensiva
Temerosa de que a *Aufseherin* vá começar a rosnar
Para o meu amigo *kapo*, que quer me agradar
Quer que o sol brilhe só para mim
Tomara que a *Schwarzbetrieb* acabe logo
Esta história terrível já teve sua temporada
Quando eu for para casa, será esplêndido.
Então me farei bonita, tenho meus motivos.
Beijarei meu *kapoman* até meus lábios doerem
Ele vai sorrir radiante de felicidade, não há nada que eu queira mais
E este é o fim desta história
Sim, sim, este é o fim desta história.

Havia um pátio ao lado de nosso bloco com um muro numa das extremidades, onde os prisioneiros eram executados diariamente. Tínhamos um "eufemismo" para designar aquilo. Chamávamos de "filmagem", ser filmado. Não se podia ver o que estava acontecendo porque as persianas daquele lado do prédio ficavam fechadas. Mas a ordem para disparar, os tiros e os gritos das vítimas nos abalavam profundamente. Quando eles traziam prisioneiros para o muro, ouvia-se o som dos passos e as ordens. Algumas das vítimas suplicavam pela vida, mas, na maioria das vezes, elas se mantinham em silêncio, o que era pior. Elas sabiam o que iria acontecer e nós também. Meu quarto neste "hotel" calhava de ficar a umas duas janelas de distância do muro, e eu ouvia tudo, com a maior clareza. Era uma realidade dura e ao mesmo tempo irreal. Eu não via nada. Eu apenas ouvia. Ouvia tudo enquanto estava em meu quarto. Por vezes, a realidade ficava mais próxima. Uma médica judia que nos ajudava depois das experiências foi obrigada a pagar por seus esforços. Não consegui descobrir por quê. Ela foi torturada, mas conseguiu sobreviver. Nós a consolamos e tentamos animá-la.

À medida que o tempo foi passando, as experiências se tornaram mais invasivas. Algumas mulheres morreram sofrendo de dores terríveis em consequência de experimentos que pareciam ter dado errado. Certa ocasião, quando fui enviada para a sala do dr. Clauberg, recebi ordens de me despir imediatamente e me deitar em uma maca com suportes para os joelhos que mantiveram minhas pernas abertas. Havia três enfermeiras na sala. Elas não disseram nada. As luzes eram muito fortes, e, quando inclinei a cabeça para trás, Clauberg apareceu e injetou com uma seringa um líquido grosso como xarope em meu útero. As luzes foram apagadas, uma placa de metal foi posta sobre minha barriga, e fotografias foram tiradas. Violentas cólicas estomacais se seguiram e persistiram. Então acabou e recebi ordens de descer da maca. Ouvi uma enfermeira dizer que Clauberg havia me esterilizado. Saí trôpega da sala e corri para o banheiro para excretar o fluido. A dor diminuiu, mas levou dias até que desaparecesse completamente e eu conseguisse andar normalmente de novo. Durante minha visita seguinte, Clauberg me injetou bactérias de tifo, tirou amostras de sangue alguns dias depois e então me deu injeções para combater a doença. Ele estava tentando descobrir o melhor soro para tratamento da febre tifoide. Até certo ponto, tive sorte. As injeções funcionaram, mas eu sabia que nunca poderia ter filhos. Aquilo me fazia chorar sempre que pensava no assunto. Mas, naquele momento, não era importante. Eu poderia me preocupar com o futuro mais tarde. Ali vivia-se um dia de cada vez. Depois das experiências, decidi me afastar de todo aquele sofrimento. Obriguei a mim mesma a me manter em isolamento em meio a milhares de pessoas. Eu sobreviveria, a qualquer custo.

Finalmente o dr. Clauberg partiu para conduzir experiências em outro campo, e tudo ficou tranquilo no bloco por algum tempo. Mas depois de algumas semanas ele voltou e as experiências começaram de novo. Como as experiências agora eram ainda mais invasivas e havia necessidade de cooperação, ofereceram-nos uma escolha: sermos voluntárias ou seríamos transferidas para Birkenau. Todas nós estávamos decididas a não nos apresentarmos como voluntárias. Mas o regime em Birkenau era duro e impiedoso, e as pessoas eram levadas a trabalhar literalmente até a morte. Birkenau também abrigava as câmaras de gás, e isso também significava morte. Então disseram-nos oficialmente que aquelas que não se apresentassem como voluntárias para as experiências até a noite seguinte teriam de ir para lá.

Conversamos muito. Por que arriscar a vida em Birkenau? As experiências não duravam muito. Além disso, a comida ali ainda era razoável, o destacamento de ervas permitia que saíssemos ao ar livre e podia até ser relaxante. Birkenau provavelmente significaria a morte. As mulheres foram se apresentando umas depois das outras, e as poucas objetoras restantes foram levadas a ser mais sensatas por amigas ou *Blockältesten*, líderes de bloco. O dr. Clauberg vencera. Eu havia decidido não me apresentar como "voluntária". Já era bem ruim o fato de que não podia mais ter filhos. Eu não sabia quais seriam as consequências de minha decisão. Todo mundo temia o pior, mas as experiências estavam se tornando cada vez mais invasivas e me recusei a me submeter a outras. Arriscaria minha sorte em Birkenau. Como eu me abstivesse de anunciar minha decisão no início, as outras residentes me deixaram em paz.

No dia seguinte, eu e três outras objetoras fomos obrigadas a andar os quase seis quilômetros e meio até Birkenau. Um soldado raso com um rifle era nosso único guarda.

Não tínhamos permissão para falar, e, quando eu disse alguma coisa em alemão para o guarda, ele me lançou um olhar furioso. Sorri, mas decidi segurar a língua. No que me dizia respeito, ele era apenas um caipira, um garoto do campo, demasiado cheio de si. Aquele tipo não daria ouvidos à razão. O homem da SS encarregado do destacamento das ervas era completamente diferente. Ele conversava conosco como uma pessoa normal, e, quando sua mãe ia visitá-lo, ela nos cumprimentava, perguntava como estávamos passando, e até se o filho dela estava cuidando de nós como devia. O soldado que nos acompanhou a Birkenau definitivamente tinha tido outra educação. Ele era um tipo imprevisível e perigoso, de modo que eu não disse nada e tentei não me sobressair.

Pensando a respeito daquele guarda, e com base em minha experiência de campos agora bastante extensa, eu estava começando a perceber um padrão. Quanto mais baixa sua posição na hierarquia, mais burros, mais maliciosos e mais preconceituosos os guardas tendiam a ser. Era como se estivessem se vingando de sua inteligência inferior. Alguns dos guardas eram pouco mais que escória, especialmente em Auschwitz. Os oficiais da SS ou da Wehrmacht com frequência eram melhores, mas nem sempre. Aqueles que estavam genuinamente convencidos de que os judeus representavam uma ameaça para o povo alemão, uma ameaça que tinha de ser aniquilada, também podiam ser duros e impiedosos. Mas os piores eram os subordinados burros, crédulos. Estes eram fanáticos absolutamente brutais. Seria necessário mais que uma sucessão de horrores para fazer um idiota assim ver a luz da razão. Mas o que eu podia fazer a respeito disso? Tinha de me manter calma e dócil, de outro modo minha vida seria um inferno. Talvez estivesse na hora de ser mais lacônica do que por vezes era, e mais cuidadosa.

Segui nosso guarda campônio mergulhada em meus pensamentos. Caminhar exigia um certo esforço por causa das experiências. Pensei em meus pais. Eles não poderiam ter sobrevivido àquilo. Quase todos os adultos com mais de 40 anos tinham sido levados diretamente para as câmaras de gás. Jorg me dissera mais ou menos a mesma coisa em Westerbork, e depois de ter trabalhado para ele e a *Zentralstelle* – a administração central de prisioneiros – eu sabia muito bem que tipo de critérios os alemães mantinham. Se você tivesse mais de 40 anos, suas chances de sobrevivência eram muito poucas. Eles agora poderiam estar até mais rigorosos.

Recordei com pesar o dia em que havia abandonado a casa de meus pais em Nijmegen, e como eu era rancorosa e brigona. Tivera sorte de não estarem furiosos comigo quando voltei a morar com eles em Den Bosch, depois de me divorciar de Leo. Eles me acolheram prontamente, e nem uma palavra foi dita sobre minha partida turbulenta. Uma vez, mamãe havia mencionado que meu pai ficara extremamente furioso naquela ocasião e muito entristecido. Felizmente aquilo não havia durado muito. Papai não era rancoroso nem vingativo. Além disso, reveses financeiros e a crise econômica generalizada significaram que ele tinha outras coisas com que se preocupar. Meus pais foram generosos em me receber de volta, e, quando moramos juntos em Den Bosch, a vida tinha sido boa. Eles até apoiaram totalmente eu manter a escola de dança no sótão. *Ja, so war es einmal* – aquilo tinha sido como a vida fora outrora. Um pesar intenso me envolveu enquanto eu me lembrava de meus pais, mas afastei esse sentimento. Em vez disso, pensei nos momentos mais felizes, para me ajudar a manter a cabeça erguida e continuar a andar.

Quando chegamos a Birkenau, fomos levadas à área onde as câmaras de gás ficavam localizadas e imediatamente postas para trabalhar. Nosso trabalho era acompanhar e tranquilizar as prisioneiras antes que entrassem para tomar o chamado "banho de chuveiro". Eu entregava as toalhas no vestiário, mas o medo delas persistia. Era uma esteira transportadora de assassinato. Podia-se ver o terror no rosto das pessoas. Também havia crianças. Eu me lembro de um menino de olhos castanho-escuros, de não muito mais que 10 anos, pelo que eu podia supor, parado sozinho, com um cachecol esfarrapado ao redor do pescoço. Quando ele viu meu olhar, sorri para ele. O menino hesitou, e, por um momento, a distância em seus olhos desapareceu, e ele sorriu de volta. Depois de 30 minutos, recebemos ordens de arrastar os corpos ainda quentes para fora. O garotinho estava entre eles.

Eu estava determinada a me isolar mentalmente, e me surpreendi com a rapidez com que consegui fazer isso. Eu me embruteci, calei meus pensamentos, ou melhor ainda, tentei não pensar em absolutamente nada. Mas era apenas parcialmente verdade que eu conseguia não pensar em nada, porque eu tinha de me concentrar em sobreviver, sobreviver, sobreviver. Fiquei surpreendida em como eu podia ficar indiferente ao sofrimento e à morte dos outros, à corrente infindável de cadáveres de rostos distorcidos, alguns cobertos de baba e fezes, de olhos abertos, uma mãe abraçando o filho. Nós os levávamos para fora e os deitávamos numa prancha ou numa escada de madeira. Eu conservava minha energia arrastando-os sem levantar. Adultos emaciados e crianças não eram tão pesados. Os homens do *Sonderkommando* – Destacamento Especial – levavam os corpos embora nas mesmas pranchas e escadas, examinavam-nos para ver se tinham dentes de ouro, os removiam, então levavam os corpos para o crematório. Eu via e sentia gente morta por toda parte ao meu redor, mas, ao mesmo tempo, não os via mais. Uma companheira de prisão não conseguiu lidar com o que estava vendo e enlouqueceu depois de quatro dias. Não se importou quando ela própria foi enviada para a câmara de gás.

A diferença entre dia e noite era enorme. À noite, eu dormia profundamente e estava em algum outro lugar, longe do arame farpado, dos gritos, dos cadáveres ao meu redor. De manhã, tudo aquilo voltava, como um animal selvagem agarrando o meu pescoço, do qual eu não conseguia me livrar.

Depois de seis semanas trabalhando nas câmaras de gás, descobri um primo entre os cadáveres ainda quentes, e naquele momento minha carapaça falhou. Eu não era tão inexpugnável quanto pensava. Eu me dei conta de que não conseguiria manter aquilo por muito mais tempo. Dominada pela raiva e pelo desespero, fui até o líder de grupo e falei com ele em alemão. Disse-lhe que não conseguiria mais fazer aquilo e que eu queria ir para a fábrica "União" (uma fábrica próxima onde granadas e morteiros eram fabricados). Ele ficou estarrecido e – para minha grande surpresa – aquiesceu.

Revendo agora, eu tive sorte. Era costume mandar qualquer um que fizesse críticas ou não estivesse trabalhando com o afinco necessário para as câmaras de gás, e cabia ao líder do grupo decidir. Eu correra um risco enorme ao falar diretamente com ele. Tinha visto uma companheira prisioneira de meu grupo, cujo espírito fora arrasado e que não conseguia fazer mais que se mexer mecanicamente e olhar fixo com indiferença, ser mandada para a câmara de gás.

Na fábrica União, recebi roupas melhores e, mais importante, comida melhor. No primeiro dia, eles me levaram para uma enorme oficina. Enquanto eu entrava no prédio, vi um teto alto sustentado por pilares de concreto, luzes fortes suspensas sobre as máquinas e seus operadores, contêineres maciços cheios de matéria-prima, pilhas de caixotes e carrinhos. Vapor se elevava em um canto. Rodas giravam, instruções eram berradas e o cheiro de metal e óleo permeava o ar. O lugar crepitava de movimento e energia.

Uma guarda me levou para uma máquina onde outra mulher estava trabalhando. Assim que a guarda falou, a mulher parou e olhou para nós nervosamente. Tensa e magra, os olhos fundos, ela disse alguma coisa que não compreendi. Quando perguntei à guarda, ela me disse que a mulher era grega. A guarda me explicou como operar a máquina e fez sinal para que a prisioneira grega demonstrasse. Ela me olhou com olhos interrogativos e eu lhe sorri calorosamente, assinalando que queria aprender. Então ela relaxou e me mostrou precisamente o que fazer e como. Eu a imitei, e ela me corrigiu quando cometi erros. Depois de praticar algumas vezes, eu havia completado meu treinamento profissional e fui posta para trabalhar ao lado da grega. De pé junto à máquina, eu a vi olhar para mim com um sorriso de vez em quando e balancei a cabeça para dizer olá.

Passei os primeiros três meses trabalhando em uma grande prensa e com vários tornos pesados, fazendo peças para granadas de mão. O chefe da fábrica era um homem chamado Schröder. As guardas que circulavam pela oficina abusavam de nós verbalmente com regularidade e às vezes também nos batiam, especialmente quando achavam que não estávamos trabalhando depressa o suficiente ou se alguma camponesa ignorante estivesse entre elas. Algumas das guardas da parte alemã da Ucrânia eram especialmente rudes, de temperamento explosivo e brutais. As outras não eram tão más, e mesmo Schröder, que de vez em quando aparecia na fábrica, parecia um cavalheiro vestido em um uniforme de oficial da SS.

Eu trabalhava em parte do turno da noite e em parte do turno do dia, mas, a despeito da longa jornada, o trabalho era muito mais fácil e menos pesado que nas câmaras de gás. Era agradavelmente monótono, dava-nos a oportunidade de pensar em outras coisas. E aquilo era uma fonte de energia renovada.

De vez em quando, éramos sobressaltadas por sirenes anunciando um raide aéreo contra a fábrica. Nessas ocasiões, todo mundo corria para fora. Eu sempre procurava o mesmo lugar, uma vala seca atrás de um muro a cerca de 90 metros da fábrica. Se uma bomba acertasse diretamente a fábrica, eu estaria protegida da explosão e dos estilhaços. Todas nós esperávamos que os Aliados acertassem o alvo, mas por vezes eles erravam. Dúzias morreram do lado de fora de uma oficina não muito longe da nossa. Mas os raides aéreos eram uma exceção e de maneira geral o trabalho era relativamente tranquilo.

No turno do dia, conheci duas jovens belgas, Rachel e Martha. Estávamos no mesmo alojamento e eu as tinha visto antes. Não tínhamos permissão para falar quando estávamos trabalhando; se desobedecêssemos, as guardas gritavam conosco, mas à noite, no alojamento, estávamos livres. Rachel, Martha e eu nos tornamos amigas e trocamos de lugar com outras prisioneiras para que pudéssemos dormir na mesma beliche tripla, com uma cama em cima da outra. Com frequência ficávamos deitadas de barriga para cima e conversávamos por horas sobre família, amores e as guardas, até que as outras pedissem que nos calássemos. Quase todo mundo queria dormir logo para recuperar as forças ou esquecer onde estavam.

Às vezes, em meio ao silêncio, eu via o garotinho para quem eu havia sorrido pouco antes de ele morrer. Ele sorrira de volta por um momento, mas, exceto por isto, sua expressão era adulta e triste. Será que eu o havia traído? Estávamos lá para tranquilizar as pessoas pelo máximo de tempo que pudéssemos, mas sabíamos que elas seriam mortas nas câmaras de gás. Teria o meu sorriso sido uma traição covarde? Ou teria sido uma benevolência gentil? Quando eu pensava naquilo, aquele devia ter sido o último sorriso dele. Eu só quisera ser gentil, e minha gentileza tinha sido recompensada pelo sorriso que trouxera de volta o brilho aos seus olhos baços, um breve momento de alegria numa vida curta demais.

De manhã, retomávamos o trabalho de onde havíamos parado. Eu era a única que já tinha sido casada. Rachel fora noiva, e Martha tivera alguns namorados, mas nada de muito sério. Também falávamos sobre nossas casas e nossa juventude, Martha sobre a Antuérpia, Rachel sobre Tielt, uma pequena cidade no campo no oeste de Flandres, não muito longe de Bruges. Alegrava Rachel e Martha que eu conhecesse esses lugares. Eu estivera em Blankenberg e Oostande em numerosas ocasiões, e até visitara a Exposição Mundial em Bruxelas. Quando estávamos juntas, ficávamos alegres e descontraídas. Conversávamos bastante, ríamos muito e até cantávamos de vez em quando.

Certo dia, Rachel voltou da fábrica mancando. Uma guarda tinha batido nela e até a chutara e a arrastara pelo cabelo. Seu braço esquerdo estava coberto de hematomas por ter tentado se proteger dos golpes e havia arranhões em seu rosto. Mas aquilo não era nada se comparado com a parte inferior de sua perna direita, que ela machucara ao cair sobre uma laje pontiaguda de concreto. Não parecia quebrada, mas havia um corte profundo, quase até o osso, e dano evidente ao músculo. Também estava extremamente inchada. Os hematomas e arranhões no braço dela sararam rapidamente, mas a perna se recusava a melhorar. A ferida supurou e a incomodou por muito tempo.

Naquela ocasião, meu trabalho era retirar caixotes de obuses prontos e levá-los para um depósito, onde eram numerados e relacionados. Certo dia, a mulher que geralmente cuidava da papelada e fazia o trabalho burocrático não estava por lá, de modo que procurei o oficial da SS responsável pelo departamento para lhe passar os números. Quando falei com ele em alemão, o homem se mostrou surpreso. Ele resmungou alguma coisa sobre a incompetência da administração e, quando eu disse a ele que sabia fazer o trabalho administrativo e que tinha sido criada na Alemanha, me pediu que o acompanhasse ao *Schreibstube* – o "escritório" – e me sentasse. A partir dali, passei a ser a responsável pela papelada.

Meu trabalho era simples. Eu auxiliava no planejamento ao fazer tabelas de quantidades de peças de obuses e coordenar as datas previstas de produção. Deste modo, ficava livre para visitar vários departamentos sempre que era necessário.

Como eu falava alemão e disse a eles que era de Kleef, as pessoas me tratavam normalmente. Os guardas sabiam que eu tinha liberdade de movimento ao redor da fábrica de obuses e, se eu lhes perguntasse alguma coisa, respondiam de maneira normal e profissional. Mesmo assim, eu tinha plena consciência da realidade da situação.

Apesar de tudo, pelo menos, não havia ninguém olhando por cima de meu ombro. Tudo o que eu tinha de fazer era me certificar de que as previsões de produção e a papelada batessem. Agora que eu tinha um pouco mais de tempo para mim e uma máquina de escrever à minha disposição, comecei de novo a escrever poemas e canções. Aquilo me ajudava a escapar, ainda que de maneira fugaz, do campo. Eu cantava as canções para mim mesma, mas logo todo mundo as cantava, até os soldados.

Enquanto isso, meu novo chefe e eu debatíamos aumento de produção e melhorias. Depois de algum tempo, passamos a conversar a respeito de outros assuntos. O nome dele era Fischer, Kurt Fischer, de Magdeburg, e ele se preocupava com sua família agora que os bombardeios dos Aliados estavam se aproximando mais do centro do país. Mesmo Magdenburg tinha sido atingida. À medida que conversávamos, sua reserva inicial em relação a mim começou a evaporar.

O escritório onde eu trabalhava durante o dia era pequeno, mas sossegado, protegido do barulho e do movimento da fábrica, uma ilha tranquila em meio a um oceano tempestuoso. Minhas conversas com Kurt a respeito de administração e planejamento de produção estavam se tornando cada vez mais longas. Não eram necessárias, é claro, mas eram uma agradável e bem-vinda distração para nós.

Ele me contou sobre sua irmã e seus trigêmeos, o cachorro que seus pais tinham lhe dado, suas aventuras na Juventude Hitlerista e sobre seu irmão em Stalingrado. Parecia ser bastante sensível e muito mais tímido do que seu uniforme da SS teria levado todo mundo a crer. Em contraste com Jorg, ele não estava querendo me seduzir e não fez nenhuma tentativa. Apenas foi gentil comigo, nada mais, nada menos. No entanto, vi uma vantagem potencial em nosso relacionamento e decidi conquistá-lo. Contei-lhe sobre minha paixão pela dança, meu sucesso nos cinemas e o fracasso de meu casamento com Leo. Ele me contou que fora noivo por quase dois anos, mas que tivera de romper o noivado por um motivo qualquer – não me disse por que exatamente.

Havia alguma coisa enternecedora na timidez dele que eu achava atraente. Ele não tocara em mim, nem uma vez, e depois de algum tempo confidenciou que não estava muito impressionado com seu cargo em Auschwitz. Há um ano ele estivera na França. Um belo país, um povo simpático e bom vinho. Mas um companheiro oficial o incriminara falsamente por um incidente infeliz e, por causa disso, ele fora transferido para Auschwitz. Agora, já fazia quase um ano que estava ali. Ele não era um nazista "fanático", mas achava que Hitler tinha feito muito pelo povo alemão, especialmente depois dos tratados de paz humilhantes que se seguiram à Primeira Guerra Mundial. A miséria que haviam causado era imensa: desemprego, hiperinflação, divisões internas, pobreza. Depois de anos sem trabalho, seu pai havia conseguido um emprego, e a pobreza que eles tinham vivido em casa havia se tornado coisa do passado. Não que eles fossem ricos, mas agora ganhavam o suficiente para viver como cidadãos normais. No entanto, quando se tratava da Rússia e da Inglaterra, ele achava que os nazistas haviam se excedido. Deveriam ter parado a guerra quando ocuparam território suficiente. Deveriam ter demonstrado maior autocontrole – então teriam um Grande Reich Alemão com fronteiras seguras: o ex-aliado Stalin a leste; o oceano Ártico, a Finlândia não hostil e a neutra Suécia ao norte; o oceano Atlântico e o Mar do Norte a oeste; e os aliados Espanha e Itália ao sul. Mas agora estava tudo uma confusão, e eles estavam sendo derrotados e obrigados a recuar em todos os lados. Na opinião de Kurt, tudo aquilo era culpa da sede de poder ilimitada dos nazistas. Eu o ouvi falar sobre perspectivas geopolíticas, sobre o Grande Reich Alemão, mas não disse nada em resposta. Só conseguia ver minha situação atual. E eu queria me agarrar à atmosfera de meu pequeno escritório por tanto tempo quanto pudesse.

Durante um de nossos "debates de planejamento", descobri que os oficiais da SS se reuniam regularmente à noite para se distrair. Afinal, eles também estavam confinados a um campo longe de casa. As noites envolviam beber e cantar, mas, depois de algum tempo, aquilo tinha se tornado um pouco rotineiro. Um dia, decidi me arriscar e me ofereci para tocar piano e dançar durante as reuniões noturnas deles. Eu conhecia muitas canções alemãs. Kurt respondeu com evasivas, mas, depois de alguns dias, ele me disse que eu deveria ir com ele numa das noites. Aparentemente, ele andara fazendo consultas a respeito daquilo. Eles queriam que eu fosse dançar para eles. Uniformes de prisão não eram exatamente apropriados, e ele então tomou providências para que eu tivesse roupas diferentes e sapatos mais elegantes.

Um soldado me acompanhou até o armazém onde eles guardavam as roupas. Havia montanhas delas, todas de pessoas que haviam morrido nas câmaras de gás, separadas em pilhas de casacos, sapatos, vestidos. O armazém inteiro estava cheio. Experimentei algumas roupas e escolhi mais do que precisava. Enfiei dois vestidos, roupas de baixo, meias, três blusas e dois suéteres em um saco de lona. Também peguei um par de sapatos de menino para substituir o meu par muito usado, e três pares de sapatos femininos para dançar. Como era inverno, enfiei minhas meias "novas" imediatamente e vesti um suéter por baixo do uniforme do campo. Também passei a mão em um par de travessas e algumas presilhas de cabelo de uma sala adjacente. Escondi os vestidos e as outras roupas atrás de minha escrivaninha no *Schreibstube* e levei algumas peças discretas de roupas de baixo e meias para o alojamento, para Martha e Rachel.

Quando caiu a noite, voltei para meu escritório, tirei o uniforme e me vesti. Penteei o cabelo, que havia crescido de novo desde que eles o rasparam quando eu havia chegado. Meu cabelo tinha até adquirido alguma forma. Kurt havia acertado as coisas para que eu não tivesse mais de ter a cabeça raspada como as outras prisioneiras. Ensaiei alguns passos de dança em meu novo vestido, esfreguei minhas pernas para aquecê-las e deixá-las mais soltas e esperei por Kurt, que viria me buscar.

E assim lá estava eu, passando uma noite com a SS. Havia um piano no canto de um aposento confortavelmente mobiliado, um toca-discos, muito barulho, bebida e fumaça de cigarros. As cabeças se viraram quando chegamos. Para minha surpresa, havia mulheres entre eles, sobretudo as temidas *Aufseherinnen*. Schröder, o gerente da fábrica, não estava lá. Ele decerto considerava aquele tipo de atividade indigna dele e se limitava a festas organizadas por colegas e pelos oficiais superiores do campo. Alguns dos presentes já estavam claramente um pouco bêbados. Eles cantavam canções alemãs, como *Süsse Heimat* (Lar, Doce Lar) e *Warum ist es am Rhein so schön?* (Por que é tão bonito no Reno?).

E então começou. Eu devia dançar a música tocada no gramofone. Levei uns instantes para decidir que disco tocar, então Kurt levantou a mão. Fez-se silêncio enquanto eu me apresentava e informava a dança que iria exibir. Era uma mazurca. Primeiro lenta e depois mais rápida. Mostrei três danças diferentes, e depois de meia hora havia acabado. Ninguém bateu palmas, mas recebi uma bisnaga inteira como recompensa e fui mandada de volta para meu alojamento.

Naquela noite, na cama, contei minhas aventuras a Martha e a Rachel e dividi com elas o pão que havia escondido debaixo das roupas. Nós três fomos dormir ainda dominadas pela animação.

No dia seguinte, pus minhas roupas comuns de prisioneira do campo e fui trabalhar no *Schreibstube*. Mas, em vez de meu feioso jaleco listrado, me troquei e vesti uma blusa com um suéter por cima. Nada muito chamativo, mas, mesmo assim, melhor. Kurt sorriu quando me viu e, sem dizer nada, em seguida desapareceu no interior da fábrica. No fim da tarde, ele me disse que eu era esperada para uma segunda apresentação naquela noite. Recebi uma cota extra de comida durante o dia no *Schreibstube* e me senti muito melhor e mais forte. Depois disso, essas ocorrências se tornaram frequentes. Quase toda noite eu dançava, cantava canções de cabaré alemãs e tocava piano. Depois recebia comida extra como recompensa, geralmente uma bisnaga, como da primeira vez.

Enquanto isso, Kurt falava cada vez mais sobre sua casa, a ameaça de perder a guerra e as noites no campo. Ele não achava tão fácil conversar com seus colegas a respeito dessas coisas, especialmente sobre a guerra e como estava evoluindo mal. Não era permitido. Você tinha de continuar acreditando na *Endsieg*, ou vitória final, mas comigo ele era menos inibido. Apesar de não serem assuntos alegres, nossas conversas ajudavam Kurt a relaxar.

Certa noite, depois que minha apresentação acabou, sugeri ensinar aos oficiais as últimas danças da Alemanha. Na realidade, elas eram de Paris e Londres, mas ninguém precisava saber. Escolhi novos passos de dança baseados em canções antigas e evitei o jazz e o swing, uma vez que eram considerados *entartet* – degenerados. A dança que apresentei não os agradou – a maioria vinha de famílias simples e estava mais interessada em aprender a polca ou a valsa –, mas decidiu-se iniciar mais cedo da próxima vez. E assim comecei a dar aulas a um novo grupo de alunos de dança. Eles eram um pouco tímidos, é claro. A maioria não estava habituada àquele tipo de coisa; eles eram homens rústicos e camponeses falastrões que não ousavam se mostrar como eram. Nem todo mundo participou. Alguns se mantiveram à parte, bebendo cerveja e *schnapps*, mas depois de umas duas noites a coisa ficou animada, e até os mais tímidos participaram. Eu também ensinava etiqueta. Como um homem devia convidar uma dama para dançar? Que tipo de comportamento era inapropriado? Nada de pôr as mãos no traseiro da parceira, instruí. Uma "ligeira reverência" é necessária quando se convida uma dama para dançar, e espera-se uma mesura da dama quando acaba. Era bizarro quando eu me afastava e olhava aquilo de fora. Ali estava eu ensinando etiqueta aos homens da SS em Auschwitz.

Por volta das 11 da noite, Kurt me acompanhava até o escritório, onde eu trocava de roupas e vestia o uniforme do campo. Então nós nos separávamos, eu ia para o alojamento e Kurt voltava ao grupo para conversar, cantar e beber. Kurt me disse que vários homens e mulheres com frequência acabavam juntos na cama.

Até aquele momento, eles tinham me deixado em paz. Um ou dois tentaram me agarrar, mas no grupo, diante dos olhos de todos os colegas, não passara disso. Apesar de tudo, parecia que eu ainda era bastante atraente, pensei com algum orgulho. Mas, ao mesmo tempo, eu estava um pouco preocupada de que tudo fosse descarrilar mais cedo ou mais tarde. Como escapar daqueles brutamontes?

Uma noite, Kurt me acompanhou de volta ao escritório como sempre, mas desta vez ficou observando enquanto eu me trocava. Nós nos olhamos e não dissemos nada. Então ele se aproximou de mim. Eu podia sentir sua respiração – os olhos tão próximos, sérios, dolorosamente sérios. Atiramos os braços ao redor um do outro, caímos no chão, em cima das roupas que eu havia despido, e fizemos amor. Depois ele se mostrou tímido, calado e um tanto confuso. Vi um homem sério e reticente, preocupado com a família no lar distante. Eu o consolei, passei os dedos por seus cabelos e sussurrei:

– Nós não pedimos todo este horror. Vamos viver cada momento.

Ficamos deitados em silêncio por mais um ou dois minutos, lado a lado, nos tocando. Então Kurt se levantou, vestiu as calças e a jaqueta, me deu um beijo rápido e voltou para o grupo. Eu me vesti lentamente, penteei o cabelo e pensei a respeito do tímido e ligeiramente apreensivo Kurt. Ele finalmente tinha mergulhado de cabeça, e decidi dar a ele o meu amor, apesar das bizarras circunstâncias, e buscar consolo em estar em sua companhia. Com Kurt ao meu lado, eu também me sentia protegida dos outros guardas, alguns dos quais não conseguiam se conter, especialmente quando tinham bebido. Eu não precisava mais me preocupar com contracepção. Quando pensava a respeito de não poder ter filhos, um sentimento de vazio e de tristeza me dominava. Mas com Kurt aquilo era uma pequena vantagem.

Depois daquilo, Kurt e eu passamos a ficar juntos após a aula de dança com mais frequência, um pouco de amor em meio ao desespero, numa fábrica de morte, aquela empresa demoníaca. Era um amor ditado pelas circunstâncias, mas oferecia alguns momentos de liberdade e tinha um efeito curativo sobre mim.

Durante o dia, quando eu estava à minha escrivaninha trabalhando nas tabelas de data de produção, com frequência pensava em Kurt – no cheiro dele, em suas mãos, em como tínhamos feito amor na noite anterior, bem ali no chão, atrás daquela mesma escrivaninha. A timidez dele havia desaparecido, e era muito menos reservado quando conversávamos. Ele se sentia mais seguro de si.

Então subitamente as aulas foram interrompidas. Acabaram-se as noites agradáveis com a SS, acabaram-se as canções. Alguma coisa estava acontecendo. Certa noite, quando Kurt e eu estávamos deitados lado a lado em nossos cobertores atrás da escrivaninha, ele me revelou suas preocupações:

– A coisa vai mal. Estamos perdendo a guerra. Todo mundo sabe disso. Falamos a respeito, mas sempre em segredo, uma vez que o *Eindsieg* ainda é a postura oficial. Os russos estão vindo do leste, e os americanos estão avançando do oeste. O que vai acontecer conosco? Há uma semana não recebo correspondência de minha família, nem de meus pais, nem de minha irmã. – Confortei-o, tentei alegrá-lo, fazê-lo sorrir, mas não funcionou. Ele estava desanimado e assustado. Havia muito pouco do oficial enérgico e gentil da SS que eu havia conhecido.

Eu queria que ele se controlasse, fosse forte, mas não lhe disse isso. Para animá-lo, falei:

– Você sempre tratou os prisioneiros corretamente. Continue assim e eles não terão nada de que acusá-lo depois da guerra. Se alguém me perguntar, direi que você sempre foi bom para mim. – Ele não disse nada, passou os dedos delicadamente por meu cabelo, levantou-se e retornou a seus aposentos. Voltei para meu alojamento.

Kurt e eu tivemos mais um encontro atrás de minha escrivaninha depois disso. Mas ele parecia preocupado e me disse que brevemente estaríamos partindo. Os russos estavam se aproximando do campo de concentração.

# PAUL

## Começando a nos conhecer

Quando René, meu primo em segundo grau a quem eu encontrei na Comissão Europeia em Bruxelas e com quem prometi ficar em contato, telefonou sem mais nem menos, ele não fez rodeios:

– Eu me mudei para Haia – disse. – Não tivemos muita oportunidade de conversar da última vez. Por que não vem jantar conosco?

A lembrança de nosso último encontro ainda estava fresca em minha mente, e eu estava ansioso para descobrir mais a respeito de minha família.

– Excelente ideia – respondi. – No fim da semana está bom, depois do trabalho?

– Sem problema, mas vou para a sinagoga depois do trabalho; assim, por que você não se encontra comigo lá? O sabá começa na sexta à noite. E depois podemos ir à minha casa para jantar.

Naquela sexta-feira à tarde, me dirigi para o centro de Haia. Eu nunca tinha estado em uma sinagoga, estava curioso para ver como era e como seria o serviço religioso. Estacionei o carro, peguei minha pasta e segui por uma ruazinha sossegada. Não havia ninguém à vista. A entrada para a rua estava bloqueada por barricadas de madeira com placas "Proibida a Passagem" e "Em Obras". Fui andando, até que cheguei a um portão gradeado com o endereço que René tinha me dado. Não parecia um templo. Examinei a rua vazia e, numa janela do lado oposto na diagonal, vi um homem com um rifle. Ele rapidamente recuou, saindo de vista. A situação era ameaçadora. Fiquei em guarda. Olhei de volta para a grade do portão, chequei o número e toquei a campainha.

Imediatamente alguém abriu o portão e me deixou entrar, examinando-me com um olhar sério e inquisitivo. Um segundo homem passou por nós e trancou o portão, depois entrou rapidamente no vestíbulo, fechando a porta. Antes que eu me desse conta, estava em um recinto fechado com dois homens nervosos. Aquilo era estranho, pensei, pondo no chão minha pasta pesada. O que estava acontecendo? Instintivamente, me encostei na parede, adotando a postura defensiva que tinha aprendido no rinque de boxe, pronto para me defender de socos com a direita e desferir jabes com a esquerda.

– Aqui é a sinagoga? – perguntei aos homens. Eles assentiram e me perguntaram o que eu tinha na pasta.

– Documentos de trabalho – respondi. Será que eu me importaria se eles dessem uma olhada? Depois de examinarem o conteúdo da pasta, eles se acalmaram um pouco e me perguntaram se eu havia combinado de me encontrar com alguém. Dei a eles o nome de meu primo. Um dos homens desapareceu atrás da porta que havia fechado apressadamente momentos antes. Agora que a atmosfera estava um pouco mais relaxada, perguntei se aquele era um procedimento habitual.

– Sim, são medidas de segurança – respondeu o outro concisamente. Era óbvio que ele não estava interessado em conversar.

– O serviço já começou?

– Já está quase no fim. – O colega dele voltou, dizendo que meu primo estava me esperando e que eu podia entrar. O outro homem relaxou visivelmente.

Depois de uma despedida amistosa, a porta se abriu e entrei num belo e espaçoso pátio com uma árvore imensa no meio, um oásis de tranquilidade no coração do movimentado centro da cidade. Então René apareceu, dando-me as boas-vindas calorosamente, e enfiou um *kippah* em minha mão, antes de me convidar para entrar.

Era um prédio bonito, com janelas arqueadas que permitiam a entrada de luz por todos os lados. Balcões à esquerda e à direita eram decorados com elegantes treliças, e um grande candelabro de bronze, com cerca de 125 velas elétricas, pendia do teto. Uma plataforma de madeira ornamentada, rodeada por uma balaustrada decorativa, ocupava a frente do aposento, quase tão alto quanto largo. Era bastante diferente das igrejas católicas alongadas com que eu estava habituado, com suas pequenas janelas de vitral e a atmosfera sombria e quase melancólica.

Ao longo dos bancos de madeira, cerca de 75 pessoas estavam de pé ou sentadas. A atmosfera cordial contrastava completamente com a suspeita que eu havia encontrado assim que chegara. Havia muita conversa entre os adultos – além de holandês, ouvi inglês, francês e russo –, e as crianças não estavam muito bem-comportadas, como as que me lembrava de ver em igrejas católicas. No atril, o rabino alternava entre falas e canções. Consegui acompanhar a maior parte, exceto pelos segmentos em hebraico, e, quando me perdia, perguntava a René.

Depois do serviço, nos encaminhamos para o pátio principal. O sol brilhava e muitos dos congregantes permaneceram ali para conversar. René explicou que era um serviço especial, um bar-mitzvá, daí o grande número de presentes. Cumprimentamos Ruth, a mãe da garota que celebrava seu bar-mitzvá, enquanto nos encaminhávamos para um edifício imponente do outro lado da rua, onde um lanche era servido. Todo mundo estava conversando, e René me apresentou a várias pessoas.

Ficamos ali por uma hora, até que quatro de nós nos encaminhamos para a saída. Um homem com um aparelho de escuta no ouvido nos deteve. Não era permitido que mais que duas pessoas saíssem pela porta de cada vez, e apenas após um sinal dele. René saiu primeiro com uma outra pessoa. Depois de alguns minutos eu o segui, saindo para uma rua larga e movimentada. Que contraste com a rua estreita por onde havia entrado! Quando virei para a direita, vi René esperando mais adiante no quarteirão, ao lado de outro homem com um fone de ouvido. Ele me disse que havia muitos outros guardas de segurança espalhados pela rua, se comunicando com os colegas no interior.

Naquela noite, René me apresentou à sua esposa, e conversamos sobre a família durante o jantar, especialmente a família dos pais dele. Ele não sabia de muita coisa a respeito de tia Rosie. Aparentemente o pai dele lhe contara pouco mais além do fato de que eram parentes e não dissera nada sobre o que ela havia passado nem suas atuais circunstâncias. Talvez isso fosse tudo que ele soubesse.

Dirigindo de volta para casa às 11 daquela noite, pensei na sinagoga e em suas medidas rígidas de segurança. Aquilo havia me surpreendido. Eu já ouvira falar sobre ameaças terroristas, é claro, mas não tinha nenhuma ideia do que aquilo realmente significava para a comunidade judaica. René e os outros congregantes enfrentavam a situação com naturalidade, como se fosse perfeitamente normal. Mas não era notável, pensei, que tantos anos depois do Holocausto aquelas pessoas ainda tivessem de temer pela própria segurança? De repente me dei conta de que tinha perdido o retorno. Estava com coisas demais em minha mente.

# ROSIE

## O caminho para a libertação

No dia 17 de janeiro, dei meus primeiros passos rumo à libertação. O frio estava cortante e todo mundo no alojamento parecia inquieto. Tínhamos sido dispensadas do trabalho mais cedo do que de hábito. Nossos guardas, cuja arrogância e agressividade haviam diminuído nas últimas semanas, pareciam nervosos enquanto arrastavam baús e suprimentos de um lado para outro. Todo mundo percebia que alguma coisa estava por acontecer. As câmaras de gás não haviam sido usadas ao longo de semanas. Já tinham nos chegado notícias da vitória Aliada na Batalha de Bulge. Nos últimos dois dias, ouvíramos o troar de fogo de artilharia ao longe. Mas agora os russos estavam se aproximando do campo. Podia-se ouvir o trovejar de canhões. No alojamento, todos falavam ao mesmo tempo. Então a nossa encarregada apareceu com uma notícia:

– Vamos partir amanhã. O campo vai ser evacuado. Aqueles que puderem andar devem nos seguir. Os doentes devem ficar.

Naquela noite, pensei a respeito de nossa partida iminente. Martha, Rachel e eu estávamos no campo havia muito tempo. A duração de nossa estada era quase invejável, considerando que a maioria daqueles com quem chegáramos estava morta. Formávamos uma verdadeira equipe, uma equipe de otimistas determinadas e empedernidas. Nossas bizarras circunstâncias só tinham reforçado os laços entre nós. Mesmo quando as bombas começaram a cair, operamos como grupo, nos abrigando juntas numa vala, em busca de proteção. Agora à noite, nos abrigávamos juntas de novo, uma vez que as janelas do alojamento tinham sido quebradas.

Na manhã seguinte, tínhamos de estar prontas para a jornada. Como Rachel ainda apresentava problemas no ferimento em sua perna, não tínhamos certeza de que ela poderia se juntar a nós. Ela podia percorrer uma pequena distância, mas ainda não sabíamos quanto teríamos de caminhar. Nem a líder do alojamento sabia. Por outro lado, Rachel não estava tão doente assim para ser deixada na enfermaria. E, mesmo que estivesse, muitas pessoas estavam convencidas de que os homens da SS fuzilariam todo mundo que ficasse. Já haviam feito isso com bastante frequência no passado, para se certificar de que os doentes não cairiam nas mãos do inimigo para dar testemunho dos crimes da SS. Levando tudo isso em conta, Rachel decidiu se juntar a nós.

Enquanto todo mundo empacotava seus pertences, corri até o *Schreibstube* para recolher as roupas adicionais que mantinha lá para as noites de dança. Quando voltei, dei a Martha e a Rachel saias e um suéter para ajudá-las a se protegerem do frio. Vesti uma calça comprida e duas saias, depois puxei um par de meias compridas sobre as pernas de minha calça, me assegurando de que ficassem bem apertadas. Então enrolei um trapo ao redor da parte inferior de cada perna, cobrindo as pernas de minha calça e os canos de meus sapatos de menino. Então usei parte de um velho cobertor, cadarços e um alfinete para criar uma bolsa ao redor da cintura, que enchi com uma toalha, alguns trapos, pares adicionais de luvas e, é claro, minhas canções e poemas. Além de ser útil para carregar coisas, a bolsa também me protegia do vento gelado. Usamos o resto do cobertor para enrolar a parte inferior da perna ferida de Rachel, mantendo-a mais aquecida e bem protegida. Como sempre, havia falta de comida, mas, se fôssemos cuidadosas, provavelmente teríamos pão suficiente para nos manter vivas por alguns dias. Também amarramos nossas tigelas de beber no cinto. Poderíamos enchê-las de neve e beber quando derretesse. Nossos preparativos estavam em ordem, mas ainda nos preocupávamos com Rachel. Ela arrastava a perna quando andava e não podia contar com ela como apoio.

Ao entardecer, os SS chegaram.

– *Schnell, schnell, raus.*

Das torres de vigia, holofotes acesos brilhavam ofuscantes sobre nós. A evacuação havia começado.

Entramos em um mundo diferente quando saímos do campo. Era nublado e escuro, sem estrelas, rodopiava com a neve e estalava com o som de passos. Apesar da presença de milhares de pessoas, mal se conseguia ouvir uma palavra. Gostei de estar fora do campo e na neve e comecei a cantarolar. Dezoito meses em Auschwitz tinha sido tempo suficiente. Estávamos indo para casa, rumando para oeste, embora eu não tivesse certeza exata de nossa destinação. De cada lado de nós, homens armados da SS estavam enfileirados em roupas pesadas de inverno. Cães de guarda alsacianos estavam de prontidão. Passamos por árvores nuas cobertas de neve. Linhas pardas acinzentadas com bordas brancas. Pareciam um desenho dos contos de fadas dos Irmãos Grimm. Sombrias, sinistras e estranhamente serenas.

A realidade da situação era muito mais selvagem. Russos agressivos e beligerantes marchavam atrás de nós. Fortalezas Voadoras Americanas vagavam nos céus acima de nós, e hordas de homens armados da SS nos confinavam de ambos os lados. Olhando ao redor, pensei: alemães estúpidos. Quem de plena posse de suas faculdades destacaria tantos soldados bem treinados, armados até os dentes, para acompanhar um bando de mendigos esmolambados, em vez de destacá-los para a defesa de *der Heimat* contra as tropas russas que avançavam?

Um disparo de arma nas vizinhanças me trouxe de volta ao momento presente. Retardatários e fugitivos estavam sendo fuzilados. Uma mulher na minha frente foi puxada para o acostamento da estrada e morta com um estampido alto e um clarão. Quase ninguém olhava para cima ou para trás. Os homens da SS nos faziam andar depressa. Os russos estavam próximos. Muitos prisioneiros ficaram para trás. O ritmo da marcha se tornou mais lento. Um número grande demais de pessoas estava desnutrido, sofria de câimbras nas pernas, não estava devidamente vestido para se proteger contra o frio e quase congelava; alguns tinham sapatos que machucavam. À medida que os prisioneiros se mostravam incapazes ou sem vontade de continuar, mais e mais execuções ocorriam no acostamento. Havia cadáveres por toda parte.

Depois de horas de caminhada, Martha estava indo bem, mas Rachel enfrentava dificuldades com sua perna. Conversamos sobre o que fazer. Rachel sabia que não conseguiria continuar por muito mais tempo. Quanto mais teríamos de caminhar? Parecia que os alemães também estavam cansados e necessitados de uma parada. Então chegou até nós a notícia de que os russos tinham penetrado as linhas alemãs. Precisávamos seguir adiante, acelerar a marcha. Àquela altura, Rachel tinha de arrastar tanto a perna que mal conseguia andar. Sem nossa ajuda, ela estaria acabada. Enquanto nós três marchávamos de braços dados, Rachel falou sobre nos deixar. Martha e eu não discutimos com ela. Era uma pessoa realista. Rachel nos pediu que fôssemos à casa dela, quem sabe encontraríamos um irmão ou irmã. Os pais dela tinham sido mandados para os campos já havia muito tempo.

– Digam a eles que gostei muito de estar na companhia de vocês e que rimos muito. O café no final da rua é onde Pierre vive. Não sei se ele está com alguma outra pessoa agora, mas deem-lhe um beijo por mim e digam a ele que ainda penso muito nele. – Aquele era seu último desejo, seu testamento. – Está na hora de me deixarem ir. Vocês não conseguirão prosseguir se tiverem de me arrastar junto. Eu estou em paz. Amo muito vocês. Um beijo e adeus.

Fitei seus olhos pelo que me pareceu uma eternidade e vi uma tranquilidade calorosa. Ela não disse nada, e beijei-a nos lábios. O rosto de Martha estava banhado de lágrimas, e ela também beijou Rachel. Nós a beijamos repetidas vezes. Não dissemos nada. Saí da fila e perguntei em alemão a um homem da SS se podíamos ter um momento para nos despedir de nossa amiga moribunda. Ele ficou um tanto perplexo; prisioneiras não deveriam falar com a SS, mas balançou a cabeça de maneira quase imperceptível e indicou um local no acostamento da estrada com as ruínas de um muro. Rachel manquejou em direção ao local, com Martha e comigo. Nós a deitamos ali, passamos os dedos em seu cabelo e sobre seu rosto, prometemos cumprir seus desejos e a beijamos pela última vez.

O homem da SS esperou um momento, mas rapidamente foi se juntar à coluna de prisioneiros que avançava. Quando outro apareceu, esbravejando e berrando, apontando seu rifle, Martha e eu corremos de volta para a fila. Olhei para trás, vi um clarão e ouvi um estrondo. Rachel se soergueu, depois caiu de bruços, o cabelo ainda esvoaçando ao vento, um gesto final de despedida. Depois daquilo, tudo que eu podia ver era a neve. Mais nada.

Martha e eu continuamos em silêncio. O que havia para dizer? As lágrimas se transformaram em gelo em nossas faces. Depois de mais ou menos 40 minutos, ordens foram dadas. Nós não as ouvimos, mas todo mundo parou. Esbarrei em alguém na minha frente, que disparou contra mim uma série de impropérios. Um período de descanso! Fazia horas que estávamos andando. Para Rachel era tarde demais. As pessoas se sentaram na neve ou buscaram abrigo junto a um muro adjacente a casas bombardeadas. Estávamos perto das ruínas de um pequeno vilarejo.

Os alemães nos atiraram alguns bocados de pão e seguiram-se brigas. Martha e eu observamos nos mantendo a distância. Ainda tínhamos pão do campo e Rachel nos dera a porção dela pouco antes de nos despedirmos. Tudo parecia tão irreal, como um sonho do qual você quisesse acordar, mas não conseguisse. Então um grupo de alemães passou por nós na estrada, alguns empurrando um carrinho. Refugiados do leste.

– Os russos invadiram as linhas! – gritaram. Todo mundo estava cansado demais para reagir.

Naquela noite, dormimos ao ar livre, no frio intenso, com apenas um par de muros para nos proteger do vento. Martha e eu nos mantivemos aquecidas nos abraçando e esfregando o rosto e as mãos uma da outra. Continuamos vestindo nossas roupas e calçando os sapatos. Depois de um ano e meio em Auschwitz, nosso primeiro dia fora do campo tinha chegado ao fim.

A jornada continuou na manhã seguinte. Quando acordamos, havia cadáveres por toda parte. Muitos tinham sucumbido ao frio intenso. Era tentador se deixar ir no sono. Alguns morreram até enquanto estavam sentados.

Aquele tipo de morte não era para mim, mas eu podia imaginar como a neve branca e macia devia ser tentadora. Quando paramos para um descanso, por volta do meio-dia, começou a nevar de novo. Eu me sentei no acostamento da estrada e observei os grossos flocos de neve descendo rodopiantes. Alguns passaram voando por mim, levados pelo vento, ou viraram em outra direção. A neve abafava os ruídos altos, fazendo com que tudo parecesse estar em paz. Eu não estava preocupada em ser coberta pela neve, lenta, mas implacavelmente. Estava hipnotizada pelos flocos caindo perpetuamente, por sua beleza suave e etérea. Pensei em Rachel, que devia estar completamente coberta de neve agora.

Depois de algum tempo, um clamor de ordens perturbou a tranquilidade. Levantei a cabeça. Estava na hora de seguir adiante. Espanei a neve, encontrei Martha e seguimos marchando. Todas as minhas articulações estavam enrijecidas.

Uma hora depois, subitamente, tivemos de parar por causa do trovejar de fogo de artilharia adiante. Nós nos sentamos na beira da estrada em pequenos grupos. O fogo de artilharia se intensificou. Morteiros explodiram em vários lugares ao nosso redor. Você podia ouvi-los se aproximar: primeiro um assovio agudo, então um clarão de luz e uma explosão. Era exatamente como trovão e raios. Quanto mais alto o assovio, mais próxima a explosão. Em certo momento, um morteiro explodiu bem perto, e um dos guardas da SS foi atingido. Ele caiu no chão com o rosto na lama, o capacete ainda no lugar. Quando olhamos para lá, vimos que suas pernas tinham desaparecido. Não havia sinal delas, apenas um sapato com um pé a alguns metros do corpo dele. Era espantoso o que um único morteiro podia fazer! Fiquei atordoada. Aquela era a primeira vez que os via em ação. Era difícil imaginar que eu havia fabricado coisas tão eficientes quando estava em Birkenau. Naqueles dias, só estava interessada em produção e planejamento. Naquela época, aquilo ainda era teoria, mas agora eu os via em termos práticos. Era uma pena que os russos não tivessem melhor pontaria. A família do soldado receberia um bonito certificado com letras ornamentais antiquadas, dizendo-lhe que o filho deles tivera morte de herói, que morrera por seu povo e pela pátria. Estavam apenas sendo enganados. Não havia nada de heroico em falta de sorte, em ser mandado pelos ares em pedaços por puro acidente. Não era assim que heróis morriam.

À noite, deitamos na estrada. Martha e eu nos aninhamos juntas como colheres para nos mantermos aquecidas. Eu tinha construído um muro de neve ao nosso redor para nos proteger do vento. Era como a toca de um animal. Uma cova rasa, minha mochila servindo de travesseiro sob minha cabeça e trapos como echarpes ao redor de nossas cabeças para manter o calor dentro e a neve fora. Estar deitada ali aquecida e descansando na neve me fez recordar temporadas de férias passadas em Sauerland, perto de Winterberg, ou patinando nos lagos em Oisterwijk, não longe de Den Bosch. Mais uma vez imaginei como seria tentador me entregar à neve e não me levantar.

Bem cedo na manhã seguinte, os guardas nos acordaram com o clamor habitual. Estávamos semicobertas de neve e enrijecidas quando nos levantamos. Mas alguns não se moveram. Cansados ou mortos? Era difícil dizer. A maioria estava morta. O resto não tardaria a morrer, com ou sem a ajuda da SS.

No dia 23 de janeiro, depois de seis dias na estrada, durante os quais caminhamos mais de 80 quilômetros, chegamos à aldeia de Loslau, onde fomos embarcados em vagões de trem descobertos para transporte de carvão. Continuaríamos nossa jornada de trem, avançando dia e noite. Era espantoso como as estradas de ferro ainda funcionavam em meio à desordem. Havia água e carvão de sobra. Se uma estação tinha sido bombardeada, o trem era desviado por outras rotas para outras estações. Os Aliados tendiam a bombardear as grandes estações e a ignorar as menores, obrigando os trens a fazer desvios de vez em quando, enquanto continuavam seu caminho.

As condições no trem eram abomináveis. Só em meu vagão havia 160 prisioneiros histéricos, espremidos uns nos outros, sem comida ou bebida, em temperaturas de vinte graus abaixo de zero. Alguns morreram de exaustão. Outros nós estrangulamos para conseguir um pouco de espaço para nós mesmos. A cada manhã, quando o trem parava, os cadáveres eram atirados para fora do vagão, depois que removíamos seus sapatos e roupas e os revistávamos em busca de comida. Podia-se ouvir uma pancada quando cada cadáver batia no chão. De vez em quando, ouvia-se alguma coisa se quebrar. Mas o som não nos afetava mais. O máximo foi de 14 numa noite. Precisávamos urgentemente de mais espaço no vagão e mais roupas para nos proteger do frio e do vento.

É claro que ninguém tinha permissão para sair dos vagões. Se você tentasse, como alguns fizeram, os homens da SS fuzilavam no ato. Ainda me espantava que tantos guardas da SS continuassem a se incomodar com um bando de prisioneiros decrépitos e subnutridos, em vez de lutar no *front* ou voltar para casa. Eu ainda achava que aquilo era uma estratégia estúpida. O trem às vezes andava de marcha a ré em vez de avançar. Estava claro que a linha de combate não podia estar muito longe e que os russos avançavam rapidamente. Nossa jornada estava nos levando cada vez mais longe para oeste.

Cruzamos a linha Oder-Neisse, entre os russos que avançavam e os alemães que recuavam. Até que uma noite paramos num pátio ferroviário próximo de Berlim, onde nos foi oferecido um show espetacular: um intenso ataque aéreo contra a cidade. Finalmente chegamos ao campo de concentração de Ravensbrück, completamente exaustos de frio, fome e sede. Das 160 pessoas que tinham sido espremidas em nosso vagão, quase a metade havia morrido no caminho. Tivemos sorte de o trem não ter sido atacado pelos aviões. Estes ataques aconteciam com muita frequência, mas tínhamos sido poupados. Quando chegamos, todo mundo estava indiferente, apático. Meus pés estavam congelados, com todos os dedos negros. Martha estava no limite de suas forças, mas ela também havia sobrevivido à jornada brutal. Por pouco, mas isto agora era o que contava.

No campo, se revelou que eu havia contraído febre tifoide em algum momento, além de ter os dedos congelados. A febre tifoide podia ser fatal e fui levada para a enfermaria, mas minha doença não foi considerada grave o suficiente, ou, pelo menos, não avançara muito e me disseram para ir embora. De qualquer maneira, eles não tinham mais vacinas contra tifo. Quando eu disse à médica encarregada que era enfermeira, tive permissão para ficar e ajudar, apesar de minha doença. Também recebi algo para comer, embora não fosse muita coisa.

Em meio ao caos, me perdi de Martha. Ela provavelmente fora enfiada em um ou outro alojamento. O campo estava lotado. Tendas tinham sido armadas para abrigar o fluxo de mais gente chegando. Tendas em janeiro! Mas ainda era melhor do que a rua.

Felizmente meus pés voltaram ao normal depois de alguns dias. Ainda pinicavam um pouco, mas o negro havia desaparecido da pele. O trabalho na enfermaria começou a se organizar, e me dei bem com a médica. Conversávamos muito. Ela também era prisioneira. O pai dela tinha sido comunista, e aquilo a tornava uma subversiva. Contei-lhe que meus pais eram judeus, e que aquilo fazia de mim uma pessoa extremamente perigosa no que dizia respeito ao regime nazista. Nós duas rimos. Ela era de Düsseldorf, que não ficava longe de Kleef. Sentíamos falta de nossos dias de juventude, de mais humanidade, e conversamos um bocado em meio a toda a comoção.

Então, um dia, a febre tifoide se agravou. Minha temperatura disparou e por causa de meu estado físico depauperado fiquei à beira da morte. Agora que eu estava seriamente doente, tive permissão para ficar na enfermaria como paciente. A médica "subversiva" insistiu nisso.

Inesperadamente, a Cruz Vermelha sueca apareceu no campo sem nenhum aviso e teve permissão para distribuir pacotes no portão para prisioneiros escandinavos. A administração alemã de Ravensbrück, antes tão sistemática, agora estava se desintegrando. O influxo da chegada de novos prisioneiros e a falta de organização no campo me deram a oportunidade de convencer o alemão encarregado da distribuição de que eu era dinamarquesa. A médica ajudou, corroborando minha história, e consegui botar as mãos em um dos pacotes.

De volta ao hospital, depois de subtrair uma salsicha e alguns biscoitos do pacote bem fornido, eu o entreguei à médica em troca de uma injeção contra a febre tifoide. Ela, aparentemente, tinha guardado algumas doses de antissoro para si mesma como medida de precaução, mas agora estava disposta a trocá-la pelo pacote, a fim de satisfazer sua fome permanente. Ela também tinha de se manter forte, se quisesse ajudar a multidão de pacientes necessitados. O antissoro e a comida adicional me ajudaram a me recuperar.

O pacote da Suécia salvou minha vida. Recuperei a saúde depois de uns cinco dias e, durante uma caminhada do lado de fora da enfermaria, por acaso voltei a encontrar Martha, em meio à lama e ao caos. Daquele momento em diante, ficamos juntas.

Depois de apenas três semanas em Ravensbrück, tivemos de ser transferidos, desta vez para Spreewald, uma região de florestas próxima de Berlim, onde ajudamos a cavar trincheiras. Eu, Martha e outros prisioneiros fomos levados para lá de caminhão. Enquanto rodávamos por Berlim, vimos as consequências dos bombardeios incessantes. Grande parte da cidade outrora magnífica estava em ruínas, e a atmosfera era opressiva. Quarteirões inteiros tinham sido reduzidos a pilhas de escombros. Nas ruas, mulheres exibiam rostos pálidos e ansiosos, algumas empurrando carrinhos de bebê ou carrinhos de mão de madeira cheios de peças de mobília e lenha. Um homem com restolhos de barba no queixo estava postado na rua com um dos braços do paletó vazio. Em filas, mulheres esperavam para pegar água de uma bomba ou torneira que ainda funcionava. Parecia haver falta de tudo.

Ficou evidente que Berlim estava se preparando para se defender contra o avanço da torrente de russos. Os carros que ainda circulavam pertenciam ao Exército. Havia grupos de soldados salpicados aqui e ali. Pedras de calçamento tinham sido empilhadas para formar uma barreira. Sacos de areia se enfileiravam na entrada do metrô. Um bonde estava deitado atravessado na linha, bloqueando a rua.

Chegamos a uma encruzilhada com um canhão enorme bem no meio, guardado por um soldado mais velho e um grupo de garotos de uniformes pretos, garotos de 14 ou 15 anos. Eles usavam boinas pretas, em vez de capacetes e faixas com a suástica nos braços. O soldado nos botou para trabalhar imediatamente, não limpando escombros, mas enchendo sacos de aniagem com areia de uma cratera de bomba nas vizinhanças. Recebemos ordens para trazê-los para a encruzilhada e empilhá-los como proteção para os soldados e o canhão.

As pessoas na rua e os jovens soldados observavam com curiosidade enquanto aquele punhado de prisioneiros trabalhava. E vice-versa. Num determinado momento, um homem de muletas e com uma perna só, que parecia conhecer um dos garotos de boina preta, tentou convencê-lo e os outros de que estava na hora de desistir e ir para casa. Ele apontou para a perna que lhe faltava. Os dois discutiram, as vozes se elevaram, eles se xingaram, berraram a respeito de traição. O homem se afastou manquejando.

À tarde, depois de carregarmos sacos de areia por meio dia e de nosso trabalho já estar exibindo sinais de progresso, tive a chance de falar com um dos garotos que estava parado perto do grupo. Perguntei-lhe por que o canhão tinha um cano tão incrivelmente longo, e ele ficou surpreendido por eu falar alemão. Numa voz um tanto inquieta, ele me disse que o canhão era um Flak, um *Fliegerabwehrkanone*, usado para disparar contra aviões que voam alto no céu. Agora ele fora deslocado para manter os russos fora das ruas ao redor da encruzilhada. Enquanto eu fingia rearrumar os sacos para oferecer melhor proteção, dei uma boa olhada no garoto. Ele ainda era uma criança. Sorri e, por um momento, ele também sorriu. Quando foi chamado de volta ao seu grupo – falar com prisioneiros não era permitido –, reparei que ele tinha deixado dois cigarros no chão. Para mim? Rapidamente empurrei um saco de areia na frente deles e peguei-os.

Trabalhamos até quase o anoitecer, então voltamos para o caminhão, onde nos deram algo para comer e nos mandaram embarcar na traseira. Enquanto íamos rodando, com os faróis apagados, podíamos ouvir o ronco de aviões e o trovão de bombas explodindo ao longe. Era um som conhecido. Não havia onde buscar cobertura, como em Auschwitz. Um caminhão não era proteção. E exatamente como fiz em Auschwitz, não permiti que aquilo me preocupasse e tentei me manter calma. O troar ainda estava bastante distante. Puxei conversa com os outros, mas a coisa não evoluiu para um papo de verdade. Todo mundo estava cansado e com frio demais.

Enquanto eu me aninhava em Martha, deixei a mente divagar. Hitler tinha de estar em algum lugar, talvez no Reichstag ou em um *bunker* subterrâneo luxuoso, onde estaria dando uma festa regada a champanhe e música ou tomando um café com sua namorada, Eva. Talvez eles estivessem dançando. Uma valsa de Chopin? Decerto não os degenerados jazz e swing. Será que ele sabia dançar? Eu achava que não. No jornal cinematográfico que eu tinha visto, ele parecia rijo e duro como uma tábua, seus movimentos, espasmódicos. Eva era uma história diferente. Ela era bonita e ágil, isso era o que Kurt tinha me contado.

Ou estaria ele distribuindo ordens, ainda empenhado em chegar a *Endsieg*? Mas dando ordens a quem? Não restava muito do que outrora tinha sido o Exército mais poderoso da Europa. Alguns garotos treinados para usar um Flak e os restos de uma unidade militar aqui e ali. Eles não podiam deter os bombardeiros. Mais ninguém mencionava a Luftwaffe. Por que morrer por nada? O homem de muletas estava certo, mas ninguém o ouvira, pelo menos não por enquanto. E ali estava eu depois de ter ajudado a construir as defesas de Berlim.

O caminhão parou de repente e pudemos ver as silhuetas de casas abandonadas de trás da lona. Os escombros na rua nos impediam de avançar além dali. Tivemos de dormir na traseira do caminhão. Foi uma noite razoavelmente tranquila, os bombardeios ainda bem distantes, do outro lado da cidade. Dois soldados armados mantinham guarda, mas pensei em como seria fácil fugir. Bairros inteiros estavam em ruínas, eu falava a língua fluentemente e estava usando roupas comuns por baixo do uniforme do campo, roupas que tinha trazido de Auschwitz. Eu não chamaria atenção em meio aos habitantes da cidade derrotada. Mas por que correr o risco? Os russos chegariam dentro de pouco tempo, e eu não tinha quaisquer documentos. Eles poderiam pensar que eu era alemã. Seria melhor encontrar os russos como uma prisioneira dos alemães. Com estes pensamentos girando na cabeça, adormeci.

Eu costumava visitar Berlim regularmente. Era uma cidade bonita e vibrante, com pessoas elegantes e muitos espaços culturais. As canções daquela época eram bem conhecidas e eram cantadas até na Holanda. Os berlinenses tinham senso de humor, riam fácil, eram despreocupados. A Berlim de que eu me lembrava era diferente do resto da Alemanha. Os outros alemães eram mais disciplinados, mais sérios, sempre prontos para apresentar uma mesura bem-educada. Embora Berlim fosse a capital e abrigasse o Reichstag, não era tipicamente alemã. Era alegre, ao mesmo tempo tensa e relaxada. Havia música por toda parte, não apenas em salões de concerto, mas também em parques, nas ruas e em porões.

Pouco antes da guerra, assisti a um filme sobre Berlim dirigido por Curt e Robert Siodmak, baseado numa peça de Billy Wilder. Chamava-se *Menschen am Sonntag*. Era um filme mudo com música que focalizava casais apaixonados e como eles passavam seus domingos em Berlim, flertando em pedalinhos no lago Wannsee, fazendo piqueniques no parque. Eu conhecia bem Berlim. As casas bonitas, as ruas largas, as pessoas bem-vestidas, os bondes lotados, a fumaça de cigarros, os parques. Eu tinha andado por suas ruas, sentado na varanda de seus cafés, visitado seus cabarés em porões, conversado e rido com seus habitantes. Mas aquele mundo havia desaparecido, desaparecido para sempre. A única música apropriada agora era música fúnebre. Era criminosa a maneira como os nazistas haviam transformado aquela bonita cidade em um inferno.

A visão da cidade, das ruas e bairros em ruínas, ruínas dos soldados sem propósito, das pessoas perambulando com o rosto angustiado, não me encheu de satisfação como ocorreu com a maioria de meus companheiros. Até Martha estava eufórica, mas tudo o que eu sentia era tristeza, tristeza por um mundo que havia se perdido, um mundo que havia sido deixado em ruínas.

Passamos os dois dias seguintes tirando escombros da rua, enchendo carrinhos com nossas mãos nuas e dormindo na caçamba do caminhão. E então, afinal, chegamos a Spreewald, bem ao sul da cidade. Era uma área bonita, cheia de trilhas naturais e cursos de água. Os berlinenses com frequência iam ali para caminhar ou pescar. Mas agora parecia que os alemães estavam tentando transformar a floresta em uma linha de defesa contra os russos que avançavam. O caminhão nos deixou nas margens de um afluente, onde recebemos pás e ordens para cavar trincheiras.

O trabalho foi mais fácil do que esperávamos. O solo na margem do rio era fofo, não havia muitas pedras ou raízes, e nossos guardas não berravam mais tanto. Todo mundo estava nervoso com relação ao que estaria por vir. A primeira trincheira tinha de ter 9 metros de comprimento, ser paralela ao rio e próxima de sua beira. Recebemos ordens de empilhar areia na margem do rio, e um posto para metralhadora foi instalado no monte. Então começamos a trincheira seguinte. Todo mundo sabia que era uma causa perdida. Mas desertores ainda estavam sendo fuzilados sem piedade pela SS.

Depois de alguns dias, paramos de trabalhar, apesar de as trincheiras não estarem prontas. Fomos postos de volta dentro do caminhão e partimos para Hamburgo, pelo menos foi o que pensamos. Para nossa surpresa, acabamos nas minas de sal perto de Bergen-Belsen. A Telefunken tinha uma fábrica ali, e fomos postos para trabalhar montando lâmpadas.

Passamos uma semana ali, então partimos, tão inesperadamente quanto havíamos chegado. Desta vez realmente estávamos seguindo para Hamburgo. Depois de viajar durante dias em estradas ruins, cheias de buracos e desvios pelo campo, chegamos a Wandsbeck, um campo de trabalhos forçados e parte do campo de concentração de Neuengamme, perto de Hamburgo. Em Wandsbeck, recebi ordens para trabalhar numa fábrica de borracha, mas os bombardeios regulares causavam falta de eletricidade com tanta frequência que eles acabaram por nos transferir para outro local de trabalho nas vizinhanças, uma fábrica de mobília, onde eu devia cortar coronhas de rifles usando uma serra de fita. As mesmas interrupções no fornecimento de eletricidade ali resultaram em mais uma mudança de trabalho, desta vez para o *Strassenkommando*, ou destacamento de rua, removendo escombros em Hamburgo, escombros de prédios bombardeados pelos ingleses.

Às seis da tarde do dia 30 de abril de 1945, uma seleção foi feita e um grupo de prisioneiros foi levado à estação central de Hamburgo. A maioria das pessoas era escandinava. Só Martha e eu não éramos. Então me lembrei de que tinha me passado por dinamarquesa em Ravensbrück; devo ter continuado a passar. Havia séculos que eu não tinha um passaporte, e era possível que eu ainda estivesse registrada como dinamarquesa em alguma lista de prisioneiros. Eu andara usando o nome Crielaars, que poderia soar um tanto dinamarquês para ouvidos alemães. Se um alemão tivesse ouvido Martha e eu conversando em holandês em Ravensbrück, no meio de todas aquelas outras línguas e do caos generalizado ele poderia facilmente ter nos confundido com dinamarquesas. Qualquer que fosse o caso, a partir do momento em que começaram a circular rumores de que seríamos recolhidas pela Cruz Vermelha sueca, compreendi a situação. Martha e eu rapidamente puxamos para um canto um dinamarquês que falava inglês e lhe pedimos que nos ensinasse rapidamente algumas palavras em dinamarquês. As formalidades eram o mais importante, coisas como: "Meu nome é..." ou "Nasci em 20 de setembro em Copenhagen" e "Estou cansada". Decidi não dizer mais nada. Se ficasse sem palavras, eu fingiria um desmaio.

Afinal chegaram dois caminhões com placas suecas, com a traseira coberta de lona branca com cruzes vermelhas. Não houve as outras verificações que eu havia temido. O chefe da Cruz Vermelha sueca apenas caminhou até os alemães e entregou-lhes alguns documentos. A comunicação era difícil, mas o rapaz que havia nos ensinado algumas palavras de dinamarquês foi destacado para intérprete, e isto acelerou as coisas. O grupo inteiro teve de embarcar na traseira dos dois caminhões da Cruz Vermelha. Tudo foi organizado em cinco minutos.

Então os motores foram ligados e partimos. O jovem "intérprete" dinamarquês sorriu para mim. Quando lhe perguntei por que só havia escandinavos no grupo, ele me disse que a Cruz Vermelha sueca tinha feito um acordo com os nazistas para recolher os prisioneiros escandinavos dos campos. Muitos deles eram policiais que haviam se recusado a prender cidadãos judeus por ordens dos alemães. Estes policiais agora estavam sendo libertados. Olhei fixamente para ele com espanto. Que sorte! Martha e eu nos enterramos nos cobertores que encontramos na traseira do caminhão enquanto deixávamos a estação central de Hamburgo.

# PAUL

## Despojos da família

Por ocasião do aniversário de 75 anos de meu pai, uma de suas primas, que eu não conhecia, veio de Amsterdã fazer uma visita. Vivaz e entusiasmada, ela chamava-se Suzy Rottenberg-Glaser e era a prima mais jovem de meu pai, a única da família – a família sobrevivente – a ter se mantido em contato com ele. Não tenho certeza de por que ela era a exceção, mas provavelmente tinha a ver com o fato de que aparecia quando lhe dava vontade, em ocasiões especiais como aquela, o aniversário de meu pai. Depois da festa, ela me convidou para visitá-la quando eu tivesse uma oportunidade. Algumas semanas depois, impelido por minha curiosidade, fui vê-la em Amsterdã.

Suzy ficou contente por eu ter aparecido, me recebeu calorosamente e depois de conversarmos por meia hora, enquanto tomávamos chá, ela me contou sua história. Suzy era a única sobrevivente de sua família e tinha conseguido escapar por um triz em duas ocasiões. Na primeira, ela tinha escalado o muro alto que cercava o orfanato judaico onde trabalhava, antes que os alemães tomassem o local de assalto. Só ela havia conseguido escapar. Da segunda vez, uma das mulheres com quem ela estava se escondendo fingira estar com escarlatina durante uma revista a casa. Os alemães tinham girado nos calcanhares e ido embora.

– Eles sempre estavam temerosos de contrair alguma doença contagiosa – disse ela com um sorriso. – Não consegui falar sobre o que estou lhe contando durante muito tempo. Foram precisos muitos anos e ajuda profissional antes que eu finalmente conseguisse tocar no assunto – disse ela, enquanto seu sorriso se apagava. – É mais fácil falar com você do que com meus próprios filhos. Não consigo fazê-los conversar sobre isso.

À medida que a tarde ia se passando, ela me contou outras histórias: sobre sua mãe e seu irmão, ambos assassinados em Auschwitz; sobre o marido, que tinha conseguido escapar a pé e finalmente chegara à Inglaterra, depois de um ano na estrada; e, é claro, sobre tia Rosie.

Rosie era sua prima, 11 anos mais velha. Elas não tinham tido nenhum contato anterior uma com a outra por causa da diferença de idade, embora Suzy admirasse Rosie de longe. Sua mãe já não demonstrava tanto encantamento.

– Se víssemos Rosie durante uma de nossas caminhadas, minha mãe me fazia olhar para o outro lado. Mamãe era extremamente rígida e não achava que a beleza de chamar a atenção de Rosie fosse apropriada para uma menina como eu.

Suzy continuou:

– Depois da guerra, estabelecemos um bom relacionamento. Não imediatamente depois da guerra, mas uns dois anos depois. – Rosie a visitara em Amsterdã, e Suzy a visitara em Estocolmo. – As coisas pelas quais Rosie passou são de deixar a gente de cabelo em pé – disse ela. Quando lhe fiz mais perguntas, ela não quis falar mais.

Finalmente ela acabou por ceder:

– Rosie foi traída por seu próprio marido, esteve prisioneira em vários campos de concentração e vivenciou o horror que não se pode traduzir em palavras. Uma amiga que sobreviveu a Auschwitz me disse pouco depois da guerra que tinha conhecido Rosie no campo e que ela estava dormindo com um oficial da SS na época. – Ela fez uma pausa. – Mas quem sou eu para julgar. Rosie sobreviveu ao inferno e é só isso o que importa.

Mais tarde, durante a noite, ela completou a história:

– Duas pessoas que conheci pouco depois da guerra, que tinham conseguido sair vivas de Auschwitz, me perguntaram se Rosie era minha parente, uma vez que tínhamos o mesmo sobrenome. Rosie, disseram-me, era a tal que dormia com o oficial alemão. Eu disse que não éramos da mesma família apesar do sobrenome – continuou Suzy. – Pouco depois da guerra, tudo era ainda muito preto no branco, e se você tivesse colaborado com os alemães, isso era errado. Ir para a cama com um alemão com certeza era errado. Mas é preciso saber como realmente era estar num campo de concentração. Se você queria sobreviver, precisava de mais que um pouco de sorte, tinha de mentir, roubar e trapacear, a maior parte do tempo em prejuízo dos outros prisioneiros. Se roubasse o pão de alguém, você sobrevivia, o outro morria. Se fingisse ser um profissional, tinha a chance de trabalhar para a indústria de guerra, e aqueles que não trabalhavam morriam nas câmaras de gás. Anne Frank poderia ter sobrevivido, se não fosse pelo fato de que um outro prisioneiro roubou seu pão alguns dias antes da liberação do campo. Esta era a verdade nua e crua.

Eu conhecia as histórias do Holocausto a partir de livros de história, datas comemorativas e documentários, é claro, mas eles tendiam a ser distantes e abstratos. Agora, enquanto eu a ouvia falar sobre experiências em primeira e segunda mão de minha família, sobre dilemas impossíveis, sobre covardia, injustiça, tragédia, coragem, traição e assassinato, minha percepção mudava. Estas histórias me tocaram, me confundiram e me senti envergonhado de minha indiferença anterior.

Duas coisas em particular se destacavam para mim nas recordações de Suzy:

– Nem um único governo se mostrou disposto a ajudar; ninguém estava interessado. Não só os holandeses, mas os britânicos, os americanos e os franceses, os ditos Aliados, falharam e não intervieram. Ficamos completamente sozinhos. Os Aliados sabiam da existência das câmaras de gás em Auschwitz. Eles voavam baixo sobre elas, bombardearam metade da Alemanha, mas não as câmaras de gás, apesar de repetidos pedidos. Os americanos e os ingleses foram ambos culpados de dar as costas a navios inteiros cheios de refugiados judeus. Só alguns poucos indivíduos forneceram auxílio concreto.

Quando perguntei por que tão poucos sobreviventes haviam se vingado daqueles que os haviam traído, pessoas que com frequência moravam a apenas um quarteirão de distância, ela explicou:

– Depois da guerra, estávamos tão exaustos que não tínhamos energia para fazer nada. A libertação foi uma faca de dois gumes. Estávamos felizes, é claro, que os alemães tivessem sido postos para correr, mas então tínhamos de encarar a incerteza sobre que membros da família voltariam e a tristeza por aqueles que não voltaram. Não havia espaço na Holanda para aquele pesar. – Ela continuou: – Max Tailleur, um comediante judeu muito conhecido na Holanda, disse pouco tempo depois da guerra: "Eu rio para não chorar."

Depois de quase duas horas de conversa, nós nos despedimos. Enquanto eu saía, ela me convidou para vir comemorar seu próximo aniversário com ela, desta vez um aniversário especial. Estava organizando uma festa no Apollo Hotel, e sua família toda estaria lá.

– Será a sua chance de conhecê-los – acrescentou. Prometi pensar no assunto.

A caminho de casa, preso num engarrafamento, refleti a respeito de nossa conversa. Sempre tinha pensado que houvera muita resistência durante a guerra, que o governo holandês fizera tudo que era possível por seus cidadãos oprimidos e que aquele sentimento de solidariedade havia sido forte e palpável. Os alemães haviam prendido muitos cidadãos judeus, mas seus compatriotas não puderam fazer nada a respeito. Pelo menos era o que sempre me contaram, o que eu havia aprendido na escola. Mas a história da prima de meu pai, a história de tia Rosie e a de meus outros parentes eram inteiramente diferentes. Caçadas humanas impiedosas haviam sido organizadas, e a caça judia era capturada sem nenhuma misericórdia, posta para correr de suas tocas e expulsa de seus esconderijos por policiais holandeses, funcionários públicos holandeses, prefeitos holandeses, oficiais da SS holandeses, caçadores de recompensa e traidores holandeses. Eles tinham sido tão eficientes que os alemães só tinham de recolhê-la e se livrar dela. Muitos dos cidadãos meus compatriotas tinham participado e lucrado com aquilo. Havia mais traição do que resistência.

Eu estava cansado quando cheguei em casa.

Alguns dias depois, ainda intrigado com a história de Suzy, afinal decidi ir à sua festa de aniversário. Eu queria saber como era aquela gente de minha família, ainda que o parentesco fosse distante, e queria vê-los interagir. Talvez eu pudesse descobrir mais a respeito de tia Rosie e meu pai.

Quando cheguei à festa, Suzy me apresentou a alguns amigos e membros da família, entre eles os filhos dela e suas sobrinhas e sobrinhos mais moços. Era evidente que todos se conheciam. Eles falavam sem parar. Algumas pessoas mais velhas estavam reunidas a uma mesa. Um deles, um cavalheiro idoso chamado Richard, primo em primeiro grau de Suzy e de meu pai, perguntou-me sobre ele. Sem falar sobre a guerra, eu podia ver que ela deixara suas marcas. Ele mencionou os nomes de membros da família que não sobreviveram num tom calmo e comedido. Conhecia Rosie e descreveu-a como muito bonita e pouco convencional.

– Rosie era extremamente empreendedora, independente e tinha talento com as palavras. Ela fazia tudo que bem entendia e era nossa prima mais bonita.

Um outro homem idoso me disse que não podia falar sobre os acontecimentos da guerra com seus filhos porque eles não queriam tomar conhecimento daquilo. Absolutamente nada.

– Isto me deixa confuso e me entristece, porque é algo que eles deveriam saber, e não me resta mais muito tempo – disse ele. – Compreendo até certo ponto o que eles sentem. Estão ocupados e têm outras preocupações, mas, ao mesmo tempo, me recuso a aceitar que você não possa compartilhar fatos e sentimentos importantes no seio de sua própria família. É importante. Sei o que acontece se você não fala a respeito disso. Antes que você perceba, aquilo cria um buraco. Eu mesmo não podia falar a respeito daquilo durante anos, mas as coisas mudaram depois que fiz terapia e quero contar aos meus filhos, não importa o que aconteça. – Fiquei impressionado com o contraste: os filhos dele não queriam saber, e meu pai se recusava a contar.

Os convidados de minha geração eram diferentes. Eles não demonstraram nada do entusiasmo que René havia exibido ao me conhecer em Bruxelas; de fato, quase o contrário. Geralmente sou bastante bom de puxar conversa com desconhecidos, mas naquela noite não consegui quase nada. Eu me dei conta de que o Holocausto ainda era um fardo pesado tanto para os sobreviventes quanto para seus filhos, apesar de o passado estar ficando distante. De pé, sozinho com um de meus parentes, perguntei-lhe se já tinha falado sobre a guerra com seus pais. Ele disse que não. Dois amigos seus haviam feito isso, mas um ficara obcecado com a ideia de suicídio e o outro adquirira um tique nervoso, apesar de ter recebido ajuda psiquiátrica.

– Não vou correr este risco. Quero uma vida normal e que o passado fique fora dela – sussurrou ele em tom resoluto.

A exceção foi uma jovem, que falou com entusiasmo sobre seu trabalho em um ambicioso projeto de filme de Steven Spielberg. Só mais tarde, durante a conversa, foi que eu soube que ela estava filmando testemunhos dos últimos sobreviventes do Holocausto. Nunca tinha ouvido falar deste projeto e fiquei surpreso.

Quaisquer que fossem suas opiniões sobre o passado, as pessoas naquela festa eram minha família, ou o que restava dela. Uma tia-avó, um casal de tios-avós, alguns primos em segundo grau e uma falta de comunicação entre as gerações. Aqueles eram os despojos de minha família, ao mesmo tempo próximos e distantes.

# ROSIE

## A dança da libertação

Estava chovendo havia quase uma semana. O caminhão se movia a passo de tartaruga. Céu cinzento e quase nenhuma luz à vista. A estrada que levava à fronteira com a Dinamarca em Flensburg estava cheia de buracos, e os buracos, cheios de água. O resto era uma trilha de terra batida.

Depois que deixamos Hamburgo, eu tinha a sensação de que podia me entregar à minha fadiga. Eu a havia ignorado até aquele momento. Cansada ou não, tivera de continuar me movendo. Com fome ou com sede, tivera de estar em guarda. Agora, quando finalmente me rendia à fadiga, sentia-me ainda mais exausta. Martha e eu estávamos deitadas na traseira do caminhão com uma porção de outros prisioneiros, encolhidas debaixo de cobertores. Eu estava tão cansada e subnutrida que nem me interessava mais pelo que estava acontecendo ao meu redor. Ouvia vozes, mas não prestava atenção. A única voz que eu reconhecia era a de nosso motorista sueco, cuja língua eu não compreendia, mas cujos impropérios eram inconfundíveis. Para mim, era um som tranquilizador, quase como música para meus ouvidos, depois de ter passado tanto tempo nos campos.

Por vezes, os aviões trovejavam acima e descarregavam suas metralhadoras. Eram aviões de combate Aliados, principalmente Spitfires ingleses, e disparavam apesar de os caminhões estarem pintados de branco e terem uma gigantesca cruz vermelha em cima como sinal de neutralidade. Aparentemente ainda havia alguns mal-entendidos, uma vez que veículos alemães militares regularmente se posicionavam entre os caminhões suecos. Se um avião mergulhava em direção aos caminhões, todos nós saltávamos para fora e nos atirávamos em uma vala. Em uma ocasião, no entanto, na orla de uma floresta adjacente, os disparos vieram tão rápida, silenciosa e inesperadamente que não houve tempo para pular do caminhão e procurar abrigo. Cinco prisioneiros foram atingidos, dois fatalmente, e o motorista também ficou ferido. Depois de uma longa espera para cuidar dos feridos, seguimos nosso caminho. Nosso "intérprete" sueco assumiu a direção, e o motorista se sentou ao lado dele com uma bandagem no braço e ombro esquerdos. Ele parecia ter esgotado seu estoque de palavrões.

Exceto pelos ataques dos Spitfires, a jornada foi sem incidentes. Dormíamos e cochilávamos no caminhão, parando de vez em quando para comer e cuidar de nossas necessidades. Uma noite, vi, ao longe, um vilarejo em chamas. Provavelmente tinha acabado de ser bombardeado, uma vez que as chamas ainda estavam altas e havia fagulhas esvoaçando e explodindo no ar. De uma certa distância, você pensaria que eram fogos de artifício. Parecia uma celebração.

Depois de três dias, chegamos à fronteira e nos juntamos à fila de caminhões da Cruz Vermelha que esperavam para atravessar. Não estávamos livres ainda, percebi, não realmente livres. Primeiro tínhamos de ser trocados por outros prisioneiros – prisioneiros dos campos de concentração por soldados alemães feitos prisioneiros de guerra quando a Noruega e a Dinamarca foram libertadas. Muita agitação se seguiu. Listas de prisioneiros foram trocadas entre os dois lados da fronteira. Soldados armados cercaram o caminhão. A área de carga permaneceu em silêncio. Então começou a espera. Rezei para que a verdadeira liberdade chegasse.

Depois de duas horas, ouvi um tumulto e vozes altas; estava claro que havia algum desentendimento. O oficial alemão encarregado da troca de prisioneiros discutia com o comandante do comboio. Este recusava-se a trocar prisioneiros mortos por soldados alemães vivos, e o oficial insistia que fosse assim. Um diplomata sueco foi se juntar a eles. Ele parecia um cavalheiro, mas estava furioso. Através de uma fenda na lona que cobria a traseira do caminhão, pude ver seu rosto ficar vermelho. Além dos dois prisioneiros mortos no ataque aéreo, dois outros tinham morrido no caminho por causa de seus ferimentos e dos rigores da jornada. O oficial alemão se recusava a ceder. O diplomata estava igualmente determinado a não aceitar, e ele repetiu sua posição em um tom de voz alto e impiedoso, berrando no tipo de alemão que soldados alemães compreendiam tão bem. Ele insistiu, dizendo até que o oficial alemão teria de enfrentar pessoalmente consequências de seus atos, visto que a derrota estava tão próxima. Mesmo sem estar armado, o diplomata corajosamente manteve-se firme. Em consequência disso, chamadas telefônicas foram trocadas com o quartel-general em Berlim, o governo em Estocolmo e o quartel-general da Cruz Vermelha sueca. Naquela noite, os caminhões permaneceram na fronteira, cercados por soldados.

A troca de prisioneiros finalmente ocorreu na manhã seguinte. Disseram-nos para sair do caminhão de um em um e então nos permitiram atravessar a terra de ninguém e seguir até o outro lado da fronteira. Ao mesmo tempo, três prisioneiros de guerra alemães se encaminharam na direção oposta.

Quando o nome Crielaars foi chamado, fiquei livre para sair do caminhão. O motorista sueco me ajudou e me acompanhou até o lugar designado pelo oficial alemão. Este parecia pálido, e sua expressão era impassível. O uniforme dele estava impecável. Mesmo quando estavam perdendo, *Ordnung muss sein* – a ordem tinha de prevalecer. Ele perguntou meu nome. Eu não tinha documentos para lhe mostrar. Também lhe disse meu número de prisioneira. Um soldado conferiu o nome na lista com o número tatuado em meu braço. Então assentiu e indicou a direita. O motorista me disse em inglês para onde eu deveria ir e apontou para um grupo de pessoas, cerca de 9 metros mais adiante. Elas me levariam para a Suécia, disse ele. Então me desejou boa sorte e voltou para pegar o prisioneiro seguinte.

Ao mesmo tempo, três homens partiram do outro lado, vestidos com uniformes alemães. Passamos uns pelos outros no meio do caminho. Nós nos entreolhamos pelo canto dos olhos, e hesitei em olhar diretamente para eles. À medida que me aproximava, pude ver seus rostos. Não estavam subnutridos, tinham uma expressão séria e fechada, até um pouco abatida. Então, eu valia três deles, pensei. Prestei atenção em cada detalhe. Um deles tinha bigode, o outro era manco e velho. O terceiro ainda era jovem, bastante bonito, na verdade, e ele também olhou para mim. Como eu, ele estava visivelmente aliviado por ser libertado; sorrimos um para o outro por um segundo. Quem eram eles? O que teriam passado? Como tinha sido a vida para eles até aquele momento? Eu queria saber,

*Um recorte de jornal do arquivo de Rosie mostra a Cruz Vermelha
sueca esperando em meio à lama na fronteira dinamarquesa*

queria falar com eles. Passamos uns pelos outros e não dissemos nada. Depois de 9 metros, finalmente eu estava livre.

Do outro lado da fronteira, ex-prisioneiros foram recebidos com chá quente, café e algo para comer. Fomos advertidos a não comer demais. Para os severamente subnutridos, comer demais podia ser mortal, disseram-nos várias vezes. Martha e eu obedecemos, mas saboreamos cada pedacinho que passou entre nossos lábios. Recebemos cobertores e fomos levadas para uma pequena praça pública com todos os outros ex-prisioneiros. Um soldado dinamarquês me viu, aproximou-se de mim, apertou minha mão e perguntou:

– Posso ficar com o número no seu uniforme como suvenir?

Eu? Ficar sem o número em meu uniforme? Não me atrevia a dá-lo a ele. Aquele tipo de coisa era passível de punição com pena de morte. Eu me lembrava dos quatro prisioneiros poloneses que, há mais de um ano, quando a neve chegava a 90 centímetros de altura e o grande pinheiro estava enfeitado com velas elétricas para o Natal, tinham sido enforcados diante de nossos olhos por não usarem o número. Foram considerados fugitivos em potencial.

Fomos então levados para um prédio, onde as autoridades nos forneceram novos documentos, uma espécie de carteira de identidade provisória. Na Alemanha, eu sempre tinha usado o nome Crielaars, seguindo o conselho de Jorg. Agora que estava realmente livre, decidi retomar meu antigo nome: Glacér. Estava farta da saga Lohengrin e de todo aquele "esconde-esconde". Com minha nova carteira e uma foto tamanho passaporte, eu era uma pessoa novinha em folha, pelo menos no papel.

Depois que tudo foi acertado, nos embarcaram de volta nos caminhões e fomos levados para Copenhagen. Houve alguns pequenos percalços no caminho, mas a viagem correu relativamente bem. Todo mundo estava muito alegre. O medo opressivo, o frio, a fome e os gritos tinham desaparecido. Só o fedor de nossos corpos ainda persistia, mas ninguém se incomodava com isso. Estávamos livres e sem medo. Esta era a coisa mais importante. As lonas que cobriam o caminhão tinham sido retiradas.

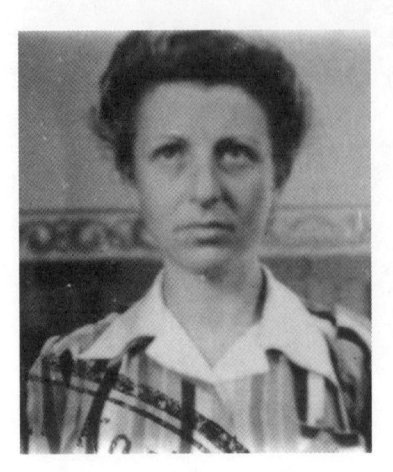

*Rosie uma hora depois de sua libertação na fronteira dinamarquesa*

Martha e eu estávamos sentadas lado a lado. Não falamos quase nada. Quando chegamos a Copenhagen, no dia 3 de maio, a primeira coisa em que reparei foi nas bandeiras penduradas nos prédios. Algumas pessoas trouxeram comida e bebida para os prisioneiros emaciados. Todo mundo foi gentil. O povo lá parecia bom e aparentava estar interessado em nós. Por vezes, acenavam desajeitadamente. Alguns estavam chocados com o que viam. Então me dei conta de que ainda estava usando o uniforme do campo por cima das roupas comuns. Além disso, estávamos imundos e extremamente magros, e alguns tinham bandagens sujas sobre os ferimentos. Aquelas pessoas de bem não tinham vivido a guerra de perto e só sabiam do que acontecera pelos jornais, de maneira abstrata e distante. Uma mãe com o bebê nos braços olhou perplexa para os prisioneiros recém-libertados. Pude ver os ombros dela estremecerem enquanto soluçava.

Suas lágrimas foram contagiantes. Martha não conseguiu se conter mais e começou a chorar. Ela continuou a chorar e a balbuciar palavras incompreensíveis muito depois de deixarmos para trás a mulher com o bebê. Parecia ser um dialeto flamengo. O choro dela se tornou mais alto. Ela derramou as lágrimas de tristeza que não tinha podido derramar até então. Passei meu braço ao redor dos ombros dela e corri os dedos por seus cabelos curtos. Ela não pareceu notar. Martha soluçava sem parar, os ombros tremendo. Parecia mais o grito de um chacal em meio à noite que um ser humano. Aquilo me deu um nó na garganta e comecei a chorar baixinho com ela. E assim seguimos ali sentadas, bem perto uma da outra no caminhão, pelo que pareceram horas. Por que você tinha primeiro de ser rejeitada antes de poder ser escolhida, pensei. Recordei meus pais. Eles não poderiam ter sobrevivido. Recordei meu irmão John, nossa amiga morta, Rachel, o número incontável de pessoas que tinham morrido nas câmaras de gás, o menino de olhos castanhos e do sorriso fugidio, minha sobrinha. Pensei nos crimes cometidos por Clauberg, o fato de que eu não podia mais ter filhos. Pensei nos anos de discriminação. Por quê? Tudo porque eu era quem era.

Os outros prisioneiros se mantiveram calados e acenaram com entusiasmo para as pessoas na rua. Eles deixaram que Martha e eu nos entregássemos ao nosso pesar.

No dia 4 de maio, fomos embarcados no navio que nos levou para a travessia do estreito e para Malmö, na Suécia. No navio, nos ofereceram um "jantar" de verdade. Como foi difícil, de repente, ser uma "dama", em minhas roupas listradas e sujas de presa. Eu estava sentada e sendo servida... comendo com garfo e faca. Quando atracamos em Malmö, fomos recebidos por uma multidão. Acenei e disse para Martha, que estava sentada ao meu lado:

– A vida está prestes a começar de novo.

O presidente da Cruz Vermelha sueca, conde Folke Bernadotte, fez um discurso que eu nunca esquecerei, mas, quando o hino holandês tocou, ninguém conseguiu nem quis cantá-lo.

Depois de nossa recepção, a equipe médica da Cruz Vermelha nos levou para um grande salão, onde seríamos tratados e poderíamos nos recuperar. Muitos estavam doentes, infestados de piolhos e terrivelmente subnutridos. Eu pesava 38 quilos. Comparado com os campos, o prédio parecia um hotel de luxo. Tínhamos água encanada, aquecimento central e um dormitório espaçoso, onde todo mundo tinha sua própria cama. Era seguro ali e não havia necessidade de estarmos em guarda. Tínhamos comida em abundância e tudo era limpo e bem-arrumado. Até os banheiros eram limpos. Mas a coisa mais importante era a afabilidade das pessoas que nos receberam. Eu não compreendia sueco, mas o tom de voz delas era visivelmente amistoso. Alguns dos enfermeiros até falavam inglês.

Nas três semanas de quarentena que se seguiram, todo mundo começou a recuperar as forças. A Cruz Vermelha sueca me forneceu roupas novas, e da embaixada holandesa em Estocolmo recebi um novo casacão de inverno, apesar de estarmos em maio. Eu ainda não tinha visto nem falado com ninguém da embaixada, uma pena, porque eu tinha muitas perguntas sobre a Holanda – minha família, meus amigos.

Enquanto esperávamos, as pessoas procuravam compatriotas que falassem a sua língua. O grupo de holandesas que encontrei tinha vindo em sua maioria de Ravensbrück, mas eu não as conhecia. Eram muito cultas, e eu sabia que vinham de famílias ricas. No entanto, horas de debates sobre a reconstrução da Holanda começaram a me irritar. A sociedade holandesa precisava ser mais justa. As mulheres deveriam ter mais poder. A Holanda deveria se preocupar mais com questões sociais e ser mais honesta. Uma ideia após a outra era proposta para a nova ordem social na Holanda do pós-guerra. As mulheres holandesas estavam cheias de ideias.

Participei cada vez menos nessas discussões. O grupo tinha um entusiasmo contagiante, mas, ao mesmo tempo, era ingênuo e idealista. A sociedade não. era o que elas pensavam que fosse. Não funcionava daquela maneira. De qualquer forma, o que a chamada Holanda Renovada teria a me oferecer? Meus pais e meu irmão ainda estavam vivos? E o resto de minha família e amigos? Minha experiência nos campos não me deixava otimista. Além de tudo isso, eu tinha de considerar o passado. Os holandeses tinham tornado impossível para mim manter minha escola de dança florescente. Eu havia sido traída pelos holandeses duas vezes e posta na prisão. A rainha fugira para a Inglaterra quando o povo mais precisava dela. Magda Coljee me ajudara, mas ela era alemã. Um holandês atirara em meu irmão quando ele estava defendendo Haia.

Passando em revista tudo o que havia acontecido, eu só podia concluir que na hora da necessidade os holandeses não eram meus confederados. É claro que existiam muitos holandeses que eram bons e gentis, mas a recordação de tudo que havia acontecido continuava a me assombrar. As pessoas na Suécia foram gentis comigo. Elas, e não os holandeses, haviam me libertado. A Cruz Vermelha holandesa não fizera nada por mim. A Cruz Vermelha sueca tinha cuidado de mim. Eles salvaram minha vida. Minha escolha estava clara.

Passei meu tempo na quarentena pensando a respeito de minha decisão. Será que era a coisa certa a fazer ou eu estava sendo impulsiva? Mas cada vez que pensava no assunto chegava à mesma conclusão. Minha decisão estava tomada: eu ia ficar na Suécia. Com aquela garantia, eu comecei que me descontrair interiormente.

Como eu falava alemão, holandês, francês e inglês, acabei trabalhando como funcionária de ligação entre as várias nacionalidades. Além disso, eu tocava piano, e as pessoas regularmente se reuniam para me ouvir ou cantar comigo. Quando o tédio começou a se instalar depois de umas duas semanas, organizei um grupo que se reunia todos os dias para praticar uma hora de exercícios. Algumas pessoas ainda estavam fracas e doentes demais para participar. Depois de cada sessão, quando meus músculos estavam suficientemente aquecidos, eu fazia exercícios de balé no salão principal do prédio da escola.

*Dezoito dias depois da partida de Hamburgo, Rosie, a ex-prisioneira alemã Ilse Schmidt e a enfermeira Huvud Lottoo*

Agora que as pessoas estavam fisicamente melhores, achei que seria uma boa ideia organizar algo divertido. Imaginei que um cabaré com alguma dança ajudaria e comecei a botar no papel algumas possibilidades.

Uma semana depois, quando meus planos iniciais tinham adquirido forma, saí em busca de pessoas dispostas a participar. Não demorou muito e tinha reunido um grupo de oito mulheres.

Juntas, concebemos e decoramos vários esquetes. Escrevi algumas letras de canções em línguas diferentes – alemão, holandês, francês e inglês –, combinei-as com melodias conhecidas e experimentei tocá-las ao piano. Uma das mulheres era cantora de ópera. Tinha uma voz belíssima e poderosa e cantou a maioria das canções, enquanto o resto de nós entrava no coro. Eu tocava piano. Depois de uma semana de ensaios, estava na hora de nos apresentarmos no salão principal. Era um cabaré de mulheres para mulheres. O *décor* não era grande coisa; algumas cortinas improvisadas, bandeiras e alguns vasos. Mas a iluminação era boa, e a sala era grande o suficiente. Todo mundo compareceu.

*Rosie sentada ao piano, ensaiando canções para o cabaré na Suécia*

A plateia respondeu com grande entusiasmo à nossa primeira canção. Era uma melodia bem conhecida, daquelas de levantar um espetáculo. Todos também riram alto e com vontade dos esquetes. Nossa apresentação quase sempre tosca e desajeitada também realçava o aspecto cômico. Por vezes, a plateia ouvia uma canção em silêncio porque não compreendia a língua, mas assim que havia um coro de algo conhecido, todos participavam animadamente, alemães, holandeses, franceses e belgas, todos pessoas de origens diferentes. Alguns ficavam de pé nas cadeiras; outros dançavam nos corredores, sozinhos ou com uma parceira. Alguns se abraçavam e se beijavam um pouco demoradamente demais. Parecíamos estar descarregando todas as tensões que se acumularam durante os anos de cativeiro. Quando acabamos, houve uma explosão de aplausos. Depois de gritos de "Bis, bis!", a cantora de ópera entoou uma canção de arrancar lágrimas, e todo mundo a acompanhou cantando junto. Os aplausos pareciam não acabar nunca. Flores foram oferecidas às artistas. Duas delas estavam com lágrimas nos olhos. Havia anos que não recebiam flores.

Durante o intervalo, o entusiasmo e a comoção pareciam incontroláveis. As pessoas circulavam, falando numa mixórdia de línguas, conversando sobre o cabaré, rindo a mais não poder. Aquilo era exatamente o que eu queria.

Depois de mais ou menos 30 minutos, uma das mulheres tocou um sino para assinalar que o intervalo havia acabado, mas o gesto não surtiu efeito. Todo mundo continuou papeando ruidosamente; quase ninguém se moveu. Após vários outros sinais, começamos a falar com as pessoas individualmente, levando-as para o salão. Foram precisos 15 minutos para que todos voltassem aos seus lugares. Estava na hora da apresentação de dança.

Enquanto os acordes delicados de uma valsa de Chopin enchiam a sala, comecei a dançar. Embora dançasse desde a infância, tivesse lecionado profissionalmente e minhas apresentações tivessem sido apresentadas em jornais cinematográficos, dançar nunca era coisa de rotina. Sempre era algo novo para mim. O ritmo de meu corpo ficava em harmonia com a música. Havia algo de divino naquilo. Quando acabou o Chopin, a plateia enlouqueceu.

Meu número seguinte havia sido coreografado para o *Bolero* de Ravel, uma música muito bonita, que começava com uma melodia distante e lenta e gradualmente ganhava velocidade, crescendo até tornar-se um ritmo poderoso, terminando com uma tremenda explosão de som. Eu havia preparado uma apresentação em estilo de balé, e enquanto dançava, uma gota de suor escorreu sobre meus lábios. Senti o gosto de sal. A dança foi espontânea. Eu estava quase em transe. Só quando a música chegou à sua abrupta conclusão foi que voltei ao presente, atordoada, sem fôlego e suando. Pude ver a plateia olhando para mim em silêncio. Quando meus braços caíram ao lado do corpo, eles explodiram em aplausos delirantes. Comoção e gritos entusiasmados encheram a sala. Voltei a mim e comecei a sorrir e a acenar para todo mundo. Queria me agarrar àquele momento fantástico por tanto tempo quanto fosse possível. Enxuguei o suor da testa.

O *Bolero* não era uma dança comum para mim. Foi minha dança de libertação. Embora estivesse livre havia umas duas semanas, essa liberdade só se tornou real para mim naquela noite. Creio que muitas das mulheres sentiram a mesma coisa.

Eu estava ansiosa para ter notícias de meu irmão John, do restante de minha família e dos amigos. Escrevera várias cartas, mas não tinha recebido nenhuma resposta. Quando eu pedia informações, os representantes da embaixada holandesa diziam que não podiam me ajudar.

*A dança da libertação de Rosie*

Então finalmente recebi uma carta da Holanda. Más notícias. Notícias desastrosas. Depois de dias de luto e pesar, escrevi sobre aquilo em um poema:

Carta da Holanda
*Malmö, 26/5/1945*

Uma carta da Holanda, uma alegria vê-la chegar
Ajuda-me a esquecer meu sofrimento, pergunto-me de quem é
À noite me deito na cama e penso, talvez haja correspondência
Para me libertar de minha solidão e levantar este véu sóbrio
Uma carta da Holanda, com a letra de minha querida mãe
Um raio de sol na escuridão, tão maravilhoso e grandioso
Isto é do que eu preciso, uma saudação de minha pátria,
Laços que ninguém pode cortar, aquele nó cerrado de lealdade.

Vocês sabem o que é estar trancada
Numa cela ou em um campo ou atrás de arame farpado
Qual é a questão, vocês poderiam perguntar
O que significam estas atrocidades.
Labuta e escravidão, trabalho infinito, ao cativeiro consignados

Fome, escuridão, exaustão, fadiga, esgotada todos os dias
Então bem fundo no íntimo cresce um anseio por aquela que você
deixou para trás
Permiti que dela haja uma carta, é pelo que você reza

Dias passam voando como horas e o mundo ainda arde em chamas
Que foi feito de meus amigos mais queridos, os amigos de quem
sinto tanta falta
Alguns foram levados pela febre tifoide, outros assassinados,
massacrados, mortos por nada
Posso apenas imaginar quando meu dia chegará, quando sentirei
o toque da morte
As regras são duras, os guardas tão mesquinhos, a correspondência
cruelmente retida
Um insulto gritante à lei internacional, para nenhum de nós mantida
Apesar tudo isso, meus pensamentos conservam um objetivo
ambicioso
Uma mensagem, sim, uma mensagem, nenhuma mensagem
é pequena demais

Depois de três longos anos neste inferno medonho, minha alegria
retorna renovada
Numa noite quente de primavera, inesperada por todos
A luta é abandonada sem mais nem por quê
Longe, muito longe da Holanda, este momento de êxtase
se aproximou
Magra, emaciada, encardida, suja, meus olhos estavam cheios de
medo,
Uma prece silenciosa foi enviada aos céus nesta hora áurea da
primavera
Por minha mãe e minha pátria querida, a terra à qual me apego

Uma carta da Holanda,
A carta veio, ela finalmente veio, mas escrita pela mão de um
desconhecido

Enquanto estava sentada em minha cama à noite, sim, então
        o correio chegou
Com notícias que me deixaram sem qualquer dúvida, nem uma
        única dúvida sobreviveu
Aquela carta da Holanda não estava escrita com a letra
        de minha mãe
Um arrepio percorreu meu corpo inteiro
Eu li e reli até a escrita virar névoa
Saudações da Holanda, mas não na letra de minha mãe
Por que ainda sinto tanto sua falta, ainda não consigo compreender.

A carta não foi de todo inesperada. Quando eu estava em Auschwitz, já estava convencida de que meus pais não sobreviveriam, mas sempre havia uma réstia de esperança, mesmo contrariando toda a sensatez. Coisas extraordinárias tinham acontecido no caos da guerra. Mas agora aquela esperança se apagava definitivamente. Saber que meus pais estavam mor-

*A aula de sueco no pátio de recreio da escola*

tos era ainda mais um motivo para não voltar para a Holanda. A falta de cooperação e de interesse por parte das autoridades holandesas intensificou minha decisão. Eu recentemente havia recebido uma conta relativa ao casacão de inverno que a embaixada me enviara em maio, imediatamente depois de nossa libertação. Eles queriam que eu pagasse pelo casaco. As autoridades suecas tinham fornecido roupa, alojamento, comida e cuidados médicos de graça, e os holandeses queriam que eu pagasse um casacão.

Para complicar a situação, havia o fato de que me comunicaram que eu não podia permanecer na Suécia. O governo holandês e a Cruz Vermelha haviam acertado que ex-prisioneiros voltassem para casa assim que estivessem em condições. Apesar disso, eu tinha tomado minha decisão. A Holanda não era a minha casa. Eu ia ficar na Suécia. Não me interessava o que diziam as autoridades. Eu não confiava nelas. Eu definitivamente não confiava nelas.

Martha havia conseguido entrar em contato com sua família na Bélgica. Alguns estavam mortos, mas a maioria estava viva, inclusive a mãe dela, dois irmãos, o avô e vários primos. Ela queria ir para casa, e a Cruz Vermelha belga cuidou disso. Enquanto nos despedíamos como velhas amigas, prometemos nos manter em contato.

Se eu quisesse levar meu plano adiante, teria de aprender sueco o mais rápido possível. Embora o campo de recepção fosse apenas temporário, ainda assim eles ofereciam aulas de língua ao ar livre no pátio da escola quando o tempo permitia. Entrei para a aula e aprendi a língua rapidamente, e costumava praticar todos os dias com as cuidadoras suecas.

Depois que acabou a quarentena, 16 de nós, holandesas, fomos levadas para um campo de refugiados

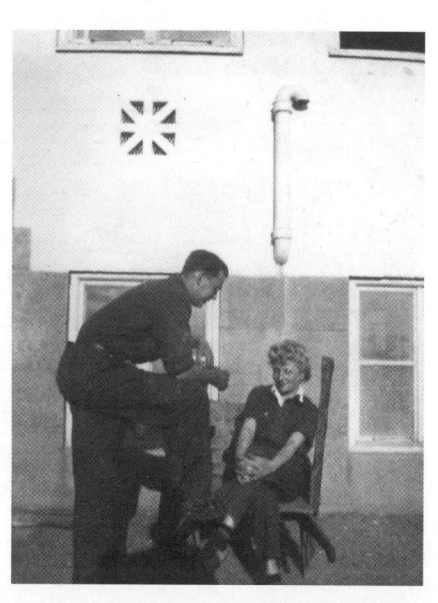

*Uma aula particular de sueco*

menor em Gothenburg, a cidade mais próxima, onde fui morar numa casinha de madeira. Durante a temporada que passei lá, consegui compor três canções, que foram gravadas e tocadas no rádio. Numa ocasião, fui fotografada tocando piano por um fotógrafo da revista *Life*. Também consegui arranjar um emprego de babá com uma família rica. Tendo eu mesma vindo de uma família rica, me relacionei muito bem com eles. Nos primeiros tempos, eu falava uma mistura desajeitada de alemão e holandês, mas não demorou muito e meu sueco melhorou e comecei a falar a língua com fluência.

Eɪ! Eɪ! Eɪ!
*Letra e música de Rosita Glacér, julho de 1945*

Aconteceu em um bonito lago
Na região da montanha sueca
Era um verão glorioso
E muitos corações estavam livres
Havia muitos jovens se divertindo
Como gente jovem gosta de fazer
Rostos bonitos curtindo o sol
Mas então as coisas se desencaminharam

Refrão
Ei! Ei! Ei! Por que você passa por mim?
Ei! Ei! Ei! Garota bonita, seu coração ainda está livre?
*Far sa gott*, disse ele, eu sempre conheço a próxima linha
*Jag älskar di*, disse ele, isso faz com que fique tudo bem?

A garota não pôde deixar de parar e olhar
Para aquele estranho rapaz sueco
Ele parecia bem bonito, mas será que ela se atrevia
Ela não via nada de ruim
Ele lhe ofereceu chocolate, um cigarro

Um passeio no campo próximo
E então a diversão começou, pode apostar
Os rostos deles começaram a corar.

Ei, garota, estou apaixonado por você
Estou louco e feliz
Por favor, diga que pode casar comigo
Vamos, garota, me dê um beijo
Seu lindo cabelo louro e meigos olhos azuis
Eu simplesmente não consigo resistir
Assim não diga não, apenas improvise.
Vamos, eu insisto.

Rapaz, preciso pensar bem nisto
Não esperava o seu assédio
Não sou tão ligeira em entregar meu coração
Mas estou disposta a lhe dar uma chance
Eu gostaria de ficar na Suécia,
Um belo lugar para ficar
Eu acho o país lindo
Agora ouça este refrão:

Ei! Ei! Ei! Eu sei que você me ama.
Ei! Ei! Ei! Amor jovem, meu coração está livre?
*Far sa gott*, eu também conheço a próxima linha
*Jag älskar di*, e tudo ficou bem.

Enquanto isso, a embaixada holandesa continuava a insistir que eu voltasse para a Holanda. Eu era uma das poucas holandesas que não tinham voltado e havia outro navio que partiria brevemente. Quando eu disse a eles que meus pais estavam mortos, que eu não sabia se meu irmão havia sobrevivido e que não sabia para onde ir, eles me disseram para não me preocupar com aquilo, que as autoridades holandesas cuidariam de me dar moradia provisória e que me poriam em um campo.

Por que deveria eu deixá-los me botar em um campo na Holanda? Eu não tinha sido libertada? Depois de três anos vivendo em um campo, recusava-me a voltar. Será que aquilo era tudo o que a Holanda tinha a oferecer? Eu já decidira ficar na Suécia, e aquilo apenas fortaleceu minha determinação. Pedi ao embaixador que verificasse com mais cuidado para ver se meu irmão ainda estava vivo. Já tinha pedido a eles antes, mas disseram que não sabiam. Agora sabiam que era importante para mim ter um lugar para onde ir na Holanda e me prometeram que fariam tudo o que pudessem para localizá-lo. Mas os esforços foram infrutíferos, e eles começaram de novo a falar em um campo de refugiados na Holanda. Enquanto a embaixada continuava a me pressionar, eu tinha de considerar a possibilidade de que eles poderiam me prender e me manter sob custódia. Já tinham feito isto antes, duas vezes, na verdade.

Então tive uma ideia. Havia uma outra mulher holandesa naquele centro de recepção que planejava voltar para a Holanda, mas que tinha de esperar três meses até que os danos à sua casa fossem reparados. A embaixada parecia concordar. Com isto em mente, rapidamente escrevi uma carta para a sra. Coljee, perguntando-lhe se eu poderia ficar com ela por umas duas semanas dali a três meses. Eu não estava planejando voltar para a Holanda, mas assim eu poderia manter a embaixada a distância, e aquilo também me daria um endereço provisório se as coisas não dessem certo. Então eu poderia planejar como voltar para a Suécia.

Gotemburgo, 29 de julho de 1945

Caros Magda e Henk,

Aqui estou eu de novo. Espero que vocês estejam bem. Estou viva e bem de saúde. Muitas coisas aconteceram na Alemanha, é claro, como tenho certeza de que podem imaginar.

Infelizmente meu pai e minha mãe não sobreviveram e ainda não tive notícias de meu irmão John.

Passei por muitas coisas desde que escrevi pela última vez, mas não é este o propósito de minha carta. Espero poder contar a vocês pessoalmente tudo que me aconteceu quando nos encontrarmos.

Aqui na Suécia estou indo bastante bem. As pessoas são excepcionalmente gentis e hospitaleiras, a comida é excelente, e eles nos deram roupas bastante bonitas para usar.

As pessoas aqui – fiz alguns bons amigos – querem que eu fique, mas a missão diplomática holandesa assinou um acordo para repatriar todos os cidadãos holandeses, e tenho de partir.

Isto está muito bem, é claro, mas o que torna a coisa bem desagradável é que não tive nenhuma notícia de meu irmão, não tenho nenhum endereço para onde ir quando chegar à Holanda, e eles querem me internar em outro campo. Tenho certeza de que vocês podem imaginar como só pensar nisso já é terrível para mim.

Neste meio-tempo, entrei em contato com meus colegas professores de dança na Holanda e decidi abrir uma nova escola na primeira oportunidade. Preciso de cerca de duas semanas para tomar todas as providências necessárias e me encontrar com meus contatos na Holanda. Mas não poderei fazer nada se estiver internada em um campo, porque todas as formalidades atrapalhariam o processo. É por isto que quero pedir um enorme favor a vocês.

Será que eu poderia ficar hospedada com vocês por 14 dias, enquanto acerto meus negócios? Seria uma ajuda muito grande para mim, de fato inestimável. Espero que vocês possam me ajudar a reconstruir o trabalho que inocentemente fui obrigada a abandonar há três anos e meio. Tudo o que preciso é um telegrama de vocês dizendo que posso ficar na sua casa por duas semanas. Ainda tenho muito que fazer aqui, de modo que só daqui a três meses poderei viajar. Poderiam me dizer se posso ficar com vocês por duas semanas em novembro? Então poderei entregar o telegrama para a missão diplomática holandesa e terei um endereço para onde ir quando chegar.

Espero sinceramente que vocês estejam dispostos a me ajudar, mas, se isto não for possível, por favor, me avisem. Saudações carinhosas e um beijo afetuoso.

(Lya Donkers)
Rosie Glacér

> Götenborg, den 29 Juli 1945
>
> Lieve Magda en Henk,
>
> Hier ben ik dan weer en hoop, dat jullie het goed maken. Ik leef en ben gezond. Heb van zelfsprekend heel erg veel meegemaakt in Duitschland, zooals je je zeker wel begrijpen kunt. Mijn vader en moeder leven helaas niet meer, en van mijn broer John heb ik nog niets gehoord.
>
> Ik heb heel erg veel meegemaakt, maar daarover wil ik hier niets schrijven, dat hoop ik jullie allemaal zelf te kunnen vertellen.
>
> Ik heb het hier in Zweden heel erg goed. De menschen zijn erg lief en gastvrij, het eten is heel erg goed, en we hebben behoorlijke mooie kleeding gekregen. De menschen hier, ik heb hier heel erg veel vrienden gekregen, willen me allemaal hier houden, maar dat is niet mogelijk want de Nederlandsche Legatie heeft indertijd ervoor moeten teekenen, dat alle Nederlanders repatrieeren.

*A primeira carta de Rosie para os Coljee depois da guerra*

Depois de um telegrama dos Coljee, as autoridades holandesas me deixaram em paz.

Então recebi boas notícias da Cruz Vermelha sueca. Realmente boas notícias. Meu irmão estava vivo e bem de saúde. Quando o sul da Holanda foi libertado em 1944, ele ficou noivo de sua namorada, Elisabeth. Eles tinham acabado de se casar. Fiquei radiante, mas não compreendi por que a embaixada não tinha conhecimento disso. Ele tinha sido registrado pouco depois da libertação em 1944 e, pelo que eu ouvira dizer, também andara pagando seus impostos. Será que o pessoal da embaixada holandesa estava ocupado demais com recepções e almoços?

Rapidamente enjoei do meu emprego como babá. O pai da família estava se engraçando para cima de mim, e a esposa dele parecia ter percebido. A atmosfera estava ficando mais tensa a cada minuto, e eu queria sair daquela situação. Assim que meu sueco se tornou bom o suficiente, arranjei um emprego de secretária e apresentei minha demissão.

    Enquanto isso, eu visitava a cidade regularmente, e colegas de meu novo trabalho me convidavam para sair. Eles eram gentis comigo, e eu apreciava a companhia deles. Havia um lugar para ir dançar no centro da cidade, e aos domingos ficava lotado. A pista de dança era perfeita, a música, animada, e havia dois bares. Aquilo me lembrou muito do Vereeniging. Eu ia lá para dançar com meus novos amigos todos os domingos, e foi lá que conheci meu futuro marido. Ele era um homem simpático, um engenheiro naval que morava em Gotemburgo. O nome dele era Elon Nordström. Ficamos noivos naquele mesmo ano, 1945, e nos casamos no dia 15 de fevereiro de 1946. E assim começou minha nova vida na Suécia.

*Retrato de casamento de Rosie e Elon*

# PAUL

## Encontro

Depois de conhecer meus parentes mais distantes, eu queria saber mais a respeito do passado de minha família. Meu pai ainda se recusava a falar e, apesar de minha curiosidade, não insisti. Eu estava inclinado a pensar que permitir que seus filhos crescessem sem o fardo da guerra pode ter sido a coisa certa a fazer, embora, refletindo melhor, eu talvez estivesse racionalizando a decisão dele. Embora ele falasse de sua juventude em Kleef e em Nijmegen, eu ainda não tinha ideia de como era a sua família na época ou do tipo de casa em que eles moravam. Não havia fotografias. Ele afirmava que tinham se perdido.

A única maneira de avançar era entrar em contato com Rosie. A ideia de apenas ligar para ela sem mais nem menos estava fora de questão. Eu temia que ela se recusasse a falar comigo a respeito do passado depois de tantos anos de silêncio. Além disso, Rosie e meu pai estavam brigados, o que só aumentava a probabilidade de ela se recusar a falar comigo. Não, se eu queria ter a minha chance, precisava me apresentar pessoalmente. Durante uma viagem de negócios para Helsinque, decidi alterar meu voo de volta e tomar a barca da noite para Estocolmo, onde ela morava.

Eu me aproximei da magnífica linha da costa sueca de manhã bem cedo. Às cinco da madrugada, eu estava sozinho no convés e não havia mais ninguém a vista. Enquanto o barco habilidosamente contornava as várias ilhas habitadas que flanqueavam o continente, absorvi a luz clara e suave. Um sol vermelho brilhava baixo em um céu sem nuvens. O mar estava calmo, e os motores roncavam baixinho atrás de mim. Eu me encaminhei para a proa e olhei para as águas enquanto o barco as cortava em duas. Fiquei ali pelo que pareceu um tempo enorme, sozinho no mundo.

O barco atracou às seis da manhã, cedo demais para eu telefonar para minha tia, de modo que esperei um pouco, tomei um café e liguei para ela às oito. Depois de me apresentar, disse a ela que estava no porto de Estocolmo e que gostaria de ir visitá-la para falar sobre o passado. Ela me disse muito francamente que eu não seria bem-vindo. Deixei claro que não estava ali a pedido de meu pai, que ele não sabia que eu estava em Estocolmo, mas ela continuou a recusar. Então, ali estava eu com todas as minhas boas intenções, sozinho no porto de Estocolmo. Por fim, acabei por lhe dizer que eu sabia de minhas origens judaicas e só então ela começou a falar sobre o passado.

Ela resumiu tudo em dez minutos. Foi como uma explosão. Falou sem parar com tamanha velocidade que não compreendi tudo. Mas não pude esquecer o tom de sua voz e suas últimas palavras: ela dissera tudo o que havia para dizer, eu agora tinha aquilo que viera procurar, e continuava não sendo bem-vindo. Numa derradeira tentativa, eu disse a ela que estaria em Estocolmo até tarde da noite de domingo, que planejava procurar um hotel, visitar a cidade e ver o famoso navio de guerra Vasa.

– Ligarei de novo para a senhora amanhã de manhã. Meu pai se recusa a falar, e a senhora é a única pessoa que pode me contar sobre o passado, como as coisas eram, como vocês viviam. Amanhã, vou lhe perguntar uma segunda vez se podemos nos encontrar e, se a senhora disser que não, respeitarei sua decisão e lhe desejarei uma vida longa e feliz. – Sem esperar a resposta, desliguei.

Na manhã seguinte, de novo às oito – eu estava muito impaciente –, liguei outra vez para ela. Meia hora depois, eu estava à sua porta.

Toquei a campainha, e uma mulher de cabelos grisalhos e olhos brilhantes apareceu. Apesar da idade, ela parecia saudável e forte, e não uma frágil velhinha. Ela sorriu, olhou para mim inquisitivamente e apertou minha mão. Aquela era minha tia Rosie. Antes que eu pudesse avançar, Rosie me deu instruções para tirar meus sapatos e me ofereceu uma variedade de chinelos enfileirados no hall. Escolhi um par verde e entrei.

Aquele acabou sendo um dia extraordinário. Havia muita coisa a respeito de que falar. Rosie, que tinha se divorciado de Elon, me mostrou fotos de antes da guerra. Em 1942, ela as escondera, enterrando-as em algum lugar em Den Bosch, e mais tarde as recuperara. Pela primeira vez, vi meus avós e outros membros de minha família. Pareciam elegantes e bonitos em suas roupas alinhadas. Eu os vi caminhando, no jantar, nas margens do Reno, durante uma temporada de férias e em suas casas em Kleef e Nijmegen. Vi meu pai quando rapaz e com o uniforme de soldado na frente da estação de Den Bosch. Eu tinha centenas de perguntas, e Rosie respondeu-as numa voz clara, abrindo uma janela para uma vida que eu acreditara estar perdida. Uma imagem de meus avós e da família lentamente emergiu da obscuridade. Rosie se calou por um momento, pegou uma foto de meus avós de seu álbum e a deu para mim.

– Uma lembrança – disse ela. Meu pai estava na mesma foto, ainda criança. Ela apontou para ele e disse: – Você pode cortar fora esta parte.

Quando ela se levantou para ir buscar um bule de chá na cozinha, minha atenção foi atraída para um pedaço de arame farpado com um isolador elétrico pendurado na parede entre os quadros e fotos.

– Um suvenir de Auschwitz. – Enquanto ela falava, refleti que Rosie não tinha nenhum problema de falar sobre o passado e que se lembrava de muitos detalhes. Embora o assunto fosse sério, ela às vezes fazia uma brincadeira ou contava uma anedota que nos deixava às gargalhadas.

Era evidente que ela havia conseguido preservar sua alegria de viver, sua paixão pela dança e música, seu interesse ativo pelas pessoas e seu otimismo, apesar das coisas terríveis que tivera de suportar.

– Desde o início de minha nova vida aqui na Suécia, sempre assinei minhas cartas como Rosie, como havia feito antes. Mas há uma diferença. No *R* de Rosie e meu nome oficial, Rosita, desenho uma carinha, um rosto sorridente, rindo da vida. Uma afronta para aqueles que quiseram me intimidar, me dobrar. Eles não conseguiram.

*Assinatura de Rosie*

Quando falamos sobre a família que tinha perdido na Holanda, ela observou:

– Quando eu era jovem e morava em Nijmegen, não dava muita importância à família, mas as coisas mudaram. Ao me casar com Elon, ganhei uma nova família. Os suecos são muito unidos e voltados para seu grupo familiar. – Ela me contou com orgulho que o irmão de Elon dera seu nome a uma de suas filhas: Rosa Nordstöm.

Depois de algum tempo, paramos de falar e saímos para dar uma volta, tomar um drinque. Enquanto admirávamos a bonita baía Mälaren diante de nós, Rosie disse:

– Quando eu morrer, é aqui que quero que minhas cinzas sejam jogadas.

Quando a noite começou a cair, nos encaminhamos para a estação de metrô. O tempo tinha ficado cinzento e enevoado. Conversamos o dia inteiro, mas, ao chegarmos à plataforma, não dissemos nada. Embarquei no trem, e as portas se fecharam automaticamente. Continuamos a olhar um para o outro, os rostos sérios, sem sorrisos. O trem começou a se mover. Eu a vi acenar, sozinha na plataforma. Ela foi ficando cada vez menor, à medida que o trem acelerava, e finalmente desapareceu na neblina. Aquela foi a última vez que eu a vi.

# ROSIE

## Um futuro com lembranças

Na Suécia, criei uma nova vida para mim e finalmente sosseguei. Eu tinha um emprego, um marido, uma nova família. Pela primeira vez na vida, eu me sentia calma. Meu marido desempenhou um papel importante nisso. Como muitos suecos, ele tinha um temperamento tranquilo. Era completamente devotado ao seu trabalho, a mim e à família. Não buscava aventuras e raramente ficava excitado. Mas, apesar de nossas personalidades diametralmente opostas, fui feliz com ele. Não só porque nosso casamento me permitiu ficar na Suécia, mas também pelo simples motivo de que ele era um homem gentil que tinha adoração por mim. Ele era absolutamente sério e confiável, era quase tedioso! Era exatamente o tipo de marido que eu precisava aos 31 anos.

Tínhamos uma bela casa nos arredores de Gotemburgo, numa rua tranquila onde a única atividade era a chegada do carteiro e o som das crianças brincando. Decorei a casa sozinha, usando peças e mobília do antigo apartamento de Elon. Era uma pena que eu não tivesse nada de minha casa. À medida que os anos passaram, acumulamos algumas coisas, inclusive, é claro, um piano. Eu tocava piano e cantava todos os dias, como costumava fazer antes.

Eu também ainda gostava de piadas. Elon inicialmente não compreendia muito bem o meu senso de humor e às vezes me olhava de esguelha, mas, com o passar dos anos, acabou por apreciar minha espirituosidade. Ele chamava minhas piadas de humor holandês.

Eu destoava um pouco da família de Elon. Não era do tipo dona de casa passiva, era empreendedora, falante, eu cantava, dançava e estava sempre em busca de alguma diversão. Quando eles não compreendiam minhas piadas, Elon e eu nos entreolhávamos com um sorriso e pensávamos: humor holandês. Com frequência, eu era o centro das atenções. Elon tinha orgulho de mim, gostava de mim, e aquilo me fazia bem.

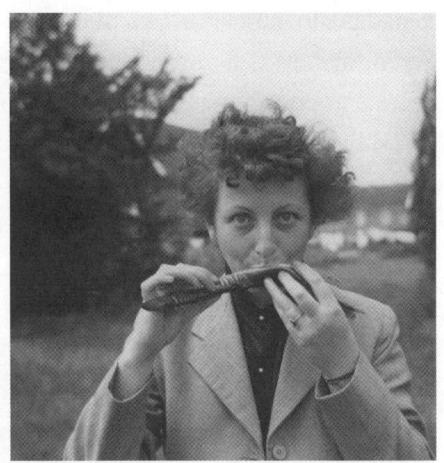

Mas para mim a tranquilidade de nossa vida na Suécia tinha sua faceta negativa, e de tempos em tempos eu sofria de crises inesperadas que podiam durar dias. Quando isso acontecia, as lembranças vinham numa torrente, lembranças que normalmente eu conseguia manter a distância. Normalmente eu conseguia evitar a depressão, mesmo nas piores situações. Ajudava-me escrever canções e dar uma boa gargalhada de vez em quando, uma verdadeira gargalhada. Mas nessas ocasiões, além das lembranças, minha mente ficava dominada por dúvidas. Todos nós tínhamos nascido leais e a lealdade parecia uma virtude, mas, ao mesmo tempo, ela pode destruir você. Juramos lealdade ao rei e ao país, aos líderes, à Igreja, ao patrão. Meu irmão havia servido a seu país quando este poderia tê-lo matado. Ele chegara bem perto disso quando seus óculos foram arrancados do rosto por um tiro em Haia, disparado por nada menos que um compatriota holandês. Ele quase morreu como um herói por nada. Pouco depois da guerra, a mesma pátria agradecida exigiu que ele pagasse os impostos por meu pai, um homem que as autoridades tinham posto na prisão e assassinado, e os impostos incluíam até juros.

Ministros do governo faziam discursos heroicos e patrióticos, e seus vassalos os apoiavam cegamente. Muitos alemães devem ter se arrependido de sua lealdade à pátria. Eles acreditavam em certeza e em contos de fadas, e a certeza e os contos de fadas lhes foram dados pelos nazistas. Contos de fadas são para crianças; pelo menos era nisto que a maioria das pessoas acreditava. Mas a verdade era o contrário. Adultos também precisavam deles. Para os alemães, no entanto, o conto de fadas havia acabado.

E Deus? Onde estivera Deus quando tínhamos precisado Dele? Será que existia um Deus virtuoso para os alemães? Um Deus traidor para os prisioneiros? A ideia de Deus agora era absurda. Deus era uma expressão da fraqueza humana. Os moribundos chamavam por Deus. Eu tinha visto isto por mim mesma, ouvido seus gritos. Deus era uma palavra elegante que nos cegava para a realidade. Em Auschwitz, não existia Deus. Onde estava Ele quando aquelas jovens, aquelas garotas, foram enforcadas e tínhamos sido obrigadas a assistir? Onde estava Ele quando aquele menino me retribuíra o sorriso? Onde estava Ele quando milhares morreram? Eu sempre chegava à mesma conclusão: eu não acreditava em Deus nem no Estado. O que restava? Apenas as pessoas.

Depois da guerra, todo mundo falava dos bons cidadãos e dos maus cidadãos. Mas quem eram eles? É claro que havia criminosos, criminosos comuns e criminosos de guerra. Mas se os alemães tivessem vencido a guerra, quem seriam os justos e os martirizados? Um holandês tinha disparado contra meu irmão. A traição de Leo me pusera na cadeia. Kees também tinha me traído. Policiais holandeses tinham me prendido com um sorriso e me levado para a prisão de novo. Por outro lado, Jorg e Kurt foram gentis comigo, do mesmo modo que a médica alemã em Ravensbrück. Magda Coljee, que fora tão gentil comigo e minha mãe, também era alemã. Não existia preto e branco. Existiam apenas pessoas. Algumas eram gentis, outras não. A vasta maioria era honesta, ingênua, obediente e oportunista.

Uma vez após a outra, eu chegava às mesmas conclusões, e depois de uns dois dias, perdida em meus pensamentos, retomava minha rotina cotidiana. Não podia conversar com Elon a respeito daquilo. Ele não teria compreendido. Por vezes eu tentava, mas então via a expressão vaga e interrogativa em seus olhos. Assim, eu dizia ao mundo que estava com enxaqueca. Todo mundo compreendia uma enxaqueca. A explicação cobria o enorme abismo que existia entre a superfície e o que estava acontecendo abaixo da superfície.

A proporção de judeus mortos na Holanda tinha sido maior do que em qualquer dos países vizinhos, inclusive a Alemanha. Não, eu estava feliz por ter ficado na Suécia. A mentalidade holandesa continuava a me espantar. Não compreendia a atitude deles. Pela maneira como me trataram depois da guerra, você pensaria que eu tinha cometido um crime. Era como se ter sido tratada como uma criminosa durante a guerra afinal tivesse me tornado uma criminosa. O mundo estava de pernas para o ar. Eu não era desafortunada por ter nascido judia, e sim por ter nascido holandesa. Na Suécia, eles me viam como uma cidadã respeitável, talvez um pouco mais interessante por ser estrangeira.

Aqueles oportunistas que me traíram na Holanda agora provavelmente se poriam ao lado dos Aliados e se gabariam de sua corajosa resistência contra os alemães. Provavelmente acreditavam que eu estava morta ou tão abalada por minhas experiências que nunca os incomodaria com meu sofrimento. Muitas de minhas companheiras de prisão tinham se tornado, em certa medida, passivas e apáticas. Mas meus traidores estavam enganados. Eu podia viver muito longe na Suécia, mas garantiria que seus feitos nocivos não fossem varridos para debaixo do tapete. Em 1945, escrevi uma carta detalhada para as autoridades holandesas dando queixa de Leo Crielaars e Kees van Meteren por traição, e Marinus Crielaars por colaboração. Eu descrevia os fatos e acontecimentos com tantos detalhes quanto era possível. Recebi uma resposta e, para meu alívio, li que todos os três tinham sido presos e mandados para a cadeia.

Depois recebi outra carta das autoridades holandesas, desta vez sobre a situação tributária de meus pais. Meu irmão as havia informado de que nossa mãe e nosso pai estavam mortos, mas agora parecia que eles queriam que pagássemos, e com juros, porque não havia registro civil da morte deles.

Nossa casa, nossos objetos pessoais roubados e as joias que entregamos no princípio da guerra não foram devolvidos. O dinheiro que o governo obrigou meus pais a depositar no Lippman, Rosenthal & Co. também não foi devolvido, pelo menos o que restou depois que meu pai retirou parte dele e deu para Venmans guardar. Era bastante complicado, me informaram as autoridades holandesas. Quando respondi que na verdade era bastante simples, e que nossos bens e imóvel roubados deveriam ser devolvidos sem mais demora, as autoridade holandesas protestaram que de fato era uma questão complicada e que a examinariam com mais cuidado.

Eu não tinha dinheiro para pagar um advogado e sequer tinha certeza se podia confiar em um. Eu me lembrava de como muitos deles, a grande maioria, de fato, simplesmente tinha abandonado seus respeitados colegas judeus como se fossem batatas quentes nos primeiros anos da ocupação. Todos os seus elevados princípios jurídicos e protocolo legal tinham simplesmente desaparecido no ar. O sr. J. B. Hengst, advogado de meu ex-marido, teve até a audácia de me mandar uma carta de ameaça, apesar de seu cliente ter sido considerado culpado de traição:

Cara Senhora,
Tornou-se claro que as suas relações com os alemães foram muito mais sérias do que aquelas de que a senhora acusa seu ex-marido. Não pode haver qualquer dúvida, portanto, de que se a senhora tentar entrar neste país corre o risco de que se tomem medidas contra a sua pessoa, a despeito de sua nacionalidade sueca. Faço menção a isto em seu benefício e para evitar qualquer possível acusação de que eu não a adverti com antecedência.

Pouco depois da libertação, o governo holandês havia na verdade criado uma legislação que intencionalmente impedia a devolução de di-

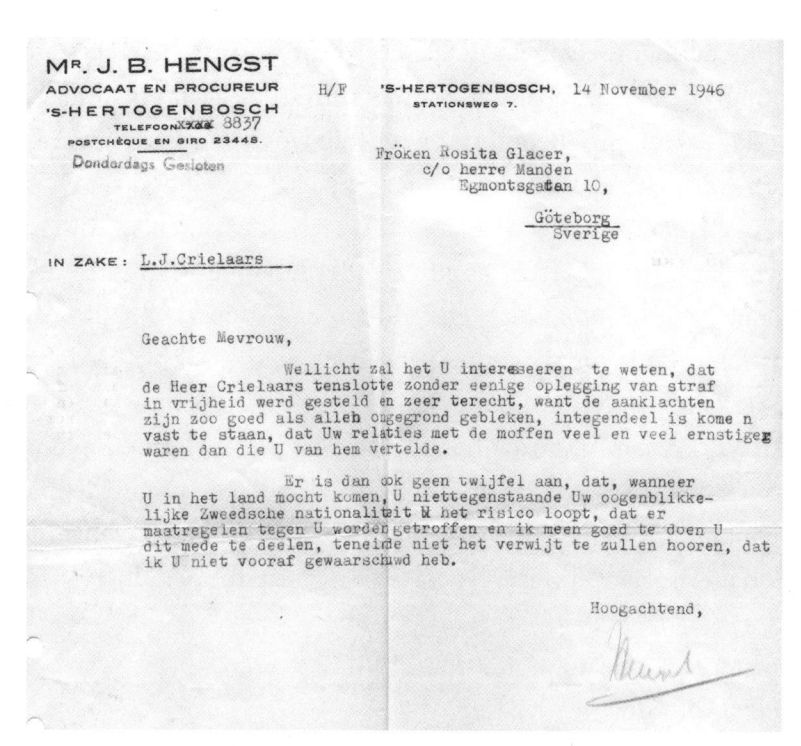

*Uma carta de J. B. Hengst, advogado de Leo*

nheiro e bens roubados. O Parlamento havia aprovado a lei. Tudo muito democrático. Era o tipo de legislação de que os nazistas teriam se orgulhado. Foram necessários anos de processos legais para conseguir recuperar uma parcela. Muito poucos tiveram condições de entrar com as ações. Se você não tinha dinheiro, porque todo o seu dinheiro havia sido roubado, você não podia provar nada, e como a família estava morta, você não tinha documentos – em suma, se não lhe restava absolutamente nada, então azar o seu. Era simples assim. Nenhum de meus pertences jamais me foi devolvido, nem mesmo os que foram confiscados pelos alemães e depois entregues – pelo menos o que restava deles – para as autoridades holandesas. O único dinheiro que consegui recuperar foi o que restava dos fundos que tinha deixado com a sra. Coljee para guardar.

O mesmo Estado holandês que tanto falava sobre a honra da nação e convocara a população para lutar pelo país e pelo rei. Que tipo de pátria era esta?

O procedimento estabelecido pelo governo holandês para desembolso do dinheiro alemão de reparação para as vítimas de guerra era simplesmente infindável. Dez anos depois de eu ter sido trocada por três prisioneiros de guerra, a Alemanha anunciou que iria pagar uma indenização às vítimas. Eles chamaram a isto *Wiedergutmachung* – literalmente, "tornar bom de novo". Eu havia recorrido às autoridades holandesas encarregadas de distribuir o *Wiedergutmachung* citando minha prisão, o trabalho escravo, o assassinato de meus pais, as experiências médicas, a perda de minha escola de dança e de tudo o que eu possuía para justificar meu pedido. Quando não recebi resposta, finalmente decidi escrever de novo, quase vinte anos depois da guerra. Pedi uma atualização de minha demanda e um adiantamento, tendo em vista a duração do processo. Recebi uma resposta do escritório responsável pela investigação dos pedidos:

Amsterdã, 31 de julho de 1964
*Frau* R. Nordoström-Glaser

Re: Seu pedido de indenização
Recebi sua carta datada de 28 de julho de 1964, na qual a senhora solicita que um adiantamento a curto prazo lhe seja concedido com base em sua demanda.

Embora certamente concorde com os motivos que a senhora apresenta, lamento informar que é impossível para mim satisfazer sua solicitação.

Meu escritório está sobrecarregado com solicitações escritas e feitas por telefone semelhantes à da senhora.

O tratamento suplementar para tais solicitações exigiria uma quantidade incrível de trabalho adicional que evidentemente resultaria num grave atraso no pagamento de pedidos regulares.

Portanto, sou obrigado a pedir à senhora que seja paciente, mesmo que a senhora tenha nascido antes de 1º de agosto de 1902 e sua demanda – por qualquer que seja o motivo – ainda não tenha sido acolhida.

De maneira a evitar trabalho adicional, eu também apreciaria se a senhora evitasse mais correspondência ou telefonemas.

> Chefe do Escritório Central de Pagamento
> – Reparações Alemãs
> sr. J. G. A. ten Siethoff

Em outros países, o pagamento da reparação *Wiedergutmachung* já tinha sido feito. Depois de algum tempo, recebi uma carta informando-me que a Holanda se recusava a pagar minha compensação porque eu era sueca, e não holandesa. O fato de que eu podia provar que era holandesa quando tudo aconteceu não fazia diferença. Para tornar as coisas piores, recebi uma carta da embaixada holandesa manifestando sérias dúvidas sobre a minha identidade e o sofrimento que eu havia vivido. Enviei-lhes os documentos de identidade que eu tinha recebido na fronteira dinamarquesa e lhes forneci mais uma vez o número que fora tatuado em meu braço em Auschwitz. Nenhuma resposta. Então recorri ao presidente alemão, que me informou que a Alemanha havia depositado o dinheiro que me era destinado junto ao governo holandês. Voltei à estaca zero. Estava presa a uma burocracia impiedosa e frustrante e não havia saída.

De modo bem distinto, as autoridades francesas haviam insistido em justiça quando se tratava de situações como a minha, mas aquilo não me era de nenhuma ajuda. Haia continuava a se recusar a me atender. Então recorri à rainha Juliana e tentei arranjar um encontro com ela durante sua visita real a Estocolmo. Consegui, e ela foi extremamente simpática comigo. Segui para o nosso encontro com uma carta explicando minha situação com mais detalhe e recebi uma resposta. Ela estava disposta a intervir e, graças aos seus esforços, finalmente recebi uma indenização de 2 mil florins pelas experiências médicas que resultaram em esterilização em Auschwitz. Também deveria ser indenizada por ter sido obrigada a usar a estrela de davi, uma quantia baseada no número de dias que eu tivera de usá-la. Era meio incomum para alguém que nunca na verdade havia usado a estrela, exceto pelo único dia em que eu tivera de ir à delegacia de polícia em Den Bosch. Mas, no final, reduziram 42 por conta dos 42 dias que eu tinha passado na prisão da SS em Den Bosch, tempo durante o qual eu não havia usado a estrela em público. Eles se recusaram a ceder neste ponto. Típico da Holanda mesquinha em sua melhor forma. Como consequência dessa dedução, fiquei abaixo da quantia mínima oficialmente estabelecida e não estava mais qualificada para indenização complementar.

Apesar dos aborrecimentos gerados por minha hostil terra natal, eu me mantive otimista e apreciei a vida ao máximo. Não tinha sobrevivido para nada e queria comemorar isto até meu último suspiro. Com Elon, eu tinha uma vida agradável e doméstica, de um tipo que não havia vivenciado desde a juventude. A família dele era muito unida, e regularmente fazíamos festas, piqueniques e programas. Eu me dava especialmente bem com o irmão de Elon e a esposa dele. Era louca pelos filhos deles, e eles eram loucos por mim. Eu os levava ao zoológico, ao parque, ao porto e, quando ficaram mais velhos, ao teatro. Ensinei-os a dançar e tocar música, especialmente durante os longos invernos da Suécia, quando celebravam o Dia de Santa Lúcia. Junto com as crianças, vestíamos nossas melhores roupas de domingo e usávamos coroas com velas acesas. Elon sabia que eu não podia ter filhos. Eu não tinha contado a ele quando nos casamos, mas ele não reagiu tão mal quanto eu temia.

Minha ambição era abrir uma escola de dança na Suécia. Agora que eu era sueca, isso era legalmente possível, mas os jovens não dançavam tanto ali quanto dançavam na Holanda, Bélgica e Alemanha. Além disso, Elon não gostava da ideia de passar longas noites sozinho em casa enquanto eu trabalhava. Por isso, me candidatei a um trabalho de secretária, adaptando meu currículo para mostrar que tinha trabalhado como secretária em Londres durante os anos que eu passara nos campos. Ninguém estava procurando uma empregada com um passado difícil, um passado que tão poucos podiam compreender. Consegui encontrar um emprego de secretária executiva em uma grande firma de eletrônicos, onde eu era responsável pela correspondência comercial com várias companhias alemãs. A experiência que eu adquirira trabalhando no negócio de meu pai foi útil, e eu não tinha nenhuma aversão aos alemães por causa da guerra. O alemão ainda era a minha língua materna, o holandês, a segunda, e o sueco, a terceira.

Embora eu tivesse me estabelecido na Suécia, ainda mantinha contato com os amigos na Holanda, com meu irmão e com algumas sobrinhas que haviam sobrevivido à guerra. Eu queria visitá-los, mas temia correr o risco de ser presa, uma vez que o advogado de Leo havia insinuado isso em sua carta. Eu já tinha sido presa duas vezes antes e não queria que acontecesse de novo. Felizmente, cheguei com a polícia holandesa, e as ameaças do advogado eram totalmente absurdas. Um mês depois, viajei para a Holanda. Elon ficou na Suécia. Ele estava ocupado construindo navios, as encomendas se acumulando. Além disso, ele não estava realmente interessado na ideia, embora compreendesse perfeitamente bem que eu quisesse estar com velhos amigos e com meu irmão John e sua nova família.

Nosso encontro na Holanda foi caloroso e emocionado. Por insistência de John, concordamos que nada seria dito aos filhos dele sobre nossas origens judaicas e também nada sobre os campos. Aquilo tudo era apenas excesso de bagagem, argumentou ele, e não dizia respeito às crianças. Não devemos sobrecarregá-los com o passado. O futuro era deles, e eles deviam ser livres para se desenvolver sem entraves. Uma vez que a esposa de John, Elisabeth, era católica, as crianças foram batizadas. John não fazia nenhum esforço para se manter em contato com os poucos primos que tinham sobrevivido ao Holocausto. Ele achava que era melhor assim, para ele e seus filhos. Não tinham brigado, longe disso, mas John não comparecia às reuniões anuais organizadas pelos poucos sobreviventes da família, apesar dos convites que continuava a receber. Eu sempre gostara de manter contato com as pessoas. Mas John era meu irmão caçula introvertido e continuaria assim para sempre.

A primeira vez que voltei à Holanda também decidi ir ver meu ex-marido, Leo. Por intermédio de seu advogado, ele dissera para eu ficar longe da Holanda, sugerindo que poderia ser presa. Assim, eu queria mostrar a ele que não me deixara intimidar, que estava indo mui-

*Rosie na Holanda*

to bem e que estava feliz por ele ter sido preso por sua traição canalha e covarde durante a guerra.

Ele foi a primeira pessoa que visitei quando cheguei a Den Bosch. Botei meu vestido mais bonito e meu casaco vermelho e fui visitá-lo. Enquanto caminhava pelas ruas e o bairro onde ele morava, sem querer comecei a andar mais devagar. Eu reconhecia as casas. Havia um pequeno parque na esquina de uma das ruas, e ali sentei-me num banco, fumei um cigarro e observei as crianças brincarem. O bairro estava exatamente como tinha sido. O que eu iria dizer a ele? E se ele não estivesse em casa? Comecei a questionar se aquela era na verdade uma boa ideia. Quando começou a chuviscar, me dei um beliscão por ser tão covarde e lembrei a mim mesma que já estivera em situações bem piores. Então me levantei, encontrei a casa dele e toquei a campainha.

O próprio Leo veio abrir a porta, balbuciando alguma coisa ininteligível. Ele parecia velho e abatido. Fiquei satisfeita ao ver isso.

– Olá, Leo – eu disse. Ele balbuciou algo em resposta. A chuva se tornou mais forte, e ele perguntou se eu queria entrar. Eu disse que preferia ficar na chuva. Ele ficou ali parado e me encarou, a boca meio aberta. Falei que ele estava com uma aparência horrível, que eu achava a traição dele medonha e que sua prisão no campo Vught havia sido justificada. Desejei-lhe uma vida miserável, girei nos calcanhares e saí andando sob a chuva. Assim que virei a esquina e não estava mais em seu campo de visão, parei e recuperei o fôlego. Tinha sido exatamente como eu queria.

Então segui para a casa de meus pais, perto da estação, que havia sido muito bombardeada pelos britânicos. A maior parte dos escombros havia sido retirada, mas ainda se podiam ver paredes e telhados danificados. Eu ouvira dizer que a nossa casa e algumas casas vizinhas estavam completamente destruídas, de modo que a visão da cena não me chocou. Parecia não ter restado nada do lugar, apenas os muros que separavam nossa casa da casa ao lado – que também estava em ruínas – e parte da parede da copa. O resto era uma pilha maciça de escombros.

Quando subi em cima do muro, vi os restos do celeiro no pátio dos fundos que tinha sido usado como esconderijo. Também era onde eu havia enterrado meus álbuns de família e os filmes da escola de dança. Pro-

*A casa de Rosie com a escola de dança no sótão em Den Bosch*

curei o local, esperei até que escurecesse para não atrair atenção e comecei a cavar com uma pequena pá que havia trazido em minha grande bolsa.

Logo encontrei o que estava procurando. Os álbuns estavam em muito mau estado, mas as fotos ainda conservavam boas condições. Os negativos e os filmes também tinham sobrevivido. Retirei as fotos dos álbuns úmidos e estragados e guardei tudo em minha bolsa. A esta altura já estava completamente escuro, e cheguei para ver se não havia ninguém antes de subir o monte de escombros. De volta à Suécia, colocaria as fotos em novos álbuns e acrescentaria legendas. Fiquei contente por ter conseguido salvar pelo menos algumas recordações de minha juventude, de minha família e da escola de dança.

No dia seguinte, continuei a explorar a cidade, examinei e fotografei prédios em ruínas e fiz uma visita a meu antigo vizinho, o sr. Pijnenburg. Ele sempre tinha sido gentil comigo e meus pais – ele nos levara à estação quando fugimos –, e eu não havia me esquecido disso. Ele agora estava com a família em uma moradia de emergência, já que sua casa tinha sido bombardeada, exatamente como a nossa. Más notícias para nós dois, porque eu lhe enviara meu livro para guardar quando estava no campo Vught, e o livro havia se perdido no bombardeio. Exceto por isso, ele estava indo bem e parecia exatamente o mesmo. Os filhos dele também estavam bem. Conversamos sobre o passado, embora fizessem apenas alguns anos, sobre a escola de dança, sobre meus pais e pessoas que conhecíamos em Den Bosch.

No dia seguinte, tomei o trem para Naarden para visitar Magda Coljee. Comprei flores para ela no caminho. Quando entrei em sua rua, reconheci tudo até o último detalhe. As árvores de um lado, a curva à esquerda e a própria casa. As lembranças lampejaram em minha mente. Na última vez em que estivera ali, estava com minha mãe e um policial de pistola em punho. Antes que eu me desse conta, me vi diante de sua porta. A acolhida foi muito calorosa e muito terna, selada com dez beijos.

*Rosie visitando uma antiga vizinha e os filhos em Den Bosch*

Meu irmão já tinha feito uma visita anterior para recolher nossos pertences e o que restava do dinheiro, que ela entregou junto com uma minuciosa prestação de contas das despesas e encomendas que tinha enviado. Era uma vergonha que o dinheiro agora não valesse mais nada. Em um esforço para combater dinheiro "clandestino" não declarado, o governo havia introduzido uma nova moeda depois da guerra, e o dinheiro antigo não tinha mais valor. Meu irmão havia contatado o ministério envolvido, mas um funcionário lhe disse que teria sido melhor se meu pai tivesse depositado o dinheiro no banco indicado pelos alemães. Então ele teria sido registrado. Não havia nada que pudesse fazer. Também faltavam algumas das joias, provavelmente levadas por Kees. Uma pena, uma vez que além do valor material, também eram as últimas lembranças tangíveis de minha mãe.

Apesar de nossa alegria ao nos vermos de novo, Magda parecia preocupada. Estava magra e tinha olheiras. Ela me disse que seu marido, Henk, tinha sido preso. O ministério concluíra que, uma vez que era casado com uma alemã, era membro do NSB e tinha abrigado judeus que foram entregues aos alemães, ele devia ter nos traído. Ela foi obrigada a contratar um advogado para defendê-lo, mas mal tinha dinheiro suficiente para pagá-lo. Magda também me disse que as pessoas eram desrespeitosas com ela na rua por causa de sua origem alemã, mesmo pessoas que tinham sido muito simpáticas com ela no passado. Um dos comerciantes até se recusara a aceitar seus cupons de racionamento. Fiz tudo o que pude para animá-la e disse que escreveria uma carta para o ministério inocentando Henk assim que voltasse para a Suécia. A ajuda que ela havia me prestado quando eu estava em terríveis dificuldades tinha sido incrível, e eu planejava informá-los disso. Conversamos sobre Kees e contei-lhe que ele estivera preso em Vught. Perguntei se ela sabia onde ele estava agora, mas Magda não sabia. Apesar de minhas flores, meus milhares de agradecimentos e meus esforços para alegrá-la, Magda continuou triste e desanimada.

No dia seguinte, viajei para a Bélgica, onde me encontrei com Martha, e então seguimos para Tielt, onde Rachel morara. Era uma cidadezinha modorrenta, não muito longe de Bruges e Ghent. Uma torre medieval se erguia no meio de uma antiga praça de mercado, rodeada por casas antigas, alguns cafés e um terraço.

O endereço que Rachel tinha nos dado estava ocupado por outra família que não sabia nada a respeito dela. As autoridades lhes destinaram aquela casa depois que a deles na Antuérpia tinha sido bombardeada. Não tinham nenhuma notícia sobre a família que havia morado ali antes deles, pelo menos foi o que disseram. Quando a porta se fechou, ficamos atordoadas, sem saber o que fazer a seguir. Nenhum vestígio de Rachel? Era impossível!

Tentamos a casa ao lado. Os vizinhos, um casal idoso, pareciam amistosos, e nos disseram que ninguém da família de Rachel tinha voltado. Pobres almas, chamavam-nos. As saudações, os beijos e os votos que tínhamos prometido dar à família dela se evaporaram no ar. A senhora nos convidou a entrar. Ela nos conduziu à sala de visitas e rapidamente retirou a capa do sofá. Tomamos café, e o casal falou sobre os antigos vizinhos e sobre Rachel. Eles se lembravam dela quando ainda garota, atrevida, alegre e brincalhona. Ela os visitava com frequência. Também gostava de sair para pescar, e o tio Lambiek, como ela o chamava, costumava levá-la para um canal próximo, bem defronte à fábrica de madeira. A água era turva ali e cheia de esgoto, mas, por algum motivo, os peixes pareciam gostar, e eles sempre pescavam muitos. Passavam metade do dia sentados ali, ele falava sobre carpas gigantes, enguias e robalos, e Rachel, a respeito da escola. Ela frequentava uma escola de freiras para meninas. Era inteligente, a melhor aluna da turma. Dominado pela emoção, nosso anfitrião hesitou e se calou. A esposa dele prosseguiu com a história. Ela nos contou sobre os primeiros namorados de Rachel e sobre Pierre, o amor de sua vida, de quem tinha ficado noiva. Eles nunca tinham compreendido por que os dois haviam rompido o noivado. Àquela altura, Rachel não pescava mais com tio Lambiek havia muito tempo. As conversas no canal tinham acabado, pois ela não achava tão fácil falar sobre suas paixonites como era falar sobre a escola.

    O sobrenome de Pierre era De Jaeghere, e ele morava no café na esquina da rua. Era claro que aquelas pessoas amavam Rachel. Quando perguntaram o que tinha acontecido com ela, dissemos que tivera uma morte tranquila, depois de um período de doença. Não tínhamos combinado antes dizer isso, mas seus vizinhos idosos eram pessoas tão boas que decidimos poupá-los da verdade. Eles amavam Rachel. Por que causar-lhes mais sofrimento contando o que realmente havia acontecido? Depois de uma segunda xícara de café, nos despedimos, beijando-os no rosto, apesar de termos acabado de nos conhecer. Talvez o tenhamos feito por Rachel, quem sabe? Em todo caso, pareceu a coisa certa a fazer.

    O café na esquina estava fechado e, quando tocamos a campainha, uma mulher loura apareceu na porta.

    – Pierre está? – perguntamos. A mulher nos lançou um olhar desconfiado e disse que Pierre não estava em casa. Ficamos contentes por termos encontrado o lugar certo, mas a mulher afirmava que não sabia quando ele voltaria. Combinamos de retornar mais tarde e caminhamos até a praça do mercado, nos sentando no terraço de um dos cafés. Conversamos sobre nossas aventuras com Rachel, sobre como tínhamos nos divertido no alojamento, as velhas piadas que contávamos e as situações quase hilárias em que às vezes nos encontrávamos. Falamos sobre o ferimento em sua perna, o ferimento que acabara por matá-la, e tudo por causa de uma surra dada por um guarda imbecil. Um espancamento sem sentido, sem nenhum motivo. Mais tarde soubemos que os prisioneiros doentes que tinham ficado para trás não foram mortos como havíamos previsto, mas foram os primeiros a serem libertados pelos russos.

Depois de umas duas horas, voltamos ao café de Pierre. A mulher loura abriu a porta de novo e chamou o marido. Pierre apareceu no umbral da porta. Era um rapaz forte, de ombros largos, com uma tatuagem no braço esquerdo. Ele ouviu nossa história, assentiu de vez em quando, mas não pareceu estar interessado. Quando perguntamos sobre seus tempos com Rachel, ele deu de ombros. Então virou as costas e voltou para dentro. A mulher loura fechou a porta com um sorrisinho no rosto. E isto foi tudo. Tínhamos encontrado o amor da vida de Rachel, mas não conseguimos ir além da porta. A vida pode ser inacreditavelmente estúpida.

Para superar minha experiência de durante a guerra e para minha própria saúde mental, passei parte de minha viagem visitando lugares bem conhecidos, como a praia da Normandia, onde a invasão dos Aliados havia começado, Bastogne, onde aconteceu a ofensiva das Ardenas, e Berlim, onde eu tinha ajudado a construir as defesas. Também visitei todas as prisões e campos onde estivera presa. Fotografei tudo e, quando voltei para a Suécia, organizei as fotos em álbuns durante as longas noites de inverno.

*Perto de campo Vught*

Ao lado de uma fotografia da cidade de Kleef em ruínas, escrevi um poema em versos livres. Parecia tristemente irônico que a cidade que havia inspirado o *Lohengrin* de Wagner tivesse sido destruída por Hitler, que fora tão obcecado pelo compositor:

A Saga Lohengrin
Ópera Lohengrin
Lohengrin – Wagner
Wagner – Hitler
Hitler – Bombardeio
Bombardeio – Kleef
Salve meu queridíssimo Cisne [símbolo da cidade de Kleef]

Em memória de meus anos perdidos, decidi escrever um livro sobre a minha vida. Eu já tinha escrito um livro semelhante, mas ele se perdera na guerra. Agora que eu tinha tempo, comecei de novo. Precisava de meu passado para ajudar a construir meu futuro. Um futuro com lembranças.

Peguei minha caneta e escrevi o prefácio:

Comecei a escrever este livro na prisão em Den Bosch em 1942. Continuei a escrevê-lo quando passei a viver na clandestinidade. Comecei de novo quando estava no campo Westerbork e continuei no campo Vught. Enviei o manuscrito por um portador para meus vizinhos em Den Bosch, onde foi destruído por bombas em 1944.

Comecei a escrever de novo depois de minha libertação na Suécia. Dedico esta obra a meus pais mortos e a todos os que compartilham de meu ponto de vista: dificuldades e riscos são a prova dos nove de nosso caráter.

Rosie

*Bloco de celas 10 em Auschwitz (foto tirada numa viagem posterior)*

# PAUL

## Rosas

Em março de 2000, recebi um telefonema de minha irmã Marjon. Ela me disse que tia Rosie tinha morrido. Um funcionário da cidade de Estocolmo havia entrado em contato com ela depois de ter encontrado seu endereço entre os papéis de Rosie. Ele disse a Marjon que Rosie morrera em casa uns dois meses antes e já havia algum tempo que ele vinha procurando membros da família. O fato de Rosie não ter filhos não tornara sua tarefa mais fácil. Ele também tinha falado com a família do marido dela, Elon. Depois de muitos anos de um casamento feliz, Elon começara a sofrer de depressão, o que o levara a beber muito. Certa manhã, ele foi encontrado morto na neve. Os períodos de bebedeira de Elon trouxeram tantas dificuldades para o casamento que Rosie decidiu se divorciar dele um ano antes de sua morte. A família de Elon não era mais a família oficial de Rosie. Embora, depois do divórcio e da morte dele, ela mantivesse contato com o irmão dele, os sobrinhos e sobrinhas, o funcionário só tinha permissão para tomar as providências legais com parentes de sangue. Depois de Elon, Rosie parecia ter tido outros relacionamentos sérios, um com um gerente de banco de Estocolmo, outro com um diretor de hospital de Nuremberg, mas não se casara de novo. Na ausência de filhos, parecia que nós éramos seus parentes mais próximos.

Marjon, meu irmão René e eu decidimos ir a Estocolmo prestar nossa homenagem e tomar as providências que fossem necessárias. Myra, minha filha mais velha, que estava curiosa com relação à sua tia-avó e planejava visitá-la comigo na primavera de 2000, se juntou a nós.

Uma semana depois, voamos para a Suécia e fomos diretamente do aeroporto para o Crematório de Rostock, na zona leste da cidade. Um clérigo nos indicou uma pequena capela em inglês claudicante. Entre duas velas acesas, encontramos uma urna contendo as cinzas de tia Rosie. Ele nos deixou sozinhos com ela. O silêncio nos dominou. Embora soubéssemos com antecedência que iríamos receber suas cinzas no crematório, mesmo assim fomos apanhados desprevenidos, o que tornou o silêncio ainda mais intenso.

Estava na hora de ir. O funcionário que entrara em contato conosco estava esperando. Peguei a urna e a coloquei dentro de minha mochila. Rapidamente, caminhamos até a prefeitura. Tínhamos de andar depressa porque ela fecharia em uma hora e então seria o fim de semana. Foi estranho andar com tia Rosie nas minhas costas. O sangue subiu ao meu rosto e comecei a suar frio. Chegamos à prefeitura bem a tempo, e as formalidades foram logo concluídas. Tomei as providências necessárias para levar as cinzas para a Holanda, assinei os documentos relevantes e recebi a chave do apartamento de Rosie. Havíamos planejado dar uma olhada no apartamento durante o fim de semana e decidir o que levaríamos conosco. Não seria muita coisa, uma vez que tínhamos as restrições de peso do avião. O funcionário prometeu tomar providências para que o resto dos pertences de Rosie fossem retirados do apartamento e doados para caridade. Antes de terminarmos, ele me perguntou o que o número tatuado no braço de Rosie significava. Eu não estava com disposição para falar no assunto, de modo que disse a ele que não sabia.

O apartamento de Rosie continuava exatamente como eu me lembrava. Colocamos a urna sobre a mesa, abrimos as portas para a varanda e olhamos para a baía de Mälaren. O tempo estava tranquilo, frio e silencioso. Não estávamos mais com pressa. O sol começou a se pôr, e nós procuramos velas e as acendemos, uma de cada lado da urna de Rosie. Ela estava de novo em casa.

Na manhã seguinte, comecei a procurar papéis e fotos. O cartão-postal com o endereço de Marjon ainda estava sobre a escrivaninha de Rosie.

Entre as coisas dela, encontramos câmeras e nada menos que cinquenta álbuns de fotos. A maioria oferecia um retrato de sua nova vida na Suécia. Ela parecia ter prosperado, ter feito muita coisa e rido bastante. Lá estava Rosie no convés de um belo navio de cruzeiro, atrás de um trenó puxado por seis cães huskies na Antártica, em um submarino ao lado do capitão (é claro!), com a rainha da Holanda em Estocolmo, em incontáveis piqueniques com amigos e família. Rosie com frequência estava em primeiro plano, sorrindo, usando belos vestidos de verão ou um elegante casaco de pele na neve. Também havia várias fotos de montanhas, fábricas, rios, navios, geleiras flutuantes, pontes, prédios. Aqueles temas deviam lhe agradar.

Então encontramos um álbum da juventude de Rosie: seu pai e sua mãe, seus amigos, Wim, a escola de dança, Leo, Kees e John. As fotos se estendiam de sua juventude até meados de 1942 e tinham legendas escritas em sueco. Meu irmão e minha irmã viram nossos avós pela primeira vez. Eu já tinha visto algumas dessas fotografias quando visitara Rosie em Estocolmo pela primeira vez, mas aquilo era apenas uma pequena parcela do que encontramos. Pela primeira vez, vimos como a vida tinha sido depois que ela deixou a casa de seus pais. Havia recortes de jornais sobre dança, muitos deles com fotos de Rosie radiante, e seu velho passaporte, que a identificava como professora de dança por profissão. Também encontramos dois filmes a que assisti mais tarde quando cheguei em casa. Eles não tinham som, mas mostravam Rosie dançando, lecionando, conversando com os alunos em sua escola no sótão em Den Bosch. Em uma cena, ela estava falando com sua mãe, nossa avó. Outra capturava meu pai e minha mãe dançando juntos, jovens namorados deslizando pela pista de dança. Eu nunca os tinha visto assim antes. Não havia nada nas imagens que sugerisse que a guerra já durava dois anos e que a situação era terrível.

Encontramos uma pasta cheia de poemas e canções, todos escritos por Rosie em Westerbork, Vught, Auschwitz, Birkenau, Gotemburgo e Estocolmo. Também encontramos um pequeno diário com uma tranca. Era como um livro de autógrafos: Rosie convidava amigos que havia conhecido depois da guerra a escreverem alguma coisa nele. O primeiro era o homem que a tinha libertado, Folke Bernadotte. Ele lhe desejava *lucka till*, muito sucesso.

Então descobrimos o diário a respeito do qual ela falava em uma de suas cartas de Westerbork, que havia começado a escrever de novo em 1945, depois que o primeiro fora destruído por bombardeios britânicos. Estava em uma pasta verde. Dei uma olhada e vi um prefácio, escrito a mão numa letra caprichada e elegante. O resto era datilografado, página após página, capítulo após capítulo, cada um com números romanos. As últimas páginas estavam escritas a lápis com muita coisa riscada e correções. Aparentemente, ela primeiro escrevia a mão, depois datilografava o rascunho. Parecia bem cuidado.

Encontramos relatórios das inquirições de testemunhas feitas em 1946 pelos "agentes federais políticos" holandeses com as pessoas que a haviam traído. Os relatórios não apenas expunham a traição de seu ex-marido, Leo, mas também detalhavam as atividades de seu amante, Kees, e das pessoas com quem ambos se davam.

Uma pasta diferente era dedicada à correspondência com o governo holandês e outras autoridades oficiais. A maioria dos documentos era de solicitações de devolução de dinheiro e bens ou de compensação. Ano após ano, carta após carta, tratamento gelado, poucos resultados. Uma carta gentil da secretária da rainha Juliana se destacava em meio às cartas oficiais de rejeição. Na parte de trás, descobri uma tabela de faturas de tabelião que listava todos os nossos parentes assassinados e o que restava de seus bens. Não era muito. A família se fora e do mesmo modo o dinheiro dela e seus bens.

Pouco a pouco, pedaços da existência de tia Rosie começaram a se encaixar. Todas aquelas novas informações ampliaram e tornaram mais nítido o quadro. Ele contava a história de uma mulher passional, intensa e aventureira que, a despeito da adversidade, se mantivera positiva e otimista.

A última coisa que encontramos estava atrás de uma pintura na parede: o testamento de Rosie e suas últimas vontades. Em sueco, explicava seu desejo de que suas cinzas fossem espalhadas na baía que ela havia contemplado ao longo de tantos anos. Eu não tinha me esquecido do pedido dela, mas decidira não mencioná-lo para o funcionário por temer que ele se recusasse a liberar a urna. Espalhar cinzas na baía era proibido. Mas a vida de Rosie era cheia de regras e regulamentos e na maioria das ocasiões ela simplesmente os ignorara. Decidimos fazer o mesmo e respeitar seus últimos desejos.

Naquele domingo de manhã, nós quatro caminhamos pela orla da baía Mälaren. Era o princípio de março, e o mar ainda estava congelado. No horizonte, um pássaro voava baixo acima da água. O céu estava azul e sem nuvens. Estava um silêncio tumular. De repente, ao longe, um minúsculo barco abriu caminho em meio ao gelo. Esperamos até que o silêncio voltasse, então subi num rochedo que se projetava para dentro da água e abria um buraco no gelo. Depois de uma breve cerimônia, joguei as cinzas de Rosie na baía. Marjon tinha trazido rosas holandesas e as atirou na água. Rosas para Rosie. Silêncio.

*Paul e sua filha Myra depois de ter espalhado as cinzas de Rosie, em 2000*

# Depois da guerra

Enquanto gozava sua nova vida na Suécia, Rosie continuou a tentar encontrar as pessoas que tinham desempenhado um papel importante em sua vida anterior. Ela não conseguiu localizar todo mundo, mas algumas informações básicas são apresentadas a seguir.

### ROSIE

Das 1.200 pessoas no trem que transportou Rosie da Holanda para Auschwitz, 700 foram para as câmaras de gás assim que chegaram e 500 foram postas para trabalhar. De acordo com relatos, apenas oito das 1.200 originais sobreviveram.

No dia 8 de dezembro de 1945, Rosie enviou uma longa carta de Gotemburgo, na Suécia, para o departamento encarregado de investigar abusos durante a guerra, fornecendo informações sobre sua traição pelo ex-marido, Leo, e o amante, Kees. "Não posso deixar de rir enquanto registro isto por escrito", escreveu ela. "Tenho 31 anos, e meus olhos foram abertos. Mudei tanto que vocês não me reconheceriam mais; talvez três anos e meio de campo de concentração tenham me feito bem. Quem sabe, mas permitam-me voltar ao tema em foco."

Um ano depois, em um de seus álbuns de retratos, Rosie escreveu sobre seu relacionamento com Leo e Kees: "Conheci a segunda desventura de minha vida em março de 1937, chamava-se Kees. Leo e eu alugávamos dele nossos salões de dança em Den Bosch. Este homem foi responsável por toda a situação infeliz que me seguiu como uma sombra por dez longos anos. Eu me apaixonei por ele, e ele por mim. Um jogo perigoso se desenrolou a partir daí, envolvendo dinheiro, ética e honra. Todo mundo perdeu. Nós três perdemos amor, dinheiro e nossa boa reputação. O ódio, no seu sentido mais profundo, deixou feridas indeléveis. Foi um inesquecível triângulo amoroso. Atualmente todos nós somos casados. Creio que fui quem se saiu melhor. Quero esquecê-los como a gente esquece um pesadelo. A maturidade me ajudou a ter sucesso."

Rosie sobreviveu tanto a Leo quanto a Kees.

Pouco depois de sua libertação, Rosie escreveu uma carta sobre os bombardeios que vivenciou: "Os mais horrendos ataques aéreos em Auschwitz, Breslau, Berlim e Hamburgo me deixaram completamente indiferente. Depois de algum tempo, eu nem me dava ao trabalho de me levantar, quer estivesse num alojamento de madeira, na traseira de um caminhão ou ao ar livre. Enquanto estilhaços passavam voando ao lado de nossas orelhas, contávamos piadas. Para que se preocupar com o futuro? Você tinha de apreciar a vida no presente. Não, a vida na Alemanha me tornou dura e cruel."

Quando a visitei, ela explicou:

– Cada comando destacado para trabalhar nas câmaras de gás era removido depois de três meses. O comando antigo era ele próprio mandado para a câmara de gás. Eu não sabia disso na época. Nunca tornei a ver ninguém de meu grupo. Tenho tanta sorte que tive permissão para ir para a fábrica. Sem me dar conta na ocasião, eu tinha conseguido salvar minha própria vida.

Depois da guerra, Rosie escondeu o número tatuado de Auschwitz do mundo exterior.

As taxas deduzidas sem permissão pelo Estado holandês da conta de banco de seu pai finalmente foram restituídas a Rosie e seu irmão depois de uma longa e contínua insistência. Eles tiveram de esperar até 1953 para que os impostos calculados e deduzidos relativos a 1943 finalmente fossem anulados. O dinheiro foi restituído sem juros e tinha perdido um valor considerável.

Ao longo de sua vida, Rosie manteve contato com a prima Suzy Rottenberg-Glaser, uma das poucas pessoas de sua família a sobreviver à guerra. Depois da morte de Rosie, em 2000, Suzy observou:

– Rosie viveu sua vida com otimismo e talento, e a reconstruiu na Suécia depois da guerra. Ela não permitiu que a confusão com as autoridades holandesas depois da guerra a preocupasse por muito tempo. Também nunca se perguntou como teria sido se ela tivesse ido se juntar a Ernst na Suíça. Rosie viveu a vida plenamente, fiel a si mesma, até na prisão. Seu caráter se manteve inquebrantável. E para Rosie o caráter era o que havia de mais importante.

*Agosto de 1940*

## LEO CRIELAARS

Por insistência de Rosie, Leo foi preso depois da guerra. Ele cumpriu pena no campo Vught, que estava vazio na época e assim servia para ser usado como unidade carcerária. Depois de uma investigação, Leo foi considerado culpado de traição.

Rosie tinha sido obrigada a fechar sua bem-sucedida escola de dança depois que Leo enviou uma carta à *Kulturkammer*, a Câmara de Cultura, informando que ela era judia. Subsequentemente, a licença de Rosie foi-lhe tomada. Quando Leo descobriu que Rosie havia reaberto a escola de dança no sótão da casa dos pais, ele escreveu outra carta para o procurador-geral delatando sua ex-mulher uma segunda vez.

Den Bosch, 11 de outubro de 1941

Ao senhor Van Leeuwen, Procurador-Geral da Corte de Justiça,
Den Bosch

Ilustríssimo senhor,

O abaixo assinado L. J. Crielaars, professor de dança e administrador do distrito do sindicato de professores de dança, registrou ocorrência junto ao *Kulturkammer* holandês, e respeitosamente vem chamar a sua atenção para os seguintes fatos:

Alguns meses atrás, todos os genuínos professores de dança na Holanda foram registrados pela organização supracitada; professores judeus não tiveram permissão para se registrar. Até onde é de meu conhecimento, todos os professores judeus respeitaram este ordenamento, com a exceção de uma judia excepcionalmente insolente chamada Rosie Glaser. A judia citada declarou abertamente na reunião da organização em Utrecht, e na presença de 147 professores de dança, que ela não tinha nada a ver com a nova ordem e que continuaria com suas atividades, como o senhor pode ver nos folhetos de propaganda anexos, em estilo particularmente judeu.

Isto surpreendeu não somente os professores de dança de meu distrito, mas também os de todo o país, que imediatamente comentaram como ela passara todo mundo para trás mais uma vez, e que era preciso ser judeu para fazê-lo. Primeiro, ela começou a se tornar católica apostólica romana e disse a todo mundo que não era judia. Atualmente ela transferiu suas atividades de ensino do salão de hotel que ela anteriormente alugava para o sótão de sua casa, onde montou um salão de dança e continua como se nada houvesse de errado.

Os membros de meu distrito agora estão se queixando de que isto não é justo, porque genuínos professores de dança registrados são obrigados a respeitar os novos regulamentos, tais como preços mais altos etc. Isto visa ao nosso próprio interesse, é claro, mas tenho certeza de que o senhor verá a injustiça da situação.

Relatei a questão imediatamente para o Conselho Executivo, que respondeu que eu deveria acertar as coisas com as autoridades locais, uma vez que no momento eles não têm condições de tomar uma atitude. O *Kulturkammer* ainda está em formação, e ela está lecionando numa casa particular. Ontem encontrei-me com o inspetor Vos, da polícia local, que me informou que o regulamento de fato havia sido publicado, mas sem indicação de penalidade. Deste modo, as mãos dele estão atadas. Ele concordou em debater a questão com o comissário, mas não me deu muita esperança. É por este motivo que me volto para o senhor.

Gentilmente solicito que o senhor tome medidas para pôr fim às atividades ilegais desta judia insolente.

Sinceramente,

L. J. Crielaars

No dia 25 de maio de 1942, ele escreveu outra carta, desta vez endereçada ao comissário de polícia, afirmando que Rosie andara aparecendo em público sem uma estrela de davi e que ele estava pessoalmente certo de que ela possuía mais do que dois avós judeus. Ele concluía perguntando quantos avós judeus o indivíduo tinha de ter antes de se exigir que ele usasse a estrela. A carta foi bem-sucedida e resultou na prisão de Rosie por seis semanas em confinamento solitário na prisão da SS em Wolvenhoek.

Durante a audiência depois da guerra, Leo disse ao juiz que não tivera a intenção de prejudicar Rosie e que só tinha agido em prol dos interesses do sindicato dos professores, do qual ele era gerente distrital. Se tivesse sabido que suas ações poriam Rosie em perigo, acrescentou ele, obviamente se manteria calado.

Depois de cumprir nove meses de pena, Leo foi libertado e ficou livre para continuar com sua escola de dança. Ele morreu em 1978. A escola ainda existe.

## MARINUS CRIELAARS

Marinus foi preso e cumpriu pena na cadeia em consequência, em parte, de informações fornecidas por Rosie. Um dia depois de seu irmão ter enviado a carta para o comissário de polícia sobre a recusa de Rosie de usar a estrela de davi, Marinus endereçou a seguinte carta ao prefeito do NSB de Den Bosch:

Ao Honorável Senhor Prefeito de Den Bosch
26 de maio de 1942

Ilustríssimo Senhor Prefeito,

Por meio desta, solicito que o senhor tome providências na seguinte questão.
    Uma judia muito impertinente, chamada Rosa Regina Glaser, mora em sua cidade e se orgulha de não usar a estrela de davi. A judia citada também atuava como professora de dança e foi obrigada a pôr fim a suas atividades em virtude de suas origens. Ela é filha de Falk Jonas Glaser Philips, um judeu residente à Koninginnelaan, 23, em Den Bosch.
    A judia tornou a vida muito difícil para mim, por causa de minha filiação ao movimento, ao repetidamente falar em público contra mim. Ela anda em companhia de homens da Wehrmacht e inclusive finge ser nacional-socialista.
    É mais do que hora de esta judia impudente ser submetida a severo interrogatório. A polícia parece não se importar que esta judia não use a estrela de davi em sua roupa. Ela parece ter seduzido vários oficiais de vigilância de modo a fazerem sua vontade.
    Gentilmente solicito que o senhor resolva este problema de uma vez por todas.
    Aguardando que providências sejam tomadas.

                Hou Zee [o equivalente holandês de "Sig heil"]

                M. L. Crielaars, em prol da nova ordem.

No julgamento, Marinus declarou ao juiz que não tinha conhecimento de que seu irmão havia escrito uma carta a respeito de Rosie no dia anterior. Marinus também afirmou não ter conhecimento de quaisquer consequências nocivas que Rosie pudesse ter sofrido por causa de sua carta. Ele estava um pouco confuso no dia em que escreveu a carta, disse, e que com certeza não odiava judeus.

Além da traição de Rosie, parecia que Marinus tinha outros crimes em sua consciência. Ele havia ameaçado a vizinha judia de Rosie em Amsterdã, dizendo-lhe que era membro da Gestapo, e depois que ela passou para a clandestinidade, ele mandou esvaziar a casa dela inteira e se apropriou de todos os seus pertences. No tribunal, Marinus declarou que salvara a mobília de ser confiscada pelos alemães e que havia arriscado a própria vida ao fazê-lo. Mas sua desculpa era esfarrapada; quando a vizinha judia reapareceu depois da guerra e exigiu a devolução de seus pertences, Marinus lhe informou que não estavam com ele e que não sabia onde estavam.

O juiz condenou Marinus a dez anos de prisão. Um ano depois, a sentença foi reduzida à metade.

O processo de "purificação" do pós-guerra na Holanda foi lançado com o slogan "rápido, severo e justo", mas, devido à enormidade do projeto, ao processo de reconstrução holandesa e às ações militares na Indonésia, a rapidez foi rapidamente priorizada em detrimento da severidade e da justiça.

## KEES VAN METEREN

Kees também foi preso, mas não em consequência do testemunho de Rosie. O prontuário de Kees estava longe de ser limpo. Além de traição, ele também era suspeito de fraude e colaboração. Kees tinha consigo uma grande quantia em dinheiro quando foi feito prisioneiro pelos Aliados em Dessau. Ele insistiu que o dinheiro não era dele e que seu chefe lhe

*Relatório policial sobre Kees Van Meteren*

pedira para comprar diamantes para ele em Amsterdã. Também afirmava que os nazistas o haviam aprisionado em um campo em 1943, como punição por sua atitude antinacional-socialista. Acrescentou que tivera a sorte de conseguir escapar quando a Alemanha entrou em colapso.

Os Aliados entregaram Kees às autoridades holandesas, e ele, como Leo, foi levado para o campo Vught. O interrogatório produziu um dossiê substancial. A certo ponto, uma referência foi feita ao fato de Kees dizer à amiga a quem Rosie havia confiado seu gramofone e discos que ele tinha vindo buscá-lo a pedido de Rosie. A amiga os entregou de boa-fé. Várias testemunhas o descreveram como uma pessoa pouco digna de confiança. Um relato mencionava a execução pelos alemães de um combatente da Resistência e de um piloto inglês abatido, baseada em informações fornecidas por Kees.

Apesar de Kees ter perseguido pessoas e se apropriado de bens vestindo um uniforme da SS, o juiz declarou que as provas eram insuficientes para uma condenação. A pedido da defesa, um psiquiatra havia declarado que Kees não era inteiramente são. Ele foi libertado.

O Hotel Lohengrin, onde ele havia sido criado e que fora tão hospitaleiro com os alemães da ocupação, foi destruído por um incêndio durante a batalha para a libertação de Den Bosch.

Rosie tentou localizar Kees quando visitou a Holanda em 1947, mas ele não havia voltado a Den Bosch depois de sua libertação do campo Vught. Só muitos anos depois ela conseguiria rastrear seu paradeiro e descobrir seu endereço com a ajuda da polícia de Amsterdã. Rosie apurou que ele estava casado, tinha quatro filhos e que havia abandonado a família sem deixar rastros. O que ela fez com esta informação não se sabe. Kees morreu em Colônia, em 1996.

## ERNST WETTSTEIN

Após concluir seu trabalho em Eindhoven, Ernst voltou para a Suíça. Rosie tentou entrar em contato com ele depois de ser presa, mas sem sucesso. É possível que ele tenha escrito em resposta, mas Rosie nunca mais teve notícias dele. Mais tarde, ele passou algum tempo na Espanha, onde trabalhou como engenheiro para várias indústrias têxteis, introduzindo novas técnicas e mecanização com a ajuda da moderna maquinaria suíça. Depois ele voltou para a Suíça. Rosie não tentou entrar em contato com ele após a guerra. O noivado deles nunca foi oficialmente terminado.

## HENK COLJEE

Depois da guerra, Henk foi suspeito de ter colaborado com os alemães e de ter sido responsável pela traição de Rosie e sua mãe. Como membro filiado do NSB e casado com uma alemã, tudo parecia apontar nessa direção, e ele foi preso. Magda contratou advogados caros para entrar com petições para sua soltura e para priorizar o caso dele, mas isto não ajudou em nada. A pedido de Magda, Rosie escreveu uma carta para as autoridades, informando-as de suas experiências positivas com os Coljee. Um ministro da Igreja também apresentou uma declaração confirmando que, depois que Rosie e sua mãe foram presas, os Coljee deram abrigo a crianças judias, que deste modo conseguiram sobreviver à guerra. A declaração fez pouca diferença. Henk foi solto depois de um ano, mas muitos de seus direitos de cidadão continuaram caçados. Desapontado, deu início a procedimentos para emigrar para a América do Sul, mas levou muito tempo para obter as autorizações. Então abandonou seus planos e permaneceu na Holanda. Ele trabalhou como vendedor de leite. Os direitos plenos de cidadão lhe foram devolvidos oficialmente em 1952. Morreu em 1964.

## MAGDA COLJEE

Magda permaneceu em Naarden depois da prisão do marido. Voltar para a Alemanha – em ruínas e sob ocupação dos Aliados – não era uma opção. Seu irmão foi morto no *front* oriental, e os filhos dele foram morar com ela. Magda não tinha filhos. Depois da libertação do marido, eles viveram juntos e felizes por vários anos. Quando Henk morreu, em 1964, ela complementava sua renda recebendo hóspedes em casa e cuidando de um quiosque de venda de sorvetes e balas. Quando se tornou idosa demais para trabalhar e os filhos de seu irmão saíram de casa, ela encontrou um lugar num asilo de idosos, onde permaneceu até a morte. Magda tinha pouco contato com os outros residentes, que a achavam rabugenta. Amargurada, ela sofreu um pequeno derrame, que afetou sua capacidade de falar. Isto apenas aumentou seu isolamento. Um casal da igreja local ia visitá-la todos os domingos, inspirado por um sentido de dever social. Magda morreu aos 83 anos, isolada e sozinha.

## JORG DE HAAN

Rosie e Jorg de Haan (nome de batismo fictício) nunca mais se encontraram. De acordo com uma lista de funcionários importantes em Westerbork, ele era o representante do conhecido *Zentralstelle für jüdische Auswanderung* (Escritório Central para Emigração de Judeus) em Amsterdã, a instituição da SS responsável pela expulsão dos judeus.

## MARTHA

Martha (nome fictício) conheceu o homem que se tornaria seu marido depois da guerra. Eles se casaram e tiveram três filhos. Rosie a visitou várias vezes em Knokke, onde ela morava. Uma lápide foi erigida em Tielt em memória de Rachel (nome fictício). Rosie e Martha permaneceram amigas pelo resto da vida.

## KURT FISCHER

Rosie não conseguiu descobrir o paradeiro de Kurt (nome fictício) e nunca mais o viu nem voltou a ouvir falar dele. Depois da guerra, a cidade natal de Kurt, Magdeburg, ficou dentro da área da Cortina de Ferro, tornando ainda mais complicadas quaisquer investigações. Houve muitos boatos de que inúmeros oficiais da SS, ao deixarem Birkenau, foram feitos prisioneiros pelas tropas russas que avançavam. Grande número deles foram enviados para campos de trabalhos forçados na Sibéria.

## OS TRÊS SOLDADOS ALEMÃES

Depois da guerra, Rosie tentou localizar os três soldados por quem havia sido trocada na fronteira dinamarquesa. Provavelmente existiam listas com os nomes das pessoas trocadas desta forma, mas ela nunca conseguiu encontrá-las e, portanto, não foi capaz de identificar os soldados em questão.

## CARL CLAUBERG

Junto com Josef Menguele, Carl Clauberg conduziu incontáveis experiências médicas em internos do campo. Ele foi capturado pelos russos em 1945 e levado a julgamento na União Soviética, onde recebeu uma sentença de 25 anos de reclusão. Como parte de um acordo entre a Rússia e a Alemanha, Clauberg foi perdoado sete anos depois e devolvido à sua terra natal, onde viveu em liberdade, gabando-se de suas "conquistas científicas" em Auschwitz. Sobreviventes apresentaram acusações. Ele foi preso pela segunda vez em 1955 e morreu em 1957, pouco depois do início de seu julgamento.

## OS PAIS DE ROSIE

Os pais de Rosie, Falk Glaser e Josephine Philips, não sobreviveram à guerra. No dia 30 de março de 1943, deixaram Westerbork em um trem lotado. O trem iniciou o percurso rumo à Polônia na escuridão da noite, seu destino final era Sobibor. Nada jamais foi ouvido a respeito de nenhum de seus passageiros. No dia da partida deles, o pai de Rosie escreveu um bilhete a lápis em um cartão-postal e o enviou para Magda e Henk Coljee: "Isto é apenas para informar a vocês que estamos em trânsito. Saudações e espero que voltemos a nos encontrar brevemente."

BRIEFKAART

Den Heer J.C.
Colje
Bollelaan 6
Naarden

30/3 '43

Beste fam
Colje
Even deel ik
U mede, dat
we eens op de
doorreis zijn
met hartelijke
groeten en
spoedig weerzien

## A FAMÍLIA DE JOHN GLASER

O irmão de Rosie, John, sobreviveu à guerra vivendo na clandestinidade e pediu sua namorada, Elisabeth, em casamento em 1944, assim que o sul da Holanda foi libertado. Eles se casaram em 1945 e tiveram cinco filhos: Paul, Marjon, René, Ernest e Wouter. John e Elisabeth decidiram manter o passado do tempo de guerra e as origens judaicas de John em segredo. Ele se concentrou em tocar piano, trabalhar e cuidar da família.

Rosie visitou John e sua família várias vezes depois da guerra, mas, depois de algum tempo, eles cortaram relações. A guerra e seus acontecimentos traumáticos foram o motivo da ruptura. John afirmava que a imprudência de Rosie tinha resultado na prisão da mãe deles. Rosie afirmava que John tinha fugido de suas responsabilidades quando desaparecera para viver na clandestinidade. Um incidente insignificante ocasionou o desentendimento. Em 1988, John escreveu uma carta a Rosie propondo que retomassem o contato. Uma breve correspondência se seguiu, mas as acusações rapidamente dominaram a cena e depois disso os irmãos deixaram de se comunicar definitivamente.

Elisabeth morreu em 2007.

## OS TIOS E TIAS DE ROSIE E SEUS FILHOS

Rosie tinha sete tios e tias. Com exceção de um casal que passou a guerra nas Índias Orientais Holandesas, nenhum deles sobreviveu. Apenas alguns primos e primas sobreviveram.

- Primeira família, cinco filhos: Kitty, Jaap, Regina e Jacob foram assassinados em Auschwitz; Joost sobreviveu nas Índias Orientais Holandesas.

- Segunda família, quatro filhos: Arthur e Maurice foram assassinados em Auschwitz, e Herbert, no campo de concentração de Dorohusk. Richard conseguiu chegar à Suíça e sobreviveu.

- Terceira família, três filhos: Bernard, Irene e Sonja foram assassinados em Sobibor.

- Quarta família, dois filhos: Oscar foi assassinado em Auschwitz; Suzy sobreviveu vivendo na clandestinidade.
- Quinta família, um filho: Bram sobreviveu aos campos; sua esposa foi assassinada em Auschwitz.
- Sexta família, dois filhos: Regina e Hanchen estavam vivendo nas Índias Orientais Holandesas e sobreviveram.
- Sétima família, dois filhos: Regina e Rosetta foram assassinadas em Auschwitz.

Muitos dos primos de Rosie foram presos enquanto viviam na clandestinidade depois de serem traídos por holandeses. Oscar foi traído pelo médico de sua mãe enquanto a visitava no hospital. Ele foi preso assim que saiu do prédio. A mãe dele recebeu ordem de deixar o hospital e, como não conseguia andar, foi levada para Westerbork numa maca. Oscar morreu em Auschwitz. Depois da guerra, sua irmã Suzy, que sobreviveu vivendo como clandestina, ficou completamente sozinha. Ela tentou voltar para a casa de seus pais, sem sucesso. Um antigo vizinho, que tinha guardado as pinturas, pratarias e outros bens de valor, se recusou a deixá-la entrar, afirmando que a mãe dela dissera que ele poderia ficar com os pertences. A mãe dela tinha sido assassinada, e o vizinho lhe fechou a porta. Não havia possibilidade de recorrer às autoridades e as coisas ficaram assim.

## OS PRIMOS EM SEGUNDO GRAU DE ROSIE

Muitos dos primos em primeiro e segundo graus de Rosie podem ser vistos na fotografia seguinte, que retrata uma reunião de família em 1939. Apenas dois de seus primos em segundo grau sobreviveram à guerra: Harry e Moritz. Harry voltou dos campos (Auschwitz e Bergen-Belsen) a pé; e Moritz sobreviveu mantendo-se na clandestinidade. Harry ainda estava vivo na ocasião em que este livro foi escrito. Quando voltou dos campos e tocou a campainha da casa de sua família, a antiga governanta abriu a porta e se recusou a deixá-lo entrar. Já era tarde da noite, ele estava doente e não tinha onde ficar. Quando ele disse que iria dormir nos degraus da entrada, onde os transeuntes na rua poderiam vê-lo, ela afinal o deixou passar a noite em sua própria casa. No dia seguinte, ele foi internado no hospital. Foram precisos dois anos para que se recuperasse completamente.

*Uma reunião de família em 1939. Os únicos dois sobreviventes foram Moritz Glaser (de pé, o segundo da esquerda para a direita) e Harry Glaser (de pé, o quarto, a partir da direita)*

## OS JUDEUS NA HOLANDA DEPOIS DA GUERRA

De acordo com os números oficiais fornecidos pelas autoridades holandesas, 72% da população judia de 140 mil pessoas morreram durante a ocupação, uma porcentagem extremamente alta se comparada com outros países ocupados: na Dinamarca, foi menos de 1%; Alemanha, 24%; Bélgica, 44%; França, 22%. (Fontes: Israel Gutman, *Encyclopedia of the Holocaust*, e Chris van der Heijden, *Grijs Verleden*.)

A verdadeira porcentagem holandesa é provavelmente mais alta que a estimativa oficial. Durante a ocupação, várias autoridades locais simplesmente registravam cidadãos deportados como "viajou para o exterior". No papel, portanto, estes indivíduos foram vistos como emigrantes, e não como perdas na guerra, e não foram incluídos nas estatísticas oficiais de mortes. Os especialistas contestam os números oficiais.

Muitos dos amigos judeus de Rosie morreram na guerra e apenas alguns sobreviveram. Uma amiga, que também sobreviveu a Auschwitz, deixou a Holanda dois anos depois da guerra por causa do antissemitismo e da atmosfera desagradável e emigrou para a Austrália. Ela e Rosie se mantiveram em contato até o fim. Milhares de outros sobreviventes emigraram para Israel e para os Estados Unidos pelos mesmos motivos. Outros, como a própria Rosie, nunca voltaram à Holanda.

# Posfácio

Quando descobri o segredo de minha família, as primeiras pessoas a quem contei foram meus amigos. Eles ficaram entusiasmados e curiosos e quiseram saber como eu me sentia com relação à minha identidade judia redescoberta. Mas as perguntas deles pareciam absurdas. Será que eu tinha sido uma pessoa diferente da que era agora antes da descoberta? Impossível, pensei. Eu sou quem eu sou. Não podia de repente me tornar outra pessoa. Fiquei ainda mais perplexo quando um amigo anunciou certa noite que sempre tinha pensado que eu fosse judeu. Por quê? Por causa de meu nome. Aquilo nunca tinha me passado pela cabeça.

A questão de minha identidade se tornou ainda mais proeminente depois que pus tudo no papel, relatei a história sob a forma de um livro e o publiquei. O livro foi tema de dois programas de televisão e inclusive foi adaptado para o teatro, onde teve uma trajetória de salas lotadas. Outro programa teatral incluiu apresentações de algumas das canções que Rosie escreveu nos campos. Devido ao sucesso do livro na Holanda, regularmente sou convidado para fazer palestras sobre Rosie. Tornou-se evidente nos debates que seguiam estes eventos que muitas pessoas na plateia simplesmente presumiam que eu era judeu. Eu havia notado a mesma coisa durante minha pesquisa em busca de informações adicionais sobre a vida de minha tia. Pessoas judias tendiam a me considerar como um dos seus.

Agora, depois que meu livro foi publicado, parece-me que de fato houve alguma mudança em minha identidade externa, embora de início eu não conseguisse percebê-la interiormente. Então sou católico ou judeu? Como adulto, não frequento mais os serviços religiosos católicos, e não sou mais católico praticante como era na juventude. Mas eu ainda aprecio a cultura associada ao catolicismo. Compreendo seus ideais e realizações: compaixão, perdão, tradição, cerimônia. Na escola secundária, tínhamos como professor um jovem jesuíta. As aulas dele eram tão fascinantes, tão cheias de percepção histórica e conhecimento do mundo que mesmo não católicos iam assistir. Eu ia ao monastério dos jesuítas toda semana e debatia as questões importantes da vida em pequenos grupos. Aprendi muita coisa com estes encontros que, em certa medida, me formaram, e me recordo deles com afeição. Embora a cultura católica não me defina, ela faz parte de mim. Mas, sob o domínio nazista, isto em última instância não teria feito diferença. Eu teria de usar uma identidade diferente em minha manga sob a forma de uma estrela amarela.

No processo de busca de informações relacionadas à minha tia e sua vida turbulenta, conheci cada vez mais homens e mulheres judeus, e alguns se tornaram bons amigos. Eu me senti à vontade com eles desde o início. Por quê? É difícil dizer. Eu tinha curiosidade com relação a eles, seu destino, a história de suas vidas, as carreiras que tinham seguido e as posições sociais que tinham alcançado. Mas havia mais. Eu me sentia bem com a maneira como eles interagiam, me sentia à vontade na companhia deles. Seus encontros aparentemente desorganizados e confusos, as múltiplas conversas todas exigindo atenção, os debates e as diferenças de opinião, com frequência extremas, o espírito empreendedor, o humor, a orientação internacional – aquilo tudo era eu. Fosse o que eu vivenciava naqueles círculos especificamente judeu ou não, eu percebia uma certa identificação.

Sendo assim, sou um católico judeu ou um judeu católico? Minha personalidade reflete tanto conceitos católicos como judeus. No entanto, passei meus anos de formação como católico. Uma dimensão judaica foi acrescentada à minha vida, e eu a vivencio como um enriquecimento. Mas, embora um novo rótulo possa ser aplicado, essencialmente não sou uma pessoa diferente. Eu sou quem eu sou.

Quando minha avó confirmou minha suspeita de que minha família era judia, mudei de assunto imediatamente e me "esqueci" de fazer mais perguntas. No dia seguinte, decidi não fazer daquilo parte de minha vida. Não tinha nenhum "novo valor", disse a mim mesmo; o que deveria fazer com aquilo? Além disso, os judeus eram com frequência diretamente associados com o Estado de Israel, com todos os seus problemas e pesares. Isso era tudo de que eu precisava! Assim, não disse mais nada a respeito do assunto e só pensava nele esporadicamente. Apesar de minha curiosidade inata, não sentia a necessidade de explorar mais aquela parte de meu passado. No entanto, bem lá no fundo, é claro que eu não podia ignorar a verdade aterradora de que a maioria dos homens, mulheres e crianças holandeses de origem judaica tinha sido assassinada durante a guerra. Quase 85% deles. Se eu permitisse que aquela verdade me tocasse, sabia que ela me desestabilizaria.

O mesmo foi verdade com relação às cartas de Rosie. Comecei a lê-las quando cheguei em casa, porém só mais tarde compreendi corretamente o seu conteúdo, e foi então que a raiva lentamente emergiu. Raiva com relação à maneira como meus compatriotas, homens e mulheres – os bons excluídos –, tinham tratado os cidadãos judeus durante a guerra e com a maneira como o governo holandês havia tratado os judeus que mais tarde retornaram dos campos de concentração. Aquilo era novidade para mim. Os livros de história e os dias comemorativos têm como foco a impotência dos holandeses sob a ocupação alemã e contam histórias de heroica resistência e solidariedade. Mas a história de Rosie pinta um quadro bem diferente. No princípio, pensei que aquilo fosse a verdade pessoal e particular de Rosie, sua experiência singular, mas pesquisas mais aprofundadas revelaram que a maneira como ela havia sido tratada depois da guerra não era excepcional. Pelo contrário, revelou-se ser o padrão. Não houve muita resistência durante a guerra; as pessoas tenderam a ser passivas e a explorar economicamente a situação, com certeza no princípio da ocupação. Mais tarde, houve muitos exemplos escandalosos de colaboração e de traição.

Um homem idoso me telefonou recentemente para me dizer que tinha encontrado cartas em um velho armário de lençóis de uma pessoa de sobrenome Glaser. Elas se revelaram ser de um primo do pai de Rosie que tinha passado a viver na clandestinidade com a mulher e os filhos. Ele escreveu o seguinte de seu local de esconderijo:

Tenho certeza de que esta carta será uma surpresa e tanto. Como vai você? Nós estamos bem, se você levar em conta as circunstâncias. Os tempos estão difíceis atualmente, mas estamos confiantes de que mudarão para melhor, e brevemente! Estamos vivendo em "algum lugar na Holanda". Contaremos a você quando vier nos fazer uma visita, mas isto terá de ser depois da guerra. Não é fácil para nós aqui, como tenho certeza de que pode imaginar. O tempo passa dolorosamente devagar. Quando seu marido e Eef nos visitaram da última vez para trazer aquele pacote, pensamos a respeito de deixar o país, mas isso não estava destinado a acontecer. Muita coisa ocorreu desde então. Não estamos mais em Roterdã. Por favor, não conte a ninguém [sublinhado] que teve notícias nossas, porque os traidores nunca dormem, e destrua esta carta assim que acabar de lê-la. Lembranças afetuosas para todos.

Uma carta escrita em holandês incorreto é datada de pouco depois da primeira carta. Não é do primo de Rosie, e sim da proprietária que lhes oferecia moradia segura em troca de dinheiro:

Com certeza será uma surpresa receber isto, uma carta de Woerden. Mas não da família Glaser. Eu queria dar conhecimento à senhora de que a família inteira foi levada embora. Uma pena muito grande. De modo que a senhora não precisa mandar o rádio. É terrível ser deixada com seis filhos sem nenhuma renda.

Ela lamenta a perda da renda que recebia dos Glaser como "terrível", mas além disso... nada. Os primos de Rosie foram todos deportados e assassinados.

Depois da guerra, as pessoas manifestaram pouca simpatia para com as vítimas dos campos de concentração. Elas foram recebidas friamente e aconselhadas a não reclamar. Também sofreram discriminação em termos de seus direitos legais; seus lares, bens e dinheiro só foram devolvidos pouco a pouco e, em alguns casos, não foram devolvidos. O Parlamento até adotou uma lei que complicava a devolução de bens roubados, uma lei que teria sido mais adequada sob a ocupação nazista. As consequências foram tão horrendas que os juízes se viram obrigados a descumprir a lei quando julgavam casos específicos, a despeito do fato de ter sido votada e posta em vigor democraticamente.

O antissemitismo foi pior na Holanda depois da guerra do que antes. Muitos sobreviventes, entre eles amigos de Rosie, emigraram depois de seu retorno para reconstruir a vida em outro lugar. A decisão de Rosie de deixar a Holanda e viver na Suécia foi boa. Como Rosie observou, "A Suécia é minha nova pátria. A Holanda, não. Na Holanda, vivi tristezas demais. Quando visito o país, o faço como turista, com a vantagem de que falo a língua. Mas isto é tudo."

A presidente do Parlamento holandês me escreveu uma carta muito gentil na qual me conta que leu meu livro e que a história de Rosie a comoveu profundamente. Ela confirmou a atitude desavergonhada adotada pelo governo holandês pouco depois da guerra. Perguntei-lhe se podia citá-la publicamente. Ela concordou, mas não com relação à atitude repreensível das autoridades holandesas. Aparentemente, o momento ainda não era adequado. Funcionários do governo ainda querem e estão dispostos a poupar as autoridades de críticas. Confiança no governo é a grande prioridade. Estudantes de história um dia escreverão dissertações sobre o que aconteceu, e mais um fragmento da verdade virá à superfície. Mas alguns detalhes, sem dúvida, desaparecerão sob a poeira e lentamente serão esquecidos.

Vir a público com a história de Rosie também teve um efeito sobre minhas três filhas, os filhos delas e outros membros de minha família – eu tenho uma irmã e três irmãos. Eu os envolvi em todos os passos e os mantive informados de novos desenvolvimentos. Mas isto não foi suficiente. Observei que eles estavam tendo dificuldades com aquilo, meus irmãos, mais que minhas filhas. Minha irmã, que se correspondia com Rosie regularmente, ainda não leu o livro, embora tenha assistido a duas de minhas palestras. Quando lhe perguntei por que ainda não tinha lido o livro, ela admitiu que estava com medo de ler a respeito das coisas terríveis pelas quais Rosie tinha passado. Ela não queria macular suas lembranças. Um irmão, que é dono de seu próprio negócio, me disse que nunca teria tornado pública a descoberta. Ele está convencido de que divulgar tais informações só pode ser nocivo e está inseguro com relação às consequências que a revelação de suas raízes judias poderão ter para seu relacionamento com clientes. No entanto, quando os filhos do ex-marido de Rosie – o homem que a havia traído – entraram em contato comigo, por ocasião da produção teatral, ele ficou muito aborrecido.

– Como você pode manter contato com os filhos do homem que destruiu nossa família? – gritou furioso.

O outro irmão, um artista, ficou aborrecido por eu ter falado a respeito de Rosie com um de seus amigos. Ele estava temeroso de que a revelação de nossas origens judaicas pudesse influenciar negativamente a amizade deles. De vez em quando meus irmãos, minha irmã e eu nos reunimos e debatemos nossas preocupações. A presença do conselho que meu pai me deu ainda se faz sentir: guarde o segredo da família para si mesmo; caso contrário, será usado contra você.

Meu pai parece ser a pessoa menos tocada pela história de Rosie. Quando eu disse a ele que iria escrever sobre sua irmã, ele respondeu:

– A decisão é sua. – E deu de ombros.

Dei a ele um exemplar do livro quando ficou pronto. Até onde sei, ele não o leu, mas sei que deu uma olhada em algumas das fotos que acompanham a história. Ele não tinha quaisquer fotos daquele período, nem de si mesmo nem de sua família. Rosie levara todas elas para a Suécia depois de tê-las cavado. Quando viu uma foto de seus pais, ele sorriu. Mandei ampliar e emoldurar a foto. Ele ainda a mantém em seu quarto.

De vez em quando, temos a oportunidade de ter mais uma visão de vislumbre inesperada do passado. Algumas pessoas mais velhas me contaram que se lembram de Rosie de quando eram jovens, e como um dia dançaram com ela. Algumas têm uma foto ou uma carta para mostrar. Isto torna o passado tangível e me comove. Eu talvez tenha ficado mais profundamente emocionado com um encontro que tive depois que dei uma palestra na cidade de Breda. Quando quase todo mundo tinha ido embora, uma moça se aproximou de mim e me disse que viera especialmente para me dar uma coisa. Ela me entregou um pequeno embrulho de papel e disse:

– Isto pertence à sua família. – Abri e vi uma pequena estrela de davi. – Isto pertencia a Sara Glaser – disse a moça. – Ela a está usando na página 123 de seu livro. – Aceitei o presente com gratidão, mas não pude me impedir de perguntar o que a deixava tão certa de que a medalha pertencia a Sara. Ela me contou a seguinte história:

Quando era criança, eu passava grande parte de meu tempo com meus avós. Eles eram meu segundo pai e mãe. Eu brincava muito e, toda vez que os visitava, perguntava se podia dar uma olhada na caixa de joias de minha avó. A única coisa que realmente me fascinava era a pequena estrela. Eu sempre a pegava e perguntava à vovó por que ela nunca a usava. Eu era apenas uma criança, compreende? Então minha avó me dizia que a estrela não lhe pertencia, não oficialmente. Mas a estrela continuava a me fascinar, e eu sempre fazia perguntas a respeito dela.

Quando fiquei um pouco mais velha, minha avó me contou a história por trás da estrela. Tinha pertencido a uma de suas vizinhas, sua amiga Sara. Ela fora obrigada a se esconder e viver na clandestinidade durante a guerra, e tinha pedido a minha avó que cuidasse da estrela até que ela pudesse voltar para buscá-la. O sentimento de tristeza que a estrela sempre me provocara foi imediatamente explicado pelas palavras de minha avó. Sara nunca tinha voltado. Ela foi assassinada no campo de extermínio perto de Sobibor. Minha avó não me contou isto. Creio que ela achava extremamente doloroso. Em seu leito de morte, ela me deu a estrela. Ela simbolizava o laço entre nós, forte e singular. Permanece assim até hoje, mesmo depois de sua morte.

O fato de que esta estrela não pertencia à minha avó e sempre estava escondida na caixa de joias me diz que ela também não me pertence, e sim à família Glaser. Eles perderam tanto, e esta estrelinha é uma pequena coisa que sobreviveu. Quando ouvi falar sobre o livro, sobre *Tante Roosje*, de Paul Glaser, não hesitei nem por um instante. A estrela é para o senhor. Isto é o que minha avó teria desejado.

Quando ela terminou a história, me entregou a pequena estrela que simbolizava o laço estreito que tinha com a avó morta. Uma lágrima escorreu por seu rosto. Fiquei muito emocionado, não sabia o que dizer, e a beijei em sinal de gratidão.

Meu pai ainda está vivo. O silêncio é a armadura que ele usa para manter o horror de seu passado a distância. Parte deste mecanismo de defesa me foi passada, mas em nada se compara à profunda emoção que me domina quando penso naquela última noite em que Rosie, meu pai e os pais deles entraram para a clandestinidade – quando meu pai, um homem que tinha lutado nos dias iniciais da guerra como soldado holandês, se sentou em silêncio no colo de sua mãe, e ela o acariciou. Depois daquele encontro eles nunca mais voltariam a se ver.

Paul Glaser<br>
Enschede, Holanda, 2013

## Nota do autor e agradecimentos

Comecei a escrever este livro em 2008. Minhas fontes mais importantes foram o diário de Rosie, as cartas que ela escreveu dos campos, as fotos e velhos filmes que descobri em Estocolmo e uma variedade de outros documentos, inclusive poemas, canções e relatórios oficiais dos "agentes federais" holandeses. Também usei material extraído de conversas com minha mãe, Elisabeth, e, é claro, de meu encontro com a própria Rosie em Estocolmo.

Descrições do sucesso profissional de Rosie me levaram aos arquivos de filmes holandeses que me forneceram um DVD contendo um jornal cinematográfico da Polygon dos primeiros anos da guerra. Dançando para os jornais cinematográficos, Rosie era elegante, tinha um excelente sentido de ritmo e parecia particularmente requintada em seu vestido de baile debruado de rosa. As imagens a trouxeram de volta à vida, e a elas assisto repetidas vezes. Ela rodopiava e sorria até sair de vista dançando, sem saber o que estava para acontecer.

Consegui complementar este material com informações fornecidas pela Cruz Vermelha holandesa sobre o tempo que Rosie passou nos campos. Victor Laurentius merece uma menção especial por seu excelente trabalho de detetive. O estudo de Ruud Weissmann sobre a história judaica da cidade de Den Bosch, onde Rosie viveu antes de passar para a clandestinidade, foi de especial valor. Fiz também bom uso do importante livro de Chris van der Heijden, *Grijs Verleden*, que detalhava as medidas implementadas durante e depois da guerra com respeito aos judeus-holandeses.

O presente livro contém textos escritos pela própria Rosie, extraídos de seu diário e tratando de sua juventude em Kleef e Nijmegen. Há várias citações retiradas do seu arquivo particular, e algumas das cartas que ela enviou de Westerbork e de Vught foram incluídas na íntegra. Os poemas também foram escritos por Rosie e vieram à luz quando eu examinava seus papéis em Estocolmo.

As pessoas citadas neste livro são reais, e algumas delas ainda estão vivas. Uma vez que vários indivíduos são citados sem nome na documentação, eu lhes dei nomes fictícios: Rachel, Kurt Fischer, Jorg de Haan (cujo sobrenome é verdadeiro), Pierre de Jaeghere, Lambiek, Betsy e Martha. O apelido "Boy" se refere a Hans Bickers. Os 72 nomes restantes a que se faz referência nestas páginas são verdadeiros.

A própria Rosie era meio como uma maga quando se tratava de nomes. A saga de Lohengrin não apenas assombrou sua vida, mas também a informou. Embora ela tenha mudado seu nome e sobrenome várias vezes por questão de segurança, seus motivos, por vezes, também foram estéticos. Ela trocou Glaser por Glacér, por exemplo, que continuou a usar na Suécia, porque achava mais elegante. Em outros momentos, ela usou Crielaars, Krielaars, Donkers e Glacér-Philips. Também experimentou vários nomes de batismo, inclusive Rosita, Rosa e Lya. Em seu diário, ela se referia a si mesma como Wanda, a seu irmão como Charles, e a seu pai como Frits. Isto pode ter sido por segurança, uma vez que começou a escrevê-lo na prisão. Para mim, ela sempre será a tia Rosie.

Muitas pessoas ofereceram assistência no processo de reconstrução da vida de Rosie e do passado de minha família, e elas merecem uma palavra de gratidão.

Minha avó materna, Jo de Bats, foi a primeira a me contar o que sabia sobre a família de Rosie e, sem se dar conta, confirmou minhas desconfianças sobre o segredo de minha família.

Leny e Wolke Veenstra, que regularmente visitavam Magda Coljee no lar de idosos onde ela passou seus últimos dias, encontraram as cartas que Rosie havia escrito para ela dos campos holandeses e se deram ao trabalho de me encontrar.

Meu primo em segundo grau René Glaser me contou sobre a família. O pai dele, Joost, era primo de Rosie, e conhecia bem a família. René me levou a uma sinagoga pela primeira vez em minha vida. Suzy Rottenberg, sobrinha de Rosie, me contou sobre sua própria vida e o que ela se lembrava de Rosie. Ela me convidou para conhecer o restante da família. A amiga de Rosie, Fran Beumkes, a conhecia de Den Bosch e me falou, pouco antes de morrer, sobre meus avós e como a vida tinha sido para eles nos primeiros anos da guerra. Ela se orgulhava do fato de sua filha, como Rosie, ser uma dançarina de talento. O primo em segundo grau de meu pai, Harry van Geuns, me contou sobre a vida em Nijmegen antes e durante a guerra, sobre seu cativeiro em Auschwitz e seu retorno à Holanda.

Pouco antes do fim de sua vida, minha mãe, Elisabeth, acrescentou alguns detalhes sobre como tinha sido a vida para Rosie e a família de John durante a ocupação. Suas irmãs, Riek e Joop, confirmaram sua história e acrescentaram mais detalhes.

Também sou grato a meu pai, John, por seu silêncio a respeito do passado, um silêncio particularmente revelador.

Dediquei-me a escrever este livro armado com um arsenal de informações. Isto não teria sido possível sem o encorajamento de amigos e família. Sem o entusiasmo e o apoio deles, as cartas de Rosie, diário, fotos, poemas e papéis poderiam ter ficado esquecidos numa caixa em meu sótão.

Meu amigo Franz Leberl, que mora em Boulder, no Colorado, me encorajou a contar a história de Rosie e a minha para amigos americanos. As reações deles foram positivas e mais e mais amigos de amigos quiseram conhecer este fascinante relato de exploração e descoberta.

Joël Cahen, diretor do Museu Histórico Judaico em Amsterdã, me encorajou incessantemente a botar a história no papel, especialmente a minha própria jornada de descoberta.

Minha esposa, Ria, leu os primeiros capítulos e com seu encorajamento preparei um rascunho do livro. O manuscrito completo foi lido por Hanneke Cowall, Judith Frankenhuis, Jeanne Willemse, Inge Sterenborg, Rudd Weissmann, Victor Laurentius, Bert Kuipers e minha filha Lotte. Cada um deles se deu ao trabalho de me dar um retorno. As observações e os conselhos deles me ajudaram a dar mais profundidade à história. Como toque final, pedi à minha esposa, Ria, e a minhas filhas, Myra,

Barbara e Lotte, para lerem o manuscrito final. As sugestões delas me ajudaram a completar o livro.

Eu gostaria de agradecer a Hella Rottenberg pelos excelentes conselhos editoriais, e a Gerton van Boom, que me guiou pelo processo editorial.

Graças às contribuições de muitos, minha busca chegou ao fim. O resultado é o livro que vocês têm em mãos.

## Outras canções e poemas dos campos

ANIMAIS
*Westerbork, 1942*

Eu gostaria de ser um animal,
É duro aqui do lado humano,
Ser uma pessoa e ser real,
E não apenas fingir.

Fico muito contente de cantar,
Eu gostaria de ser um passarinho,
Eu cantaria e cantaria só para mim,
Eu sei que isto parece absurdo.

Eu gostaria de ser um cãozinho,
Tão acariciável e pequenino,
Eles sempre nos alegram e nos animam,
São amados por todos.

Eu não precisaria ter vergonha
De ir para onde quisesse,
Nas ruas não poderia ser culpada
Pelo que agora é feito em casa.

Eu gostaria de ser um grande cavalo,
Tão nobre e orgulhoso,
Um animal de força tão grande,
Sua presença é bastante gritante.

Eu deixaria o circo me mimar,
Por um mês ou um ano,
E quando tivesse aprendido o bastante para fugir,
Eu começaria uma nova carreira.

Eu gostaria de ser um asno,
"Hii-hau" é tudo que eu diria,
Por que asnos só sabem zurrar,
Isto é tudo o que dizem o dia inteiro.

Mas se alguém pedisse para casar comigo,
Eu diria "de jeito nenhum", pode morrer!
Que verdadeiro asno eu seria,
E em vez disso diria "hii-hau".

Eu seria uma galinha em sua correria,
Tão roliça e redonda e bela,
Eu cacarejaria ao sol da manhã
E muito me divertiria.

Eu traria meus ovos para a praça do mercado
E os venderia por baixo da mesa.
Deixaria o DCC[3] inspecionar minha mercadoria.
Vou fugir assim que puder.

Eu gostaria de ser uma minúscula pulga,
Então a vida seria a melhor.
Sugar o sangue de homens seria tanta alegria,
Eu adoraria ser uma peste.

---

3 Departamento de Controle da Crise, criado pelos nazistas, para combater o acúmulo e a venda ilegal de alimentos.

Eu furaria e espetaria e picaria
Homens grandes e pequenos,
Eu sei exatamente onde espetar,
Deixaria todos loucos.

Você sabe o que quero dizer, tenho certeza,
Exatamente o que desejo.
Mas o que posso fazer, tenho de suportar,
Nasci com vestimenta humana.

Viver voando como uma pulga ou um passarinho
É fácil como um, dois, três,
Mas viver a vida de um ser humano
É a mais difícil das coisas, creiam em mim.


OTTOCAR
*Vught, 1943*

Certas mulheres anseiam por um homem em sua vida.
Um homem de verdade quando chega a hora.
Franca, ela ama Ottocar.
Seis meses e um dia até agora.
Mas de vez em quando se você se aproxima
É Paula sussurrando no ouvido dele:
Você é o sonho de minhas noites insones.
Oh! Oh! Ottocar!
Você sabe me fazer ficar tonta.
Eu amo você de manhã, amo você ao meio-dia.
Mas amo você ainda mais à luz do luar.
Você é o sonho de minhas noites insones.
Oh! Oh! Ottocar!

Como acontece, o tempo passou
Seis meses se foram afinal.
A doce Paula foi descartada,
É Ilse agora a noiva enrubescida.
E de vez em quando, se você se aproxima,
É a voz de Ilse no ouvido de Ottocar.


UM POUCO DE SAUDADE
*Birkenau, 1944, texto e música de Rosita Glacér*

Eu sinto um pouco de saudade, um pouco de saudade de você
Eu sinto um pouco de saudade, pois meu amor por você é
                                                         verdadeiro.
Só quem conhece o desejo pode compreender a minha dor
Mas isto é algo para você e eu, nós dois, e não em vão.
Deixem-me um pouco de saudade, uma saudade tão triste,
Deixem-me um pouco de saudade, por seus olhos, sua boca,
                                                         por você.

Fomos obrigados a nos deixar
Longos anos, tempo demais para meu coração,
Mas em todos os meus sonhos eu vejo
Que você sempre volta para mim,
Querendo, esperando sem direito,
Muitos dias e muitas noites.

O problema é que não consigo esquecer,
E todo mundo diz que eu devia me arrepender.
Mas serei fiel a você por toda a minha vida,
Prometo ser uma mulher fiel.
Nada nunca vai me fazer mudar,
Você sabe, admita, você não é cego.

Daqui a pouco, tudo será esquecido,
Uma lembrança triste e falsa.
Pois eu sei que há um tempo para construir,
Quando todos os meus sonhos serão realizados.
Nós seremos fortes e nunca nos dobraremos
Meu amor por você nunca terá fim.

Nada poderá separar você e eu,
Nós dois juntos, unidos e livres.
Eu vejo nosso lar nos anos por vir,
Uma casa para nós, e eu uma mãe,
Vejo um berço cheio de amor.
E dentro dele o fruto de nosso amor.

Impressão e Acabamento:
GRÁFICA STAMPPA LTDA.
Rua João Santana, 44 - Ramos - RJ